Lernweltforschung

Herausgegeben von
Heide von Felden, Mainz, Deutschland
Rudolf Egger, Graz, Österreich

Weitere Bände in dieser Reihe
http://www.springer.com/series/12485

Ausrichtung und Zielsetzung: Innerhalb der derzeit dominierenden gesellschaftlichen Entwicklungen wird der Stellenwert der individuellen Handlungsfähigkeit der sozialen Akteure in den Vordergrund gerückt. Schlagworte wie „Wissensgesellschaft" oder „Civil Society" weisen auf die zentrale Bedeutung von Lern- und Bildungsprozessen für die politische, ökonomische und kulturelle Entwicklung hin. Diese Entwicklung schlägt entsprechend auf die einzelnen Biografien durch. Mit dem in dieser Reihe entfalteten Programm der Lernweltforschung werden diesbezüglich die hier eingelagerten Vielschichtigkeiten und Eigenwilligkeiten, die überraschenden Umgestaltungen und Suchbewegungen von Subjekten in Lern- und Bildungsprojekten untersucht. Die hier sichtbar werdenden eigensinnigen Aneignungsprozesse werden innerhalb der je konkreten Situationen und Strukturen analysiert. Lernwelten werden dabei zumindest in einer doppelten Bedeutung sichtbar: Sie sind Rahmen und Rahmungen zugleich, Blick und Gegenblick, in denen Erfahrungen (im Rückgriff auf ein System von Regeln) bewertet, als Bestandteile der sozialen Welt durch subjektive Bedeutungszuweisung (re-)konstruiert werden, und in denen auch das „Aneignungssystem" selbst und der Prozess der Erfahrungsaufschichtung zur Disposition stehen.

Herausgegeben von
Prof. Dr. Heide von Felden
Johannes-Gutenberg-Universität Main
Deutschland

Prof. Dr. Rudolf Egger
Karl-Franzens-Universität Graz
Österreich

Rudolf Egger • Doris Kiendl-Wendner
Martin Pöllinger
(Hrsg.)

Hochschuldidaktische Weiterbildung an Fachhochschulen

Durchführung – Ergebnisse – Perspektiven

 Springer VS

Herausgeber
Rudolf Egger
Universität Graz
Graz
Österreich

Martin Pöllinger
FH Joanneum
Graz
Österreich

Doris Kiendl-Wendner
FH Joanneum
Graz
Österreich

ISBN 978-3-658-01496-4 ISBN 978-3-658-01497-1 (eBook)
DOI 10.1007/978-3-658-01497-1

Die Deutsche Nationalbibliothek verzeichnet diese Publikation in der Deutschen Natio-
nalbibliografie; detaillierte bibliografische Daten sind im Internet über http://dnb.d-nb.de
abrufbar.

Springer VS
© Springer Fachmedien Wiesbaden 2014

Lektorat: Stefanie Laux, Yvonne Homann

Gedruckt auf säurefreiem und chlorfrei gebleichtem Papier

Springer VS ist eine Marke von Springer DE. Springer DE ist Teil der Fachverlagsgruppe
Springer Science+Business Media
www.springer-vs.de

Geleitwort des Rektors

Lehren an Hochschulen ist heute wesentlich mehr als nur Wissensvermittlung, wir haben einen Bildungs- und Ausbildungsauftrag. Studierende werden gefördert und gefordert, um ihre eigenen Talente zu entwickeln und um sie optimal für die Zukunft vorzubereiten. Inhalte verstehen und Kompetenzen erwerben, Zusammenhänge erkennen und kreative neue Lösungen finden sowie die Verbindung zwischen Theorie und Praxis stehen im Fokus unserer Lehre. Ziel ist, die Motivation, das Engagement und nachhaltiges Lernen bei Studierenden zu fördern. Für die Lehre an der FH JOANNEUM möchte ich davon ausgehend zwei Grundsätze formulieren:

- From teaching to learning!
- Keine Theorie ohne Praxisbezug!

Lehren ist eine sehr komplexe Tätigkeit! Lehren muss gelernt sein! Ja, es gibt sie, die Naturtalente, die ohne didaktische Ausbildung intuitiv eine ausgezeichnete Lehre anbieten können. Aber es gibt sicher auch sehr viele Lehrende an Hochschulen, deren didaktische Konzepte und Ansätze noch ein mehr oder weniger hohes Verbesserungspotenzial enthalten. Die Hochschuldidaktische Weiterbildung (HDW) ist ein wesentlicher Beitrag zur Qualitätssicherung in der Lehre und ermöglicht den MitarbeiterInnen eine persönliche Weiterbildung als HochschullehrerIn. Durch die HDW werden für die Lehre notwendige didaktische Kompetenzen systematisch aufgebaut und vertieft, um die Professionalität der Lehrenden bei ihrer Kernaufgabe zu fördern. Lehre an Hochschulen beinhaltet nicht nur die Planung und Durchführung von Lehrveranstaltungen, sondern umfasst auch die Entwicklung von optimalen Betreuungskonzepten zur Unterstützung der Studierenden, die Entwicklung von geeigneten Prüfungsformen für die Messung der Lehrleistung, die Evaluierung von Lehrveranstaltungen sowie die strategische Weiterentwicklung von Inhalten der Studiengänge.

Unser Ziel ist, höchste Qualität bei der inhaltlichen Aufbereitung und der didaktischen Vermittlung von Lehrinhalten zu erzielen. Selbstverständlich bedarf es auch eines starken persönlichen Engagements und einer hohen fachlichen Kompetenz der Lehrenden, um die Studierenden für das jeweilige Fach zu begeistern. Methodenvielfalt, klare Konzepte, optimal aufbereitete Unterlagen und eine gute Präsentation sind wesentlich für den Erfolg von Lehrveranstaltungen.

Gerade durch den Einsatz von neuen Medien und den zeit- und ortsunabhängigen Zugang zu Wissen steht die hochschulische Lehre vor vielen neuen Herausforderungen. E-Learning ist heute integraler Bestandteil einer zeitgemäßen Lehre an Hochschulen und erfordert spezielle didaktische Konzepte, die auch zu einer neuen Lehr- und Lernkultur beitragen können. Die Zeit der Vorlesung ist vorbei, Interaktion ist gefragt und Lehrende und Studierende arbeiten gemeinsam am Ausbildungsprozess. Lehrende von morgen nutzen neue Medien optimal und sie sind oft ModeratorInnen und zugleich MentorInnen.

Die HDW ist aber auch eine besondere Herausforderung an die Lehrenden, denn viele TeilnehmerInnen haben schon eine mehrjährige Lehrerfahrung, haben dabei ihre eigenen Konzepte entwickelt und sind zudem ExpertInnen in ihrem Fachgebiet. Dies ist auch eine besondere Stärke dieser Weiterbildung, nämlich das Know-how der TeilnehmerInnen als wesentlichen Input zu nutzen und voneinander zu lernen. Dies bietet auch die Möglichkeit zur Reflexion der eigenen Lehrtätigkeit und der Rolle als LehrendeR. Lehrende müssen über die Lehre sprechen. Als besonders anregend für die persönliche und professionelle Weiterentwicklung der eigenen Lehrmodelle erachte ich die kollegiale Hospitation, wobei dabei beiden Seiten profitieren sollten.

Die HDW ist eine Einladung an alle Lehrenden der FH JOANNEUM. Die hohe Zahl an TeilnehmerInnen in den letzten Jahren zeigt, dass dieses Angebot auch angenommen wird. Ich bin davon überzeugt, dass wir im Hinblick auf die Qualität unserer Lehre noch weitere Angebote für die Umsetzung von innovativen Lehr- und Lernformaten entwickeln müssen, und ich möchte alle, die dieses Angebot noch nicht genützt haben, einladen, an der HDW teilzunehmen. Ich bin davon überzeugt, dass Sie als Lehrende genauso profitieren werden wie die Studierenden.

Ich bedanke mich sehr herzlich bei den InitiatorInnen und OrganisatorInnen der HDW für die bisher geleistete Arbeit und wünsche ihnen viel Erfolg bei der Weiterführung dieser für die Qualität der Lehre an der FH JOANNEUM so wichtigen Initiative.

Karl P. Pfeiffer

Vorwort

Die gezielte strategische Förderung von hochschuldidaktischer Weiterbildung findet an den österreichischen Fachhochschulen seit Beginn ihres Bestehens systematisch innerhalb einander ergänzender Bereiche statt. Einerseits gibt es dazu für alle hauptberuflich Lehrenden in vielen Fachhochschulen verbindliche hochschuldidaktische Weiterbildungen (HDW), andererseits sind sogenannte „Teaching Awards" oder jährlich stattfindende „Didaktiktage" wichtige Impulse für eine Professionalisierung der Lehre.

Wie in anderen lehrbezogenen Institutionen geht es auch in der Fachhochschule darum, effiziente strukturelle Voraussetzungen für gute Lehrbedingungen zu schaffen, innerhalb derer Lernende und Lehrende ihre Aufgaben mit Sorgfalt, Engagement und Kompetenz entwickeln können. In diesem Sinne ist die hochschuldidaktische Weiterbildung einerseits ein wesentliches Element im Qualitäts- und Personalmanagement, andererseits aber auch ein wichtiger Prozess im Empowerment von Lehrenden. Umsichtige, didaktisch ausgebildete Lehrende lernen dabei ihre eigenen Stärken innerhalb individueller offener Lern- und Lehrstrukturen besser kennen und können dadurch auch die Kompetenzen der Studierenden vielschichtiger wahrnehmen. Zielführende Konzepte der HDW sehen deren Leistung in der Entwicklung von Kompetenzwahrnehmung und Kompetenzstärkung, nicht in einer pädagogischen Defizitzuweisung durch eine wie auch immer sich legitimierende Expertokratie, sondern als einen offenen Baukasten, der die Vielfalt der schon vorhandenen Kompetenzen berücksichtigt. Wenn Lehrende lernen, so geschieht dies meist reflexiv, aufbauend auf erfahrungsgesättigtem Wissen, und hat die Erweiterung von bislang gültigem Handlungswissen zum Ziel. Das Infragestellen von bisherigen Routinen und Handlungsvoraussetzungen geht dabei recht unterschiedlich vor sich und hat immer wieder die eigene Praxis zum Dreh- und Angelpunkt aller Bemühungen. Dabei sind die Bereitschaft zur Veränderung, das Erkennen der Vorzüge lebensbegleitender Lernprozesse, die Bereitwilligkeit sich in der eigenen Rolle in der Weiterbildung partizipativ zu entwickeln, aber auch ein Bekenntnis zur Heterogenität als Prinzip die entscheidenden Voraussetzungen für das Gelingen hochschuldidaktischer Professionalisierungsschritte.

In der Hochschuldidaktischen Weiterbildung an der FH JOANNEUM Graz wurden konkrete Maßnahmen dafür gesetzt, dass eine solche institutionelle und persönliche Entwicklung gelingen kann. Folgende Ziele sollen hierbei erreicht werden:

- Vermittlung einer fundierten hochschuladäquaten didaktischen Ausbildung für alle Lehrenden
- Qualitätssicherung in der Lehre
- Schaffung einer gemeinsamen Basis an didaktischen Fähigkeiten und Fertigkeiten in der Lehre, sowohl für neue als auch für länger tätige Lehrende
- Bestehende Angebote im Bereich E-Learning werden einfacher und vermehrt in die Lehre integriert.
- Lehrende werden durch die Reflexion ihrer eigenen an neue Lehrmethoden herangeführt.
- Lehrende profitieren vom Wissen und der Erfahrung anderer Lehrender.
- Die Attraktivität der Fachhochschule als Arbeitgeberin für neue Lehrende wird gesteigert.

Das Ziel dieses Buches ist eine exemplarische Sichtung dieser Aktivitäten und der Aufbau von theoriebasiertem und empiriegestütztem Wissen über die bisherigen Erfahrungen der „Hochschuldidaktischen Weiterbildung" (HDW) an der FH JO-ANNEUM Graz. Dabei soll relevantes Wissen über den komplexen Zusammenhang zwischen der Entwicklung von Lehrkompetenz in der verpflichtenden hochschuldidaktischen Weiterbildung und dem Lehralltag generiert und kommuniziert werden.

Der zentrale Fokus des Projekts richtet sich auf die Beantwortung folgender Forschungsfragen:

- Was hat eine systematisierte hochschuldidaktische Weiterbildung bislang gebracht? Welche Ziele konnten erreicht werden, welche Maßnahmen haben sich als sinnvoll erwiesen?
- Wie sind die Aufgaben der Personalentwicklung und des Qualitätsmanagements in Bezug auf eine systematisierte hochschuldidaktische Weiterbildung zu bestimmen?
- Wie verhalten sich didaktische Kompetenzentwicklung in der Hochschule und das Selbstverständnis der FH generell zueinander?

- Wie lässt sich die Wirkung von Lehrkompetenz in den Lernprozessen Studierender sicht- und messbar machen?
- Welche institutionellen Strukturen und Prozesse verunmöglichen bzw. ermöglichen die Anwendung von Lehrkompetenz?
- Welche Erkenntnisse ergeben sich in Bezug auf die Nachhaltigkeit einer systematisierten hochschuldidaktischen Weiterbildung?
- Welche organisatorischen Voraussetzungen bzw. Maßnahmen sind für die Durchführung einer verpflichtenden hochschuldidaktischen Weiterbildung erforderlich?
- Welchen Stellenwert hat Didaktik bei Lehrenden und wie lässt sich ein erweitertes Bewusstsein für das Thema schaffen?

Diese Forschungsfragen werden im vorliegenden Sammelband aus verschiedenen Perspektiven beleuchtet. Zu Wort kommen sowohl Experten und Expertinnen aus dem Bereich der Erziehungswissenschaften als auch Personen, die an der Planung, Durchführung und Organisation der Hochschuldidaktischen Weiterbildung an der FH JOANNEUM beteiligt waren und darüber hinaus Absolventen und Absolventinnen. Dadurch, dass die persönlichen Erfahrungen derjenigen einfließen, die drei Semester lang diese Weiterbildung kennengelernt haben, dass weiters die Erkenntnisse jener vorliegen, die den Überblick über das Weiterbildungsprogramm über mehrere Jahre haben, und dass schließlich auch die Meta-Ebene von Fachexperten und Fachexpertinnen eingebracht wird, entsteht aus den unterschiedlichen Analysen ein Gesamtbild.

Die Texte dieses Sammelbandes nähern sich dem skizzierten Thema in theoretisch und methodisch unterschiedlich akzentuierten Zugängen. Was sie eint, ist das Bedürfnis, jene Spannungsverhältnisse aufzugreifen, zu untersuchen und begrifflich wie empirisch gehaltvoll auszuleuchten, die sich zwischen den Ansprüchen der Institution Fachhochschule und den eigenen Bedürfnissen in der Lehre ergeben. Die beschriebenen thematischen Schwerpunkte der dargestellten Beiträge legen eine Gliederung in zwei Themenbereiche nahe: Im ersten Teil „Professionalisierung der Lehre" finden sich die allgemeinen Beiträge der Fachexperten und Fachexpertinnen zum Thema hochschuldidaktische Weiterbildung. Im zweiten Teil „Hochschuldidaktische Weiterbildung: Erfahrungen und Perspektiven" finden Sie neben den Ergebnissen einer empirischen Studie über die ersten drei Jahre der hochschuldidaktischen Weiterbildung an der FH JOANNEUM die Beiträge der Absolventen und Absolventinnen dieser Weiterbildung, ebenso wie die Dokumentation der praktischen Erfahrungen, die bei der Organisation und Durchführung gemacht worden sind.

Unser Wissen darüber, wie und in welchem Ausmaß sich Lehrkompetenz in systematischen Lernprozessen entwickelt, ist noch sehr bescheiden. Auch über die impliziten Lernpotenziale von Lehrenden in ihren institutionellen Bereichen (z. B. im Umgang mit Veränderungen innerhalb von Studierendenkohorten, in Diversitätsperspektiven, in Alternsprozessen oder in den neuen virtuellen, medialen Räumen) ist noch viel zu wenig bekannt. Die Hauptfrage aus pädagogischer und hochschuldidaktischer Sicht ist hierbei immer: Wie werden Lehrende zu kompetenten InterpretInnen und Handelnden ihrer ideellen und materiellen Lehrwirklichkeit? Erst dann, wenn diese Frage innerhalb der jeweiligen Lernwelten ernst genommen wird, erreicht der Appell an die Hochschuldidaktik jene spezifische Form der Performanz, die eine tatsächlich auf Augenhöhe stattfindende Kooperation von Forschung und Lehre beleben kann. Hier gilt es, die Logiken der Lehrenden und die Logiken der Institutionen dermaßen zu verbinden, dass die Bereitschaft zum systematischen Weiterlernen in keinem Widerspruch zur forschungsökonomischen Botschaft des Generierens von Wissen steht. Das ist die große Herausforderung, der sich eine lebensnahe, vielfältige und vernetzte Hochschuldidaktik stellen muss. Der vorliegende Band versteht sich angesichts der Komplexität des Themas als ein Beitrag zur Beleuchtung und Erfassung hochschuldidaktischer Lernwelten mit dem Ziel, daraus gewonnene Erkenntnisse für eine als lebensnah verstandene *Hochschulentwicklung* anschlussfähig zu machen.

Wir danken allen Autoren und Autorinnen für ihre Beiträge, ohne die es dieses Buch nicht geben würde. Sehr herzlich möchten wir uns bei unserer Lektorin, Frau *Mag. Elisabeth Wimmer* für die zahlreichen wertvollen Hinweise und die äußerst gründliche Korrekturarbeit aller Beiträge im Rahmen des Lektorats bedanken. Unser besonderer Dank gilt Frau *Mag. Eva Maria Calvi, Bakk., M.A.* für die engagierte, umsichtige und sorgfältige Betreuung des gesamten Buchprojektes, die wir stets als angenehme Entlastung und große Unterstützung empfunden haben.

Rudolf Egger
Doris Kiendl-Wendner
Martin Pöllinger
(Hrsg.)

Inhaltsverzeichnis

AutorInnenverzeichnis

Christine Braunersreuther Dipl. Mus. Wissenschaftliche Mitarbeiterin am Institut für Design und Kommunikation der FH JOANNEUM. Aktuelle Arbeitsschwerpunkte: Ausstellungstheorie, Ausstellungskonzeption, wissenschaftliches Arbeiten, Erstellen von Publikationen, PR.

FH-Prof. Ing. Dipl.-Ing. Dr.techn. Harald Burgsteiner Aktuelle Arbeitsschwerpunkte sind Medizinische Informatik, Künstliche Intelligenz, Wissensbasierte Systeme, Datenschutz und Mathematik.

Mag. Bakk. Eva Maria Calvi M.A. Studium der Erziehungs- und Bildungswissenschaft, Weiterbildung – Lebensbegleitenden Bildung sowie der Interdisziplinären Geschlechterstudien. Mitarbeiterin in der Abteilung Weiterbildung und Studierendenadministration an der FH JOANNEUM. Arbeitsschwerpunkte: Organisation Hochschuldidaktik, Studienbefähigung.

Mag. Dr. phil. Rudolf Egger Professor für lebenslanges Lernen am Institut für Erziehungs- und Bildungswissenschaft der Universität Graz, Arbeitsbereich für Angewandte Lernweltforschung. Arbeitsschwerpunkte: Erforschung formeller und informeller Lernwelten aus der Sicht transformativer Aneignungsprozesse, interpretative und rekonstruktive Modelle empirischer Sozialforschung.

Eva Goldgruber BEd, MA Wissenschaftliche Mitarbeiterin ZML – Innovative Lernszenarien. Aktuelle Arbeitsschwerpunkte: E-Moderation, Lehr- und Lernprozesse im virtuellen Raum.

FH-Prof., Mag. Dr. Erich Hauer promovierter Wirtschaftspädagoge, Fachhochschul-Professor an der IMC FH Krems im Studiengang „Unternehmensführung & E-Business-Management". Lehrt vorwiegend Allgemeine Betriebswirtschaftsleh-

re, Kostenrechnung und Kostenmanagement. Gründer der EDUXXESS Hauer
Wirtschaftsbildung e.U. (www.eduxxess.at), eines Trainer-Netzwerks, welches
maßgeschneiderte Bildungslösungen und Führungskräftetrainings in den Be-
reichen Wirtschaft, Hochschuldidaktik, Soziale Kompetenz und SAP anbietet.
Zahlreiche Publikationen zu Bildungsstandards, Universität vs. Fachhochschu-
le, sowie Prüfungsgestaltung an Hochschulen. Diverse Lehraufträge an der FH
JOANNEUM im Bereich der Hochschuldidaktischen Weiterbildung (HDW), am
Didaktikzentrum der bayrischen Fachhochschulen (DIZ) in Ingolstadt sowie an der
Wirtschaftsuniversität Wien.

FH-Prof. Mag. Dr. Werner Hauser Fachbereichs-Koordinator für Recht an
der FH JOANNEUM GmbH in Graz; davor u. a. Tätigkeiten als Assistent am
Grazer Institut für Handels- und Wertpapierrecht, als Rechtspraktikant beim
OLG Graz, als Leiter des Rechtsreferats der Joanneum Research Gesellschaft
mbH, im rechtskundigen Verwaltungsdienst beim Amt der Steiermärkischen Lan-
desregierung, als Geschäftsführer der Steirischen Wissenschafts-, Umwelt- und
Kulturprojektträger GmbH, als Leiter der Ludwig Boltzmann-Forschungsstelle für
Bildungs- und Wissenschaftsrecht. Zahlreiche Publikationen zum Unternehmens-
recht sowie zum Hochschul- und Bildungsrecht; umfassende Lehrtätigkeit im Post-
sekundarbereich (Fachhochschule, Universität und Pädagogische Hochschule).
Arbeitsschwerpunkte: Öffentliches und Privates Wirtschaftsrecht.

FH-Prof. Mag. Dr. Doris Kiendl-Wendner Vizerektorin und Studiengangsleiterin an der FH JOANNEUM. Aktuelle Arbeitsschwerpunkte: Hochschulrecht und
Hochschulmanagement, Internationales und Europäisches Wirtschaftsrecht.

Mag. Dr. Ursula Lagger Mitarbeiterin an den Studiengängen „Informations-
design", „Ausstellungsdesign", „Communication, Media and Interaction Design";
Lektorin am Institut für Alte Geschichte und Altertumskunde der Karl-Franzens-
Universität. Arbeitsschwerpunkte: Alltags- und Mentalitätsgeschichte, insbeson-
dere zu antiken Randgruppen und Außenseitern und zur Geschichte moderner
Alltagsgegenstände, antike Militär- und Wirtschaftsgeschichte.

Dr. phil. Marianne Merkt Professorin für Hochschuldidaktik und Wissens-
management, Leiterin des Zentrums für Hochschuldidaktik und angewandte
Hochschulforschung der Hochschule Magdeburg-Stendal. Arbeitsschwerpunkte:
Forschung zu Professionalisierung der Hochschullehre und Hochschuldidaktik,
empirische Bildungsforschung im akademischen Kontext, Portfolio-Konzepte zur
Förderung expansiven Lernens.

Mag. Dr. Jutta Pauschenwein Leiterin des ZML – Innovative Lernszenarien, FH JOANNEUM. Aktuelle Schwerpunkte: E-Moderation, E-Didaktik, Offene Lernszenarien und Evaluierung mittels der Footprint-Methode.

Mag.a Erika Pernold Wissenschaftliche Mitarbeiterin, ZML – Innovative Lernszenarien. Aktuelle Arbeitsschwerpunkte: E-Moderation, Lehr- und Lernszenarien mittels Einsatz von Screencast und Videos

Dr. phil. Felicitas Pflichter Referatsleiterin im Bundesministerium für Wissenschaft und Forschung. Behandelt die Horizontalthemen: Blended Learning, Lehrkompetenz, Studierende mit Behinderung.

Mag. Dr. Martin Pöllinger Leiter der Abteilung Weiterbildung und Studierendenadministration der FH JOANNEUM GmbH. Aktuelle Arbeitsschwerpunkte (Auswahl): Hochschulrecht, Durchführung der Hochschuldidaktischen Weiterbildung, Studienbefähigungslehrgang, Wissensbilanz.

Mag. rer. nat. Anton Prettenhofer MA Arbeits-, Wirtschafts- und Organisationspsychologe, mit Schwerpunkt auf Anspruchsgruppenbefragungen, Personal- und Organisationsentwicklung, Lektor an der FH JOANNEUM

Prof. Dr. Horst Siebert, Professor für Erwachsenenbildung, seit 1977 am Institut für Berufspädagogik und Erwachsenenbildung der Leibniz Universität Hannover, seit 2007 emeritiert. Arbeitsschwerpunkte in Lehre und Forschung: Bildungstheorie, Didaktik, Konstruktivismus, Umweltbildung, Lehr-Lern-Forschung

Anastasia Sfiri BSc., MSc. Wissenschaftliche Mitarbeiterin, ZML – Innovative Lernszenarien. Aktuelle Arbeitsschwerpunkte: virtuelle Kommunikation und Kollaboration im E-Learning, Virtual Communities of Practice, Game-based Learning, Instruktionsdesign und Entwicklung von E-Learning-Szenarien, Usability Design und Evaluierung von E-Learning-Systemen und -Produkten, Interaktionsdesign, Einbettung von Gender Mainstreaming im E-Learning.

DI[in], Dr[in] Ulrike Zankel-Pichler Lehrende an den Studiengängen „Energie-, Verkehrs- und Umweltmanagement", „Energy and Transport Management", „Fahrzeugtechnik/Automotive Engineering", „Produktionstechnik und Organisation". Lehrveranstaltungen mit verschiedenen Schwerpunkten der Technischen, Analytischen und Umwelt-Chemie, Betreuung von Abschlussarbeiten, organisatorische Tätigkeiten an den Studiengängen „Energie-, Verkehrs- und Umweltmanagement" und „Energy and Transport Management"

Die zielgerechte Entfaltung von Lehrkompetenz

Für ein strategisches Konzept zur Förderung einer praxis- und wissenschaftsorientierten Hochschuldidaktik

Rudolf Egger

Zusammenfassung

In diesem Beitrag werden Lehrende als Schlüsselpersonen für bedeutsame Lernprozesse in ihrer Heterogenität und Vielschichtigkeit beschrieben. Dabei zeigt sich, dass sie sich sowohl in ihrem fachspezifischen Habitus (bezogen auf Lehrkonzepte, Lehrstrategien, Traditionen im Fach) als auch durch hochgradig unterschiedliche Lehrbiografien und damit einhergehende Lehrkonzepte sowie durch sehr unterschiedlich entwickelte didaktische Expertise auszeichnen. Konkret werden die unterschiedlichen Lehrbezüge und deren fachlich-didaktischen Bezugspunkte daraufhin untersucht, welche hier wirkenden Arbeitsebenen Entwicklungsunterstützungsleistungen erbringen können. Aus der Zusammenschau der wesentlichen Perspektiven von Lehrenden und organisationalen EntscheidungsträgerInnen wird eine Struktur für die nachhaltige Anhebung des Lehrimages dargestellt.

R. Egger (✉)
Institut für Erziehungs- und Bildungswissenschaft,
Universität Graz, Graz, Österreich
E-Mail: rudolf.egger@uni-graz.at

R. Egger et al. (Hrsg.), *Hochschuldidaktische Weiterbildung an Fachhochschulen,* Lernweltforschung 12,
DOI 10.1007/978-3-658-01497-1_1, © Springer Fachmedien Wiesbaden 2014

1 Strukturelle Voraussetzungen einer didaktischen Professionalisierung der Lehre

Wie jede andere Institution antwortet auch die Institution Fachhochschule auf gesellschaftliche Handlungsprobleme und bietet diesbezüglich spezifische Modelle und Antworten für unterschiedliche Berufs- und Lebenspraxen (vgl. Brinker 2012). Ein Leitsystem dazu ist Wissenschaft, ist der Entwurf und die Methodisierung von Möglichkeiten der Analyse und Aneignung von Welt. In diesem Sinne sind Bildungsstätten des tertiären Sektors eine entscheidende Triebfeder der modernen Wissensgesellschaft, erzeugen sie doch jene Systematisierungsleistungen (im Sinne von Konzepten, Theorien oder auch Produkten), die unseren Alltag auf allen Ebenen durchziehen. Innerhalb der Hochschulen wiederum sind es vor allem die Neugierde und die Freude am Entdecken von Zusammenhängen sowie das Vernetzen von Wissen und Menschen, die hierbei den Motor der sozialen und wissenschaftlichen Modernisierung vorantreiben. Menschen, die hier arbeiten, sind in ihren Vorhaben sehr oft intrinsisch motiviert, indem sie ein persönliches Interesse an einer „Sache" antreibt, das aber stets erst durch die kollegiale Praxis der Community of scientists abgesichert und wertvoll gemacht werden kann. Hochschulen sind gut beraten, die hier stattfindenden Prozesse von (vorläufig) begründetem Wissen und Zweifel, von Denken und Handeln, aber auch von Wissenschaft und Gesellschaft in einer systematischen Ausbildung zu fördern. So unbestritten Menschen an den Fachhochschulen und auch an Universitäten ExpertInnen in ihren Wissenschaftszweigen sind, so erschöpft sich ihre Rolle nicht einzig darin. Erst die Kombination aus Wissen-Generieren und der Weitergabe der eigenen Neugierde, des hervorgebrachten Wissens, lässt die Bezogenheit von Wissenschaft und Bildung, von Lehrenden und Lernenden, von Wissen und der Kritik desselben als einen essenziellen Baustein universitären Bemühens um die Verständlichkeit der Welt spürbar werden. Genauso schädlich wie das Zurechtbasteln von Publikationen und Forschungsarbeiten einzig zu „Zielen" individueller Werbekampagnen ist deshalb die Abwertung der Lehre als lästiges Anhängsel der Forschungsqualifikation. Die Missachtung der Lehre findet dabei ihre Untermauerung vielfach noch durch die Fehleinschätzung, dass nur durch Wissenschaftshandeln wichtige Erkenntnisse entstünden, da es in der Lehre ja „nur" um die „Vermittlung" bereits bestehenden Wissens gehe. Diese Anschauung ist ebenso falsch wie die Annahme, dass bei der tausendsten Zauberflöteninszenierung immer nur das gesehen werden kann, was schon zu Mozarts Zeiten das Publikum beschäftigte. Wer in der Lehre hoffentlich mehr zu bieten hat als das ständige Repetieren des einmal Vorbereiteten, weiß darum, wie die eigene Wissensbasis durch die freie Rede, die beispielbezogene Herleitung von Argumenten, durch das, was Kleist „... die allmähliche Verfertigung der Gedanken beim Reden" (Kleist 1986) nennt, unumgänglich zu neuen Sichtweisen, zu erweiterten Konstellationen, zu offenen Fragen und dadurch zur kritischen Überprüfung des eigenen Wissens und zur Weiterentwicklung von Forschungsfragen führt. Auch dadurch hängen Forschung und Lehre unmittelbar zusammen, wenngleich es offenkundig ist, dass eine aktiv wahrgenommene forschungspraktische Perspektive in der Lehre sehr voraussetzungsvoll ist.

Die hier für die Lehre untersuchten Wirkverhältnisse zeigen dabei recht unterschiedliche Deutungsmuster, wie Tätigkeiten des inspirierenden und forschenden Lehrens angestrebt (aber nicht logisch erzwungen) werden können. Es gab kaum WissenschafterInnen, die im persönlichen Gespräch nicht beteuerten, dass es für alle wesentlichen Tätigkeiten an der Universität zu wenig Zeit und auch zu wenig Freiraum gäbe, aber ein großer Teil hält dies gleichzeitig für ein eisernes Gesetz der wirtschaftsdominierten und medialen Moderne, dem sich die Universität nicht entziehen kann. Und trotzdem halten beinahe alle tertiär Arbeitenden aufgrund ihrer hohen Eigenmotivation ihren Arbeitsplatz für etwas Privilegiertes, für einen außergewöhnlichen Ort der systematischen Bezugnahme von eigener Entwicklung und allgemeinem Fortschritt (vgl. dazu und zu den folgenden Ausführungen Egger 2012, S. 143–159; Egger und Merkt 2012, S. 29–45). So sehr die Lehrenden vom hohen Ethos der Wissenschaft überzeugt sind, so unterschiedlich sind hier aber ihre Wege, dieses in die Lehre übertragen zu können. In der Analyse berufsbiografischer Zugänge zum hochschulischen Lehrberuf (vgl. u. a. Trautwein und Merkt 2012, S, 83–100) zeigt sich immer wieder, wie die einzelnen subjektiven Erfahrungen und deren Deutungen stets auf institutionelle und gesellschaftliche Verhältnisse bezogen bleiben. Dabei wirken sich die Fokussierung der universitären Berufsbezüge auf kompetitive Forschungs- und Drittmittelbezüge in der Forschung, der Primat der Fachkulturen und die Unterentwickeltheit (bzw. kaum offensiv vertretene Rolle) der Hochschuldidaktik behindernd auf einen Zuwachs der Bedeutunsgehalte der Lehre aus. Der Ausbau von institutionell abgesicherten Lehrentwicklungen und auch des individuellen Lehrhandelns findet deshalb seine Begrenzung meist recht bald innerhalb konkreter Machtverhältnisse, Berufskarrieren und sozialer Normen. Innerhalb dieser normativ wirkenden Beschränkungen und strukturellen Benachteiligungen der Lehre gegenüber den sonstigen Aufgaben stehen in der allgemeinen Betrachtung aber auch (meist eher kaum sichtbare) innovative Tendenzen gegenüber. Diese liegen z. B. in den im Wachsen begriffenen trans-, inter- und intradisziplinären Projekten und mit ihren Versuchen, neue Formen der Lehr- und Lernaufgaben zu etablieren, die es erlauben, stärker alternative Begegnungsmöglichkeiten zwischen Forschung und Lehre zu generieren. Ein weiteres Feld dazu bieten die mannigfaltigen neuen technologischen Möglichkeiten und deren soziale Bindungen in neuen Kooperationsformen, die vielfältigen Konsequenzen forcierter hochschuldidaktischer Weiterbildungen und eines sich hier erweiternden Repertoires an unterschiedlichen Methoden, Medien, Sozial- und Feedbackformen. Nicht zuletzt spielt auch die verstärkte weibliche Präsenz im universitären Alltag, und deren (in der Regel) gesteigertes Wissen über eine nachhaltige Entwicklung von Lehr- und Lernansätzen im Umgang mit Komplexität und Unsicherheit eine Rolle (vgl. dazu ausführlich Egger 2012, S. 50–53).

Es ist unabweisbar, dass für den Umfang und das Profil der hochschuldidaktischen Aktivitäten von tertiären Bildungsinstitutionen vor allem jene Formen der „institutional policy" ausschlaggebend sind, die die Leistungen nach messbaren Parametern und den daraus abgeleiteten institutionellen Vorgaben ausrichten. Und hier spielen die Elemente der Forschungsevaluation und der zuvor erhobenen Ziel- und Leistungsgrößen die entscheidende Rolle (vgl. Huber 2011, S. 109–120). Anhand dieser regulierten Strukturen wird die organisationale Identität („das Profil") der Hochschulen ausgerichtet. Die dabei eingeschlagenen Wege der institutionellen Differenzierung beeinflussen jene Rankings und Bezugspunkte in der Scientific Community, die vermehrt darüber bestimmen, wie eine Hochschule mit finanziellem, kulturellem und sozialem Kapital ausgestattet wird. So dynamisch die davon betroffenen Institutionen ihre internen und externen Bezüge hier auch im Wissenschaftssystem herstellen können, so passiv und strukturkonservativ kommen die dabei erzeugten Effekte in der Lehre an (vgl. Stahr 2009). Tertiär Lehrende begreifen sich (zumindest solange sie hier keine tragfähigen Routinen dafür entwickelt haben) in dieser Spannung. Für neu eintretende Personen birgt dies besonders viele Wagnisse, denn sie müssen an den gewohnten Bahnen des eigenen unmittelbaren Umfelds festhalten, um sich nicht in ein wissenschaftliches Abseits zu begeben, und sollten doch Raum für Erkundungen eigener Fragestellungen und Erklärungsversuche in der Lehre bekommen. Sie müssen diesbezüglich zwischen der Skylla der ungeschützten Lehrerkundungspfade und der Charybdis der fest gefügten und nachdrücklich verteidigten Strukturen in der Organisation von Hochschulen hindurch. Gerade hier ist die Bereitschaft der Hochschulleitungen von entscheidender Bedeutung, eine offensive Hochschuldidaktikpolitik zu betreiben und die (Weiter-)Bildungsaktivitäten in Bezug auf die Lehre auszubauen. Dazu bedarf es vor allem förderlicher und unterstützender Rahmenbedingung, um der systematischen Entwicklung von Lehrkompetenz als einer zentralen Aufgabe der Hochschulen Aufmerksamkeit zu verschaffen (vgl. Heiner 2012).

2 Lernprozesse einer nachhaltigen hochschuldidaktischen Professionalisierung

Im Forschungsprojekt *Entwicklung von Lehrkompetenz in der Hochschullehre* (vgl. Egger 2012) zeigte sich in der Mehrzahl der analysierten Interviews, dass die Situation einer zielgerechten Entfaltung von Lehrkompetenz allerdings als etwas weitgehend Randständiges beschrieben wird. Die in allen Institutionen vermehrten Debatten über lebenslanges Lernen werden diesbezüglich kaum auf die Lehre in der Hochschule übertragen. Existieren zwar durchaus vielfältige Angebote für unterschiedliche Zielgruppen an der Universität, so ist es großteils bisher noch nicht gelungen, die hochschuldidaktische Weiterbildung tatsächlich als dritten gleichwertigen Pfeiler neben Forschung und Erstausbildung zu verankern. Daneben unterstützen die strukturellen Rahmenbedingungen weiterhin eine oft eher abwehrende Haltung von KollegInnen gegenüber hochschuldidaktischer Weiterbildung. Eine Didaktikweiterbildung wird von nicht wenigen Lehrenden als Maßnahme eingeschätzt, die einer „Strafarbeit" oder „Nachsitzen" ähnelt. Wird von den Universitäten zwar für *neu eintretende* WissenschafterInnen viel an hochschuldidaktischen Ausbildungen gestartet, so bleiben diese Aktivitäten aber vielfach nutzlos, da hier KollegInnen davon betroffen sind, die mit kurzfristigen Verträgen bald wieder aus dieser Institution ausscheiden müssen. So sinnvoll die einzelnen Maßnahmen hier auch sind, so sehr werden sie doch von dienstrechtlichen Hemmnissen konterkariert. Die Schwierigkeit ist es weiterhin, alle Lehrenden tatsächlich lebenslang mit hochschuldidaktischen Entwicklungs- und Aktivitätspotenzialen im Sinne einer „institutional policy" zu erreichen (vgl. Metz-Göckel 2005; Reinmann 2013).

Dass sich die Hochschulen bis heute mit der Hochschuldidaktik so schwertun, liegt sicherlich auch in der Tradition und dem forschungsorientierten Wissenschafts- und Bildungsverständnis dieser Institutionen begründet. Hierbei spielen wissenschaftsinterne Normen der Fachdisziplinen die zentrale Rolle in den Organisations- und Handlungseinheiten, was sich im akademischen Karriere- und Reputationssystem ausdrückt. Weiters liegt dies auch „... *an der ausgeprägten Einheitlichkeit bzw. der geringen Differenzierung des Hochschulsystems und der akademischen Ausbildung – zum Beispiel nach unterschiedlichen Ausbildungszielen, berufspraktischen Anforderungen oder den Voraussetzungen und besonderen Bedürfnissen der Teilnehmer/innen"* (Herm et al. 2003, S. 26). Mit diesem Argument wird darauf hingewiesen, dass für die Lehrenden an der Universität alle Studierenden zu einer Gruppe gehören und dass die Lehre insgesamt das Forschungshandeln der universitär Arbeitenden als wichtigsten Bezugspunkt ansieht. Hierin liegt auch die

Ursache der Konflikte zwischen Praxisanforderung und der Wissenschaftsorientierung. Da die institutionellen Aufgabenzuschreibungen der Hochschulen hierin begründet werden, ist wiederum eine Umgestaltung der tertiären Berufsrolle im Hinblick auf eine Aufwertung der Lehre schwierig. Im Gegenteil, sie ist, im Sinne des vorne erwähnten Wissenschaftsprimats für Karrieren ja rundweg schädlich. Hier wird offensichtlich, dass die Frage der Verankerung und der Zukunft der Hochschuldidaktik auch mit der grundsätzlichen Entwicklung der Organisation und dem Steuerungssystem der Hochschulen verbunden ist. Hochschulen sind in diesem Sinne auch als gesellschaftliche Dienstleistungseinrichtungen zu sehen, „. . . *die neben der Wissensproduktion durch Forschung auch eine wesentliche Aufgabe als Institution zur Qualifizierung des Humanpotentials und als Institution des Wissenstransfers unter Einschluss der Weiterbildung hat. Die Akzeptanz der Weiterbildung – nicht nur rhetorisch, sondern durch praktisches Engagement – hängt deshalb auch davon ab, in welchem Maße die (. . .) Hochschulen tatsächlich dem Leitbild einer gesellschaftlichen Dienstleistungseinrichtung nachkommen"* (ebd., S. 28). Eine solche Ausrichtung kann dabei auch als Instrument zur Förderung und Stärkung der institutionellen Selbstbestimmung der Hochschulen gedacht werden. Die imagefördernde Größe einer gestiegenen Lehrkompetenz, die seriöse Qualitätsstandards und Ansprüche gewährleistet, könnte sozusagen als ein „Qualitätssiegel" dienen und die faktische Bedeutung der Hochschule als Lernwelt verstärken. Wenn die Institution ihre Weiterbildungsaktivitäten auch auf sich selbst bezieht, kann hier eine weitere Facette der „Profiltiefe" im Sinne des lebensbegleitenden Lernens entwickelt werden.

Vielfach sind die Zusammenhänge zwischen dem Ausbau des lebenslangen Lernens und einer Forcierung der Hochschuldidaktik und der Hebung der Lehrkompetenz noch zu programmatisch oder zu vage in Form allgemeiner Absichtserklärungen, ohne dass tatsächlich auf die evidenten Faktoren und konkreten operativen Konsequenzen hingewiesen wird. Hier gilt es, die Steigerung der Lehrkompetenz in Ziel- und Leistungsvereinbarungen zwischen der Hochschulleitung und den einzelnen Wissenschaftszweigen zu gießen, damit die Gewichtung der traditionellen Aufgabenfelder zugunsten einer innovativen Gleichwertigkeit von Forschung und Lehre verändert werden kann. Sollte dies nicht innerhalb konkreter Arbeitsübereinkünfte geschehen, so ist zu befürchten, dass die getätigten Bestrebungen sehr ungleich in den einzelnen Häusern verteilt werden (was wiederum auf die Gewichtung der Wissenschaftsprofilierung und -differenzierung Auswirkungen hätte).

Die Steigerung der Lehrkompetenz ist hier für viele EntscheiderInnen in den Gremien auch aus ihrer eigenen Wissenschaftssozialisation heraus schwer nachzuvollziehen und innerhalb halbwegs glaubwürdiger Parameter und Kriterien zu überprüfen. Grundsätzlich könnte die Implementierung fassbarer hochschuldidaktischer Zielsetzungen auch über die Wettbewerbs-, Differenzierungs- oder Profilbildungsschiene zum Erfolg führen, wenn tatsächlich mess- und kommunizierbare Effekte sichtbar gemacht werden. Es ist allerdings eher anzunehmen, dass der steigende Wettbewerbsdruck alle Hochschulen dazu nötigt, sich der Logik der Steigerung der Forschungsleistungen zu unterwerfen. So zeigen die bislang entwickelten leistungs- und/oder indikatorengesteuerten Mittelverteilungssysteme eindeutig in diese Richtung (vgl. Jaeger et al. 2005; Nickel und Ziegele 2008). „*Legt man sich insgesamt ehrlich Rechenschaft über die Steuerungswirkung im Bereich Grund- und Erfolgsbudget ab, muss eingestanden werden, dass allgemeine hochschulpolitische Ziele hier nicht vorkommen. Das ganze System baut im Wesentlichen auf der Hoffnung auf, dass Wettbewerb an sich zu positiven Wirkungen führt. Denn der Konkurrenzgedanke ist das vorherrschende Prinzip. (...) Das nüchterne Fazit bezüglich der Steuerungswirkung lautet demnach: Es werden massive Anreize gesetzt, die Zahl der Studierenden bis zur anrechnungsfähigen Höchstgrenze zu steigern und es werden Anreize gesetzt, die Drittmitteleinnahmen zu erhöhen*" (Reymann 2011, o. S.). Demgemäß sind die bisher praktizierten Formen von Anreizsystemen zur Ankurbelung des hochschuldidaktischen Engagements im derzeitigen Rahmen (sowohl monetärer als auch nicht-monetärer Modelle) eher reserviert zu bewerten.

3 Entwicklungsebenen von Lehrkompetenz in der Hochschullehre

Lehrende als Schlüsselpersonen für bedeutsame Lernprozesse sind eine äußerst heterogene Gruppe, die sich durch eine hochgradige Autonomie der lehrenden Akteure, eine außerordentliche Heterogenität der situativen Komplexität sowie der Lehr- und Lernkulturen, eine disziplinäre Disparatheit bezogen auf Lehrkonzepte, Lehrstrategien, Traditionen im Fach, enorm differente Lehrbiografien und damit einhergehende Lehrkonzepte und erheblich entwickelte fachliche bei gleichzeitig schwach entwickelter didaktischer Expertise auszeichnen (vgl. dazu ausführlich Heiner 2012, S. 170). Ihr Beruf, die Hochschullehre ist heute genauso vielfältig wie die Stärken (und Schwächen) der Lehrenden. Aus diesem Grund muss sich ein inhaltliches Interesse an einer systematischen Lehrentwicklung auch an unterschiedlichen Gestaltungsebenen orientieren, um einen nachhaltigen Bedeutungszuwachs erreichen zu können. So mannigfaltig die einzelnen Erfahrungsbasen in der Lehr-, Beratungs- und Prüfungsarbeit auch bestimmt sind, so stark orientieren sich die jeweiligen Modi und habitualisierten Praktiken doch an den eigenen

Studienerfahrungen und an den unmittelbar vorfindbaren Fachkulturen. Der Prozess der Perspektivenerweiterung von der Forschungsleistung hin zur Lehrleistung muss deshalb an der Hochschule (weit über die Bestrebungen der Fachdidaktik hinaus) allgemein durch eine gezielte Unterstützung und Begleitung der wichtigen Lehrelemente vor Ort erfolgen. Jenseits von kleinräumigen fachdidaktischen Bezügen muss die Studienqualität dabei in den Fokus der Aufmerksamkeit rücken. Nur dadurch werden die Lehre und auch die Lehrenden strukturell aufgewertet, indem nicht nur ihr Lehrhandeln und ihre Kompetenzen im Mittelpunkt stehen, sondern die Lehr-/Lernkultur von Studiengängen und Hochschulen. Dabei sind folgende Perspektiven unbedingt zu berücksichtigen:

3.1   Die Hochschule

• Um eine Aufwertung der Lehre (generell und auch individuell) zu erreichen, müssen verschiedene Weiterbildungsformate entwickelt werden. Diese beziehen sich sowohl auf konkrete Einstiegsangebote (wie ohnehin an den meisten Hochschulen schon vorhanden), als auch auf „niederschwellige, unaufwendige" Veranstaltungen, innerhalb derer konkrete didaktische Hilfestellungen und Entwicklungsmöglichkeiten erarbeitet werden können. Die Klärung und Verankerung der Verantwortlichkeiten und Handlungsmöglichkeiten des Hochschul- und Weiterbildungsmanagements ist hinsichtlich der Planung von Weiterbildungsaktivitäten im Bereich der Hochschuldidaktik auf allen Ebenen zu erreichen.

• Darüber hinaus ist die Hochschulleitung gut beraten, alle jene Aktivitäten zu fördern, die, jenseits organisierter Kurse, informelle und non-formale Begegnungs- und Unterstützungsmöglichkeiten im hochschuldidaktischen Kontext (Mentoringprozesse, Peer-Hospitationen etc.) als Lernanlässe und -gelegenheiten anregen und gestalten helfen.

• Hierzu zählen auch hochschulpolitische Themenbereiche, die die Rolle, die Funktion und die Stellung von universitär Lehrenden betreffen. Hochschuldidaktik darf nicht nur aus Sicht der Studierenden bewertet werden, sondern muss auch an die Situation der Lehrenden und an bildungspolitische Parameter gekoppelt werden. Da die Lehre sich nie in einem „luftleeren" sozialen und politischen Raum abspielt, sollten demnach die hochschuldidaktischen Bemühungen an hochschulpolitische Bestrebungen geknüpft werden. Von der Hochschulseite muss es ein klares Signal dafür geben, dass die Wirkungen der Lehre nicht isoliert betrachtet werden, sondern stets innerhalb der generellen Rahmenbedingungen und der hier wirkenden Faktoren auf die Studienbedingungen zu diskutieren sind. Die Studierendenzufriedenheit muss deshalb mit anderen Erhebungen verbunden werden, um Entwicklungen voranzutreiben. Zufriedenheit alleine kann kein Maß für Verbesserungen sein.

• Als wesentlich in der Aus- und Fortbildung von universitär Lehrenden gelten die unmittelbare Erlebnisperspektive und die daraus abgeleiteten metatheoretischen und didaktischen Bezüge. So spielt die kollegiale Fallarbeit, die in einer gewissen konzeptionellen Nähe zur Supervision angesiedelt ist und auf dem Peer-to-Peer-Prinzip beruht, eine wichtige Rolle (vgl. Gudjons 2003, S. 38–48). Dabei werden (meist problematische) Fälle aus der Alltagspraxis zur Diskussion gestellt und gemeinsam interpretiert. Da die Lehrenden im gemeinsamen Feld der Hochschule tätig sind, werden sich zwar fachspezifisch unterschiedliche Sichtweisen, aber auch kollektiv geteilte Handlungsoptionen daraus ableiten lassen. Hier liegt eine wesentliche Aufgabe für die Hochschule, solche Formen der gegenseitigen Unterstützung der Praxis anzuregen und (ohne Kontrolldruck) zu institutionalisieren. Da der Erfolg derartiger Maßnahmen von der Qualität der Falldarstellung abhängt, bedarf es einer professionellen Unterstützung, die hierbei keinerlei Auskünfte über das hier bearbeitete Geschehen an die Institution rückmelden darf.

• Die Hochschule muss auch für die Entwicklung innovativer Anreizsysteme zur Intensivierung von Weiterbildungsaktivitäten im Bereich der Hochschuldidaktik sorgen. Dies betrifft auch die systematische und kontinuierliche Bedarfserforschung/-analyse zur Entwicklung zielbezogener Weiterbildungsangebote im Bereich der Hochschuldidaktik.

• Die Entwicklung von Verfahren zur Qualitätssicherung bzw. zum Qualitätsmanagement in der Feststellung von Lehrkompetenz sowie Maßnahmen zur Erhöhung der Transparenz des Leistungsspektrums der Lehre ist dafür unabdingbar. Dazu muss auch die Sicherstellung des Transfers wissenschaftlicher Innovationen aus der Hochschulforschung in die Weiterbildung erfolgen.

• Desgleichen ist die Vorbereitung der WissenschafterInnen auf lebenslange Lernprozesse und Sicherstellung eines Wissensmanagementsystems als kooperatives Projekt von erfahrenen und neuen Lehrenden (im Sinne von Mentoring, Tutoring etc.) wichtig.

• Besonders muss auch auf die prekäre Situation von jenen WissenschafterInnen geachtet werden, die innerhalb zeitknapper, aber arbeitsintensiver Verträge kaum Planungssicherheit für ihre weitere Entwicklung haben. Aus diesen misslichen Umständen können hier auch schwerlich hochschuldidaktische Maßnahmen greifen, da der Aufbau von Lehrautorität (wie der von wissenschaftlichem Ansehen) langfristige Perspektiven benötigt.

- Lehrkompetenz muss ein Berufungskriterium sein. Dazu sind analog zu den guten indikatorengestützten Maßstäben für die Bewertung der Qualität von Forschung Qualitätskriterien für die Bewertung der Lehre zu entwickeln und valide und belastbar festzustellen. Der Mangel in der Bezugnahme auf Lehrbefähigung darf nicht länger dazu führen, dass das Lernen des Lehrens hinter dem Lernen des Forschens verschwindet.
- Von der Hochschule muss das Engagement in der Lehre auch in universitären Karrieren sichtbar gemacht werden. Hier müssen Schnittstellen zum Hochschulmanagement gestaltet werden, um nicht nur im Falle der Habilitation auf spezifische Lehrgutachten zurückzugreifen. Auch hierfür sind längerfristige und zielbezogene Anreize zu schaffen, damit die systematische Entwicklung von Kompetenz- und Autonomieerleben als Grundlage für die Motivation ermöglicht wird. Die Kernfrage des wissenschaftlichen Nachwuchses ist dabei wiederum die Verlässlichkeit der Berufsperspektive.
- Demgemäß ist die Steigerung der Lehrkompetenz an Hochschulen für alle MitarbeiterInnen über Zielvereinbarungen in die kontinuierliche Organisations- und Personalentwicklung der Hochschule einzubinden. Dabei muss der Bezug des Beitrags zum lebensbegleitenden Lernen und zur internen MitarbeiterInnenfortbildung zur „Corporate Identity" sowie der Marketingstrategie in der Hochschule hergestellt werden.
- Alle Hochschuldidaktikabschlüsse sollten auf der Basis entsprechender Vereinbarungen für Masterprogramme anrechenbar sein.
- Der Ausbau von E-Learning-Elementen ist im Bereich der Schaffung von Lehrkompetenz sicherzustellen.

3.2 Die Vorgesetzten

- Hier gilt es vor allem, zielbezogene und entwicklungsfördernde Formen von Wissensmanagement zu forcieren. Die Lehrenden sehen sich im Hineinwachsen in die Lehrendenrolle und im Ausbau derselben an den jeweiligen Dienststellen sehr oft alleingelassen. Werden die wissenschaftlichen Entwicklungsziele mittlerweile größtenteils durch gebündelte Projektvorhaben zumindest grob diskutiert, so stehen die Belange der Lehre beinahe überall an letzter Stelle der gemeinsam zu bearbeitenden Schritte. Gerade aber im Aufbau eines Lehrendenhabitus sind die unmittelbaren Vorgesetzten und deren (oft nicht einmal explizit formulierten) Wünsche und Ziele an die Lehre wichtige Rückmeldungsquellen. Im Unterschied zu „Neulingen" sehen diese nicht so sehr die manchmal verwirrenden Details von Lehrsituationen, sondern spezifische Anforderungskalküle der Curricula oder charakteristische Situationen und Ereignisse, was sie als Erfahrungsbasen an ihre jungen KollegInnen weitergeben können. In diesem Zusammenhang kann ein spezifisches Lehr- und Wissensmanagement helfen, Sachverhalte zu strukturieren und vorhandenes Wissen auszubauen und anzuwenden.

• Das geforderte Wissensmanagement sollte hier auch dadurch ergänzt werden, dass von den LeiterInnen der jeweiligen Einheiten sowohl hochschuldidaktische Fortbildungen unterstützt werden, wie auch die Kommunikation über Ergebnisse der Bildungsforschung immer wieder an den Dienststellen systematisch angestoßen werden sollte. Genauso wie es Wissenschaftsbesprechungen gibt, sollte es (zumindest einmal im Jahr) hochschuldidaktische Besprechungen im weitesten Sinne geben.

3.3   Die Lehrenden

• Hier geht es vor allem um den kollegialen Austausch und die Unterstützung durch Kommunikation mit Lehrenden über die Erfordernisse und Problemlagen der eigenen Lehre. Diese Perspektivenerweiterung in Form von kollegialen Hospitationen ist dadurch gekennzeichnet, dass formale und informelle Begegnungsmöglichkeiten zu schaffen sind, innerhalb derer vielfältige Lehrbezüge und Situationen im Austausch besprochen werden können.
• Die in der konkreten Arbeit auftauchenden Themenfelder sollten hier auf Peer-Ebene strukturiert werden können, indem sich in den Fakultäten (Studiengängen) temporär begrenzte Lehrendenzirkel zur synchronen Bearbeitung von Themen bilden.

3.4   Die Scientific Community

• WissenschafterInnen, die didaktische und pädagogische Überlegungen ernstnehmen, sehen auch die Rituale in der Scientific Community skeptisch. Besonders die Ausrichtung vieler Tagungen und Kongresse sind aus dieser Sicht desaströse Entwicklungen, weil hier gerade der Austausch unter ForscherInnen in einen Kontext gestellt wird, der höchst ineffizient und lernfeindlich ist. Das Durchpeitschen von 20 Minuten-Beiträgen, die schlechte didaktische Aufbereitung der Darbietungen oder die oft mangelhafte sprachliche Ausdrucksfähigkeit (besonders bei einem Vortrag in einer Fremdsprache) machen derartige Großveranstaltungen oft zu einem pädagogischen Desaster. Dies wird noch dadurch verstärkt, dass die einzelnen Tätigkeitsberichte von WissenschafterInnen immer stärker auf Kongressteilnahmen abstellen und sie sich stets darum bemühen müssen, ständig mit Vorträgen präsent zu sein. Dass hier sowohl inhaltlich als auch methodisch kaum Neues präsentiert werden kann, liegt dabei auf der Hand.

• Aus wissenschaftsdidaktischer Sicht gilt es verstärkt darauf zu achten, dass sich hier Organisationsformen entwickeln, die die Bedeutung der Hochschuldidaktik nicht negieren, sondern diese auch noch stärken können.

3.5   Das eigene Tun

• Ein didaktisches kontextsensitives und methodisches Fachwissen ist für alle Lehrenden stets nur innerhalb der konkreten universitären Rahmenbedingungen zu entwickeln. Gleichwohl bedarf es aber einer individuellen Einstellung, um hier genügend Sensitivität gegenüber den professionsspezifischen Kontexten, den studentischen Problembereichen und den Möglichkeiten einer letztlich nicht klar fassbaren pädagogischen Wirklichkeit im Auge zu behalten und zu fördern. Hier fordern Lehrende sich selbst einen (im Wissenschaftsalltag oft verschütteten) Willen ab, sich auf diese Ebenen einzulassen, wohl wissend, dass diese Aufgaben eher wenig zur universitären Karriere beitragen.

• Dabei zeigt sich immer wieder sehr stark, dass Lehrende an Hochschulen sich vor allem durch Eigenmotivation auszeichnen, und dass strukturelle Rahmenbedingungen dadurch eine wesentliche Rolle spielen. So werden (vor allem im Bereich der Lehre) jene Beeinflussungsfaktoren als wenig hilfreich angesehen, die die eigenen Freiheitsgrade beschneiden und als Zwang erlebt werden. Eine „hochschuldidaktische Beglückung" aller wird deshalb auch oft als Kontrolle bewertet, die wiederum demotivierend wirkt und zu Ausweichstrategien führt. Auch finanzielle Anreize wirken kaum, wenn der organisationale Rahmen nicht passt.

• Wichtig ist hier die Schaffung von Möglichkeiten, die eigene Person einzubringen, um die als subjektiv empfundenen Stärken und Schwächen berücksichtigen zu können. Die Aneignung hochschuldidaktischer Kompetenzen besteht dabei nicht im Einüben von sich rasch verändernden Problemlösungen, sondern vielmehr im Kennenlernen und Ausprobieren spezifischer Formen des Problemlösens, um daraus Möglichkeiten für eine professionelle universitäre Lehridentität zu gewinnen. Dazu eignen sich (neben der permanenten Erweiterung von Methodensettings und Lehrszenarien) vor allem jene reflexiven Prozesse, die eng an die eigene Lehrwirklichkeit gekoppelt sind, wie Mentoring- oder Coachingerfahrungen. In all diesen Elementen wird Lernen am konkreten

Fall mit der Reflexion der eigenen Haltung verknüpft, um eine erfahrungs-
gesättigte praktische Grundlage für die eigene Lehre, ein emanzipatorisches
Verhältnis von Wissenschaft und gesellschaftlicher Praxis und damit auch eine kontextsensitive Bestimmung der Verhältnisse von Forschen und Lehren zu
erreichen.

Ziel all dieser Bemühungen sollte es sein, die EntscheidungsträgerInnen und auch
die Lehrenden in den Hochschulen dabei zu unterstützen bzw. sie zu motivieren,
ein strategisches Konzept zur Förderung der wissenschaftlichen Lehrkompetenz
zu implementieren. Auf der Arbeitsebene der Hochschulleitung, der Fakultä-
ten/Fachbereiche und Institute müssten hier verpflichtende Entwicklungskonzepte
vorgelegt werden, die den einzelnen Lehrenden helfen, ihr besonderes Lehrprofil
zu entfalten. Nur aus einer Zusammenschau dieser Perspektiven kann die Exzellenz
der Lehre längerfristig für das geistige Selbstverständnis der Hochschulen in einer
auch weiterhin kompetitiven und seriösen Wissenschaftswelt sichergestellt werden.

Literatur

Brinker, T. 2012. Schlüsselkompetenzen aus der Perspektive der Fachhochschulen. In *Lernwelt Universität. Entwicklung von Lehrkompetenz in der Hochschullehre*, Hrsg. R. Egger
und M. Merkt, 243–262. Wiesbaden: Springer VS.
Egger, R. 2012. *Lebenslanges Lernen in der Universität. Wie funktioniert gute Hochschullehre
und wie lernen Hochschullehrende ihren Beruf* (Lernweltforschung Bd. 8). Wiesbaden:
Springer VS.
Egger, R., und Merkt. M., Hrsg. 2012. *Lernwelt Universität. Entwicklung von Lehrkompetenz
in der Hochschullehre* (Lernweltforschung Bd. 9). Wiesbaden: Springer VS.
Gudjons, H. 2003. *Berufsbezogene Selbsterfahrung durch Fallbesprechungen in Gruppen. In:
Spielbuch Interaktionserziehung.* 7. Aufl., 38–48. Bad Heilbrunn: Klinkhardt.
Heiner, M. 2012. Referenzpunkte für die Modellierung der Kompetenzentwicklung in der
Lehre - Impulse für die hochschuldidaktische Weiterbildung. In *Lernwelt Universität.
Entwicklung von Lehrkompetenz in der Hochschullehre*, Hrsg. R. Egger und M. Merkt,
167–192. Wiesbaden: Springer VS.
Herm, B., C. Koepernik, V. Leuterer, K. Richter, und A. Wolter 2003. Lebenslanges
Lernen und Weiterbildung im deutschen Hochschulsystem – Eine explorative Studie
zu den Implementierungsstrategien deutscher Hochschulen. Dresden. http://www.uni-
tuebingen.de/uni/qz6/download/master/Hochschulen-Weiterbildung/Stifter/Studie%20
Implementierung.pdf. Zugegriffen: 20. Feb 2012.
Huber, L. 2011. Fachkulturen und Hochschuldidaktik. In *Aktionsfelder der Hochschuldidak-
tik. Von der Weiterbildung zum Diskurs*, Hrsg. M. Weil, M. Schiefner, B. Eugster, und
K. Futter, 109–128. Münster: Waxmann.

Jaeger, M., M. Leszczensky, D. Orr, und A. Schwarzenberger. 2005. *Formelgebundene Mittelvergabe und Zielvereinbarungen als Instrumente der Budgetierung an deutschen Universitäten: Ergebnisse einer bundesweiten Befragung.* Hannover: HIS Kurzinformation (A13/2005).

Kleist, H. v. 1986. *Werke und Briefe in vier Bänden* In Anmerkungen von Peter Goldammer. Bd. 3. Hrsg. von Siegfried Streller, 722–723. Frankfurt: Insel.

Metz-Göckel, S. 2005. Kollegialität und wissenschaftlicher Diskurs. Zur Neuorientierung der Hochschuldidaktik. In *The Shift from Teaching to Learning. Konstruktionsbedingungen eines Ideals (Blickpunkt Hochschuldidaktik, AHD),* Hrsg. U. Welbers und O. Gaus., 227–235. Bielefeld: Bertelsmann.

Nickel, S., und F. Ziegele, Hrsg. 2008. *Bilanz und Perspektiven der leistungsorientierten Mittelverteilung: Analysen zur finanziellen Hochschulsteuerung.* CHE Arbeitspapier 111.

Reinmann, G. 2013. Lehrkompetenzen von Hochschullehrern: Kritik des Kompetenzbegriffs in fünf Thesen. In *Hochschuldidaktik im Zeichen von Heterogenität und Vielfalt. Doppelfestschrift für Peter Baumgartner und Rolf Schulmeister,* Hrsg. G. Reinmann, M. Ebner, und S. Schön, 215–234 Norderstedt: Books on Demand GmbH.

Reymann, D. 2011. *Qualitätssicherung als Voraussetzung für Hochschulautonomie?* In: Der hochschulpolitische Blog vom 29. 9. 2011. http://www.hopo-blog.de/2011/09/qualitatssicherung-als-voraussetzung-fur-hochschulautonomie/. Zugegriffen: 20. Feb 2012.

Stahr, I. 2009. Academic Staff Development: Entwicklung von Lehrkompetenz. In *(2009), Wandel der Lehr-Lernkultur an Hochschulen. (Blickpunkt Hochschuldidaktik),* Hrsg. R. Schneider, B. Szczyrba, U. Welbers, und J. Wildt, 70-80. Bielefeld: Bertelsmann.

Trautwein, C., und M. Merkt. 2012. Zur Lehre befähigt? Akademische Lehrkompetenz darstellen und einschätzen. In *Lernwelt Universität. Entwicklung von Lehrkompetenz in der Hochschullehre,* Hrsg. R. Egger und M. Merkt, 83–100. Wiesbaden: Springer VS.

Hochschuldidaktische Weiterbildung als Instrument der Personalentwicklung und zur Qualitätssicherung in der Lehre

Doris Kiendl-Wendner

Zusammenfassung

Hochschulen operieren in einem kompetitiven Umfeld. Im Wettbewerb um die besten Studierenden und das bestqualifizierte Personal ist das Branding der jeweiligen Hochschule von großer Bedeutung. Wenn das Branding einer Hochschule (auch) Exzellenz in der Lehre verspricht, so erweckt dies entsprechende Erwartungen aller Beteiligten an die Qualität der (Aus-)Bildung an der jeweiligen Einrichtung.

Exzellenz in der Lehre ist von vielen Faktoren abhängig, unter anderem vom Betreuungsverhältnis zwischen Studierenden und Lehrenden, von den Fähigkeiten der Studierenden und vor allem auch von den Kompetenzen der Lehrenden. Lehrende müssen nicht nur fachlich kompetent sein, sondern auch über Lehrkompetenz (didaktische Fähigkeiten) verfügen. Die Lehrkompetenz kann gezielt durch Maßnahmen gesteigert werden; dazu kann ein hochschuldidaktisches Weiterbildungsprogramm eingesetzt werden.

Dieser Beitrag beschäftigt sich mit zwei Fragestellungen, die miteinander verbunden sind. Der Beitrag behandelt zunächst die hochschuldidaktische Weiterbildung als Instrument der Personalentwicklung. Hochschuldidaktische Weiterbildung wird nur dann ein sinnvolles Instrument der Personalentwicklung sein, wenn die strategischen Ziele einer Hochschule auf Qualität in der Lehre gerichtet sind und wenn auch konsequenterweise das vorhandene Anreizsystem an der jeweiligen Hochschule Leistungen in der Lehre hono-

D. Kiendl-Wendner (✉)
Management internationaler Geschäftsprozesse, FH JOANNEUM,
Eggenberger Allee 11, 8020 Graz, Österreich
E-Mail: Doris.Kiendl-Wendner@fh-joanneum.at

R. Egger et al. (Hrsg.), *Hochschuldidaktische Weiterbildung*
an Fachhochschulen, Lernweltforschung 12,
DOI 10.1007/978-3-658-01497-1_2, © Springer Fachmedien Wiesbaden 2014

riert. Wenn das Anreizsystem hingegen ausschließlich oder primär Leistungen in anderen Bereichen (Akquisition von Drittmitteln, Publikationen etc.) in den Vordergrund rückt, werden sich Investitionen in die Lehrkompetenz für ProfessorInnen, DozentInnen und wissenschaftliche MitarbeiterInnen nicht auszahlen, weshalb das Instrument der hochschuldidaktischen Weiterbildung unter diesen Rahmenbedingungen ein kümmerliches Dasein fristen müsste.

Der zweite Teil des vorliegenden Beitrages widmet sich der Frage, ob und inwieweit eine hochschuldidaktische Weiterbildung zur Qualitätssicherung in der Lehre eingesetzt werden kann, soll oder muss. Eine Kausalität zwischen der Absolvierung eines (mehrsemestrigen) hochschuldidaktischen Weiterbildungsprogrammes und der Steigerung der Qualität in der Lehre wird kaum nachweisbar sein. Es ist auch Vorsicht dabei geboten, dass Vorgesetzte solchen MitarbeiterInnen, deren Lehrveranstaltungs-Evaluierungen Verbesserungspotenzial in der Lehre aufgezeigt haben, als „Sanktion" den verpflichtenden Besuch einer hochschuldidaktischen Weiterbildung vorschreiben. Dessen ungeachtet ist in einem prozessorientierten Ansatz zur Qualitätssicherung in der Lehre eine systematische Stärkung der Lehrkompetenz aller Mitglieder des Lehr- und Forschungspersonals an einer Hochschule geboten. Hier schließt sich wieder der Kreis zur Personalentwicklung, indem eine Qualitätssicherung in der Lehre auch jedenfalls die regelmäßige didaktische Weiterbildung aller Lehrenden einschließt.

1   Einleitung

Viele Hochschulen bieten Weiterbildung für ihr Lehr- und Forschungspersonal an. Dieses Weiterbildungsangebot umfasst häufig auch Kurse in (Hochschul-)Didaktik. Die Teilnahme an diesen Weiterbildungsangeboten ist meist freiwillig. Vor allem dann, wenn diese Didaktik-Aus- bzw. Weiterbildung in der Arbeitszeit erfolgt und die Ausbildungskosten zur Gänze oder zum überwiegenden Teil durch die Hochschule getragen werden, steht aus der Sicht der Organisation der Zweck der Sicherung und Steigerung der Qualität in der Lehre im Vordergrund. Die Didaktik-Ausbildung des Lehr- und Forschungspersonals ist eine Investition, die darauf abzielt, ein hohes Niveau in der Qualität der Lehre an der Hochschule zu erreichen. Diese Investition wird vor allem dann für eine Hochschule von besonderer Bedeutung sein, wenn die Hochschule einen Exzellenz-Anspruch in der Lehre verfolgt.

Dieser Beitrag spannt einen Bogen. Am Beginn dieses Bogens steht die Strategie der Hochschule, abgeleitet von der Vision und den Zielsetzungen. Wesentlich zur Zielerreichung ist, inwieweit den Mitarbeitern und Mitarbeiterinnen diese Strategie bekannt ist und ob sie sich damit identifizieren und somit auch bereit sind, an der Umsetzung der Strategie mitzuwirken. Ausgehend von der Strategie wird in diesem Kapitel die Qualität der Leistungen von Hochschulen diskutiert. Die Qualität der Lehre ist schwer messbar. Ein relevanter Faktor für die Bestimmung der Qualität in der Lehre an einer Hochschule ist die Bereitschaft ständiger Weiterentwicklung und kritischer Selbstreflexion. Dies kann als „Qualitätskultur" einer Hochschule bezeichnet werden. Die Qualitätskultur einer Hochschule hängt sowohl mit der von außen wahrgenommenen Qualität (Markenimage der Hochschule) als auch mit der realisierten Qualität im Inneren (Markenidentität der Hochschule) zusammen. Die größtmögliche Kongruenz von Qualität als Außensicht und Qualität im Inneren macht die Qualitätskultur aus. Da Hochschulen Expertenorganisationen sind, stellen die an der Hochschule tätigen Menschen die wichtigsten Ressourcen zur Erreichung einer exzellenten Qualitätskultur dar. Aus diesem Grund sind alle Maßnahmen zur Qualitätssteigerung an Hochschulen primär Maßnahmen der Personalentwicklung. Schließlich wird der Bogen in diesem Beitrag noch zur „Hochschuldidaktischen Weiterbildung" (HDW) an der FH JOANNEUM gespannt und es wird der Versuch unternommen, eine Bewertung der HDW als Instrument der Personalentwicklung und zur Qualitätssicherung in der Lehre vorzunehmen.

2 Hochschulstrategie(n)

Hochschulen sind Organisationen, die mit ihren Ressourcen (vor allem Humankapital) jene Ziele verfolgen, welche ihrer zugrunde liegenden Philosophie, ihrer Vision, entsprechen. Insoweit gilt für Hochschulen im Wesentlichen, was auch für andere Organisationen wie auch für Unternehmen gilt. Peter Drucker hat im Zusammenhang mit der Philosophie von Unternehmen dargestellt, dass diese Philosophie drei Bereiche umfasst: die Umwelt, den Auftrag der Organisation und die zentralen Fähigkeiten des Unternehmens (Drucker 2006, S 30 f.). Diese drei grundlegenden Bereiche sind bei Hochschulen gleichermaßen gegeben. Jede Hochschule agiert in einem sozialen, gesellschaftlichen und ökonomischen Umfeld. Jede Hochschule muss Festlegungen treffen über ihre Zielsetzungen und über die Grundlagen, insbesondere die Ressourcen, zur Erreichung der Zielsetzungen. In einem kompetitiven hochschulischen Umfeld streben die Hochschulen nach einer Profilbildung,

um die besten Studierenden und die lukrativsten Forschungsprojekte akquirieren
zu können.

Der Auftrag von Hochschulen besteht hauptsächlich darin, Leistungen in der
Forschung und Lehre zu erbringen. In den letzten Jahrzehnten wurde dieser gesellschaftliche Auftrag erweitert, indem nun auch Weiterbildung und Wissenstransfer
an die Bevölkerung als wichtige Aufträge von Hochschulen angesehen werden. Der
Auftrag von Hochschulen spiegelt sich in deren Zielen und leitenden Grundsätzen
wider. Bei österreichischen Fachhochschulen sind diese Ziele und leitenden Grundsätze in Bezug auf die Lehre auch im Gesetz ausdrücklich festgeschrieben. So ist es
der gesetzliche Auftrag, den Fachhochschul-Studiengänge in Österreich zu erfüllen
haben, dass sie eine wissenschaftlich fundierte Berufsausbildung der Studierenden
auf Hochschulniveau für bestimmte Berufsfelder sicherzustellen haben (§ 3 Abs 1
Fachhochschul-Studiengesetz (FHStG), BGBl 1993/340 idgF).

Ausgehend von dieser gesetzlichen Zuschreibung der wesentlichen Zielsetzung
werden die Strategien von (Fach-)Hochschulen im Leitbild sowie in der Vision und
Mission ausgerichtet. Die Mission der Hochschule erzeugt einen Zweck der Organisation, der die Handlungen der Mitglieder der Organisation steuern kann und soll
(Morill 2007, S. 139). Dies funktioniert jedoch nur dann, wenn diese Mission und
die darin ersichtlichen strategischen Ziele für die Mitglieder der Organisation klar
erkennbar sind und in der Organisation auch gelebt werden. Die Hochschulphi-
losophie muss in der gesamten Hochschule bekannt sein und verstanden werden
(siehe wiederum sinngemäß Drucker 2006, S. 33).

Wer Strategien und deren Umsetzung mittels bestimmter Instrumente betrachtet, sieht sich mit der Frage konfrontiert, ob die Umsetzung funktioniert hat, sprich,
ob die eingesetzten Mittel den Zweck erfüllt haben. Während die Kausalität zwischen dem Mitteleinsatz („Input") und der Zielerreichung („Output") in manchen
Kontexten eindeutig nachweisbar ist und in manchen Kontexten die Zielerreichung oder -nichterreichung eindeutig feststellbar sein mag, ist die Messbarkeit
der Zielerreichung im Dienstleistungsbereich allgemein und im Bildungsbereich
im Besonderen umstritten. Die Zielerreichung im Fachhochschulwesen ist, was
die Lehre anbelangt, eng mit der Arbeitsmarktfähigkeit („employability") der Absolventen und Absolventinnen verknüpft. Diese Arbeitsmarktfähigkeit wiederum
hängt mit den Kompetenzen zusammen, welche Absolventen und Absolventinnen
an der (Fach-)Hochschule erworben haben. Dies führt unmittelbar zur Qualität
und zur „angenommenen" („perceived") Qualität von Hochschulen.

3 Qualität und angenommene Qualität („perceived quality") im Hochschulbereich

Bei Fachhochschulen liefern Kennzahlen wie die Anzahl der Bewerber und Bewerberinnen pro FH-Studiengang, die Anzahl der Absolventen und Absolventinnen pro Jahrgang, der Prozentsatz an Drop-Outs, das Betreuungsverhältnis zwischen hauptberuflich Lehrenden und Studierenden pro Studiengang sowie auch Erlöse aus Forschung und Entwicklung wichtige Anhaltspunkte für die Leistungen und die Erreichung der strategischen Ziele. Diese Zahlen sind jedoch interpretationsbedürftig und dürfen nur mit Vorsicht umgelegt werden auf die Bewertung der Qualität des jeweiligen Fachhochschul-Studienganges.

Es muss unterschieden werden zwischen der angenommenen Qualität („perceived" quality) aus der Sicht der Studierenden, der AbsolventInnen, der ArbeitgeberInnen, der MitarbeiterInnen und der Qualität als solcher. Diese angenommene Qualität ist eng verknüpft mit dem Image der Hochschule. Es besteht ein (mittelbarer) Zusammenhang zwischen dem Image und der Identität der Hochschule. Unter Identität wird der innere Bereich der Leistungserbringung verstanden, dazu zählen die Arbeitsbedingungen der Mitarbeiter und Mitarbeiterinnen, deren Perspektiven und die tatsächliche Umsetzung der im Leitbild verankerten Ziele sowie auch die Studienbedingungen der Studierenden an der Hochschule. Wenn Image und Identität nahe beieinanderliegen, ist die angenommene Qualität mit der Qualität als solcher nahezu deckungsgleich (Pinar et al. 2011, S. 728; Boos et al. 2013, S. 8).

Diese Frage führt zu der häufig diskutierten Frage, ob Qualität im Hochschulbereich überhaupt messbar ist. Die Qualität des Forschungsoutputs ist messbar anhand von Publikationen und insbesondere Impact-Punkten und Rankings akademischer Journale sowie allenfalls wissenschaftlicher Preise und auch akquirierter Geldmittel für die hochschulische Forschung. Wie aber sieht es mit der Qualität der Lehre aus? Kann/Soll/Darf/Muss diese ebenfalls gemessen und beurteilt werden? Wenn ja, wie?

Gemessen werden kann, auch bei der Lehre an Hochschulen, der Input und/oder der Output (Konrad 2007, S. 403). Der Output der Lehre besteht im Kompetenzerwerb der Studierenden. Letztlich gibt die Arbeitsmarktfähigkeit der AbsolventInnen von Hochschulen Aufschluss darüber, ob die Qualität dieses Outputs gut genug ist (Kiendl-Wendner 2012, S. 43). Darüber hinaus sind Fachhochschulen auch gesetzlich dazu verpflichtet, die unmittelbare „perceived quality" aus der Sicht der Studierenden, d. h. die angenommene Qualität, von Lehrveranstaltungen mithilfe von Lehrveranstaltungsevaluierungen zu überprüfen (§ 10 FHStG).

Der „Input" der Qualität an Hochschulen ist eng mit der Qualifikation der Lehrenden verknüpft. Auch diesbezüglich besteht bei Fachhochschulen eine prinzipielle gesetzliche Vorgabe. Die Qualität der Lehrenden stellt nach dem Fachhochschul-Studiengesetz (FHStG) eine Akkreditierungsvoraussetzung für einen Fachhochschul-Studiengang dar. § 8 Abs 3 Z 3 FHStG legt ausdrücklich fest, dass „der Unterricht durch ein wissenschaftlich, berufspraktisch und pädagogisch-didaktisch qualifiziertes Lehr- und Forschungspersonal abgehalten wird". Wie diese pädagogisch-didaktische Qualifikation zustande kommt, bleibt offen und ist dem Gestaltungsspielraum des jeweiligen Erhalters der Fachhochschule überlassen.

Um die hochgesteckten Ziele der Hochschule laut deren Leitbild erreichen zu können, ist es erforderlich, die bestqualifizierten Personen an die Hochschule zu bringen. Die Entscheidung, sich an einer Hochschule als Mitglied des Lehr- und Forschungskollegiums oder für einen Studienplatz zu bewerben, hängt maßgeblich vom Image der Hochschule ab. Das Image allein reicht aber bei Weitem nicht aus, denn die dahinter stehende Identität der Organisation macht es aus, ob die Organisation als attraktive Arbeitgeberin empfunden wird.

4 Personalentwicklung an Hochschulen

Die Umsetzung der strategischen Ziele der Hochschule erfolgt durch die Mitarbeiter und Mitarbeiterinnen der Hochschule im Zusammenwirken mit den Studierenden sowie auch allen externen Partnern (nebenberuflich Lehrenden, Unternehmen und F&E Partner-Organisationen). Die wichtigste Ressource zur Erreichung der Ziele einer Hochschule sind daher die Mitarbeiter und Mitarbeiterinnen. Hochschulen sind Expertenorganisationen und daher stellen die Mitarbeiter und Mitarbeiterinnen hohe Ansprüche an ihr Arbeitsumfeld. Ein zentraler Aspekt des Managements an Hochschulen ist die Personalentwicklung (wenngleich dieser Aspekt an Hochschulen bisher vielfach vernachlässigt wurde und zum Teil auch weiterhin vernachlässigt wird).

Zur Personalentwicklung gibt es zahlreiche unterschiedliche Zugänge. Eine anerkannte Definition der Personalentwicklung bezieht sich auf die Organisationsentwicklung und die damit verbundenen Maßnahmen. So umfasst die Personalentwicklung alle Maßnahmen der Bildung, der Förderung und der Organisationsentwicklung, die von einer Person oder Organisation zur Erreichung spezieller Zwecke zielgerichtet, systematisch und methodisch geplant, realisiert und evaluiert werden (Becker 2013, S. 3).

Personalentwicklungsmaßnahmen können, wenn sie von den MitarbeiterInnen als sinnvoll wahrgenommen werden, zu einer Erhöhung der *Zufriedenheit* der MitarbeiterInnen führen und dadurch dazu beitragen, dass Lehrende eine stärkere *Bindung* an die Hochschule haben. Da Fachhochschulen besonderes Interesse daran haben (sollten), besonders engagierte, leistungsfähige und -bereite MitarbeiterInnen in der Organisation zu halten, stellen alle Maßnahmen, die dazu beitragen, die Zufriedenheit dieser MitarbeiterInnen zu stärken, wichtige Instrumente zur Erhaltung der Wettbewerbsfähigkeit der Fachhochschule dar. Die Förderung der Entwicklung von MitarbeiterInnen ist wesentlich für den Erfolg einer Hochschule (Florack und Messner, ZFHE 2006, S. 6).

Personalentwicklungsmaßnahmen – auch an Fachhochschul-Studiengängen – verfolgen im Regelfall mehrere Ziele, wobei meist Ziele der Organisation und des Individuums korrelieren. Ein Ziel der Fachhochschule wird mit der Funktionalität der PE-Maßnahme verbunden sein: Das bedeutet, dass eine PE-Maßnahme dann eingesetzt werden wird, wenn daraus zu erwarten ist, dass ein/e Mitarbeiter/in dadurch befähigt wird, seine/ihre Aufgaben zu erfüllen oder besser zu erfüllen (Heritsch 2008, S. 273).

Die Planung der erforderlichen Schritte zur Zielerreichung, auch im Rahmen der Personalentwicklung, erfordert professionelle Führung durch die Hochschulleitung sowie die weiteren Führungskräfte. Bei vielen Hochschulen sind in diesem Zusammenhang Defizite erkennbar, da vielfach Personen Führungsaufgaben übernehmen, denen es an Führungskompetenz mangelt. Akademische Meriten in Fachdisziplinen befähigen nicht (zwangsläufig) zur Führung von MitarbeiterInnen. Ein erster Schritt zur Umsetzung von Hochschulstrategien ist die Befähigung von Führungskräften zur Führung. Professionalität von Führungskräften ist, folgt man Malik, lernbar (Malik 2006, S. 42).

Gezielte Personalentwicklung an Hochschulen muss daher von oben beginnen. Führungskräfte an Hochschulen, die Managementaufgaben übernehmen (an Fachhochschul-Studiengängen vor allem die Studiengangsleiter und Studiengangsleiterinnen), müssen zum Zweck der Organisationsentwicklung befähigt werden für diese Managementaufgaben, insbesondere zur Führung von Mitarbeitern und Mitarbeiterinnen. Die Personalentwicklung von Führungskräften beinhaltet auch die Herstellung und Vertiefung von Qualitätsbewusstsein. Dieses Qualitätsbewusstsein sollte in weiterer Folge von den Führungskräften an die Mitarbeiter und Mitarbeiterinnen weitertransportiert werden. Dadurch kann die Qualitätskultur in der Organisation ermöglicht und weiterentwickelt werden.

Da die Kernaufgabe von Fachhochschul-Studiengängen die Sicherstellung der wissenschaftlich fundierten Berufsausbildung von Studierenden auf Hochschulniveau für bestimmte Berufsfelder ist (siehe Teil 2 dieses Beitrags sowie § 3 FHStG idgF), muss sich das Qualitätsbewusstsein primär auf die Lehre an Fachhochschul-Studiengängen richten. Dieses Qualitätsbewusstsein muss das Verständnis für Input- und Output-Faktoren in der Lehre umfassen sowie das Bemühen, die angenommene Qualität der Lehre möglichst nahe an die Qualität im Sinne der Identität der Hochschule heranzuführen.

Zur Erreichung einer hohen Qualität in der Lehre trägt die didaktische Aus- und Weiterbildung der Lehrenden maßgeblich bei. An der FH JOANNEUM wird seit einigen Jahren dazu ein spezielles Programm umgesetzt, das im nächsten Abschnitt dieses Kapitels dargestellt und als spezielle PE-Maßnahme analysiert wird.

5 Hochschuldidaktische Weiterbildung (HDW) als Instrument der Personalentwicklung

Die „Hochschuldidaktische Weiterbildung" (kurz HDW) an der FH JOANNEUM GmbH ist ein für alle hauptberuflich Lehrenden verpflichtendes mehrsemestriges Ausbildungsprogramm, dessen Ziel darin liegt, Lehrende für die Hochschullehre zu befähigen (siehe Trautmann und Merkt 2012, S. 83). Lehrende sollen jene Kompetenzen erwerben, die notwendig sind, um komplexes Wissen und berufsfeldorientierte Fähigkeiten Studierenden nahezubringen. Lehrende sollen durch die HDW ihre Fähigkeit zur Selbstreflexion stärken, sie sollen nach Abschluss der HDW in der Lage sein, Lehrveranstaltungen hinsichtlich detaillierter Lernergebnisse zu planen sowie lernergebnisorientierte Prüfungen zusammenzustellen. Lehrende sollen sowohl theoretisches Grundlagenwissen über Hochschuldidaktik erwerben als auch durch die HDW praktische Tools für die Hochschullehre kennenlernen. Darüber hinaus soll auch die Medienkompetenz der Lehrenden vertieft werden (insbesondere durch die intensive Beschäftigung mit E-Learning). Lehrende erwerben somit durch die HDW ein ganzes Bündel an Kompetenzen und Fähigkeiten, die unmittelbar für die Hochschullehre eingesetzt werden. Der Umfang der HDW beträgt 6 ECTS pro Semester, d. h., in zwei Semestern werden von den TeilnehmerInnen Leistungen in Höhe eines Workload von 12 ECTS (= 300 Stunden) erbracht.

Im Lichte der weit gefassten Definition von „Personalentwicklung", die im vorangegangenen Abschnitt dieses Kapitels zugrunde gelegt wurde, kann die HDW an der FH JOANNEUM als PE-Maßnahme eingestuft werden, denn diese Maßnahme trägt zur Bildung der Mitarbeiter und Mitarbeiterinnen in der Lehre bei, sie ermöglicht die Förderung der Lehrenden und trägt damit zur Organisationsentwicklung bei. Diese Maßnahme dient dem Zweck der Aufrechterhaltung und Verbesserung der Qualität der Lehre an der FH JOANNEUM. Die Maßnahme ist systematisch geplant, wird professionell umgesetzt und auch regelmäßig evaluiert.

Bei PE-Maßnahmen, so wie auch bei allen anderen Instrumenten zur strategischen Führung von Hochschulen und anderen Organisationen, ist festzulegen, ob Maßnahmen zentral oder dezentral zu konzipieren, zu planen und zu organisieren sowie umzusetzen sind. Bei der Hochschuldidaktischen Weiterbildung (HDW) an der FH JOANNEUM wurde ein überwiegend zentral gesteuertes Modell mit dezentralen Elementen gewählt.

Die Hochschuldidaktische Weiterbildung an der FH JOANNEUM ist insofern zentral an der Hochschule angelegt, als

a. diese PE-Maßnahme zentral durch eine Entwicklungsgruppe der FH JOANNEUM konzipiert wurde;
b. diese PE-Maßnahme für alle Studiengänge gemeinsam durchgeführt wird (mit TeilnehmerInnen aus vollkommen verschiedenen Fachdisziplinen, die in einer Gruppe zusammenarbeiten);
c. die gesamte Organisation der PE-Maßnahme zentral erfolgt (Moderation der E-Learning-Module, Auswahl der Vortragenden, Evaluierung der einzelnen Module, Organisation der Abschluss-Präsentationen)
d. und vor allem dadurch, dass die Geschäftsführung der FH JOANNEUM beschlossen hat, dass alle neuen hauptberuflich Lehrenden diese PE-Maßnahme bei Dienstantritt beginnen sollen und überdies alle weiteren hauptberuflich Lehrenden nach und nach diese PE-Maßnahme absolvieren müssen (Verbindlichkeit des Besuchs der HDW für alle hauptberuflich Lehrenden der FH JOANNEUM).

Diese zentrale Planung und Abwicklung hat Vor- und Nachteile. Aus der Sicht der Autorin dieses Beitrages sind folgende Vorteile damit verbunden: Die zentrale Planung stellt aus der Sicht der Hochschulleitung sicher, dass alle hauptberuflich Lehrenden über fundiertes Wissen und wichtige Fähigkeiten im Zusammenhang mit Hochschuldidaktik verfügen. Die zentrale Durchführung ermöglicht darüber hinaus ein Kennenlernen der Methoden und Denkweise von KollegInnen aus ganz anderen Fachdisziplinen und damit eine einmalige Möglichkeit des interdisziplinären Austausches. Der Nachteil liegt hier freilich auch auf der Hand: Manche TeilnehmerInnen der HDW vermissen spezielle Fachdidaktik und hätten eher die Präferenz der gezielten fachdidaktischen Weiterbildung. Die fachdidaktische Weiterbildung ist zusätzlich zur HDW auf freiwilliger Basis möglich.

Das dezentrale Element dieser PE-Maßnahme besteht darin, dass die Anmeldung der/s einzelnen Lehrenden zur HDW von der Zustimmung der jeweiligen

Studiengangsleitung abhängig ist. Wenngleich prinzipiell die Absolvierung der HDW für alle hauptberuflich Lehrenden verpflichtend ist (siehe oben), bestimmt die Studiengangsleitung im Einvernehmen mit der/dem Lehrenden, zu welchem Zeitpunkt die/der Lehrende diese PE-Maßnahme am besten beginnen sollte. Während bei neuen Lehrenden eine Verschiebung der Maßnahme auf einen späteren Zeitpunkt nur unter Vorlage einer schriftlichen Begründung (z. B. das Vorliegen eines großen zeitaufwendigen Forschungsprojektes) zulässig ist, besteht bei Lehrenden, die bereits an der FH JOANNEUM tätig sind, ein größerer Spielraum bei der Auswahl des Anmeldezeitpunktes.

Nach der bisherigen Erfahrung an der FH JOANNEUM – dies sollte hier unumwunden angemerkt werden – gibt es unter den StudiengangsleiterInnen unterschiedliche Meinungen zur HDW und somit auch eine unterschiedlich große Bereitschaft, Lehrenden zu ermöglichen, an der HDW teilzunehmen bzw. allenfalls Lehrende dazu zu motivieren, diese PE-Maßnahme in Angriff zu nehmen. Der Umfang von 12 ECTS in zwei aufeinanderfolgenden Semestern wird von manchen StudiengangsleiterInnen als hoch einstuft, da dadurch andere Aufgaben, wie z. B. die Teilnahme an Forschungsprojekten aufgrund zeitlicher Restriktionen nur eingeschränkt möglich ist. Durch regelmäßige Aufklärungsarbeit seitens des Rektorates sowie der zuständigen Abteilung werden die Widerstände langsam aufgeweicht, sodass allmählich von sämtlichen Studiengängen der FH JOANNEUM Lehrende die HDW besuchen.

6   Zusammenfassung

Als Fazit kann festgehalten werden, dass eine an einer Hochschule systematisch geplante und durchgeführte sowie kontinuierlich evaluierte und verbesserte hochschuldidaktische Weiterbildung eine Personalentwicklungsmaßnahme im Sinne des Personalmanagements darstellt. Die Erfahrungen an der FH JOANNEUM mit einem mehrsemestrigen verpflichtenden hochschuldidaktischen Aus- und Weiterbildungsprogramm sind differenziert zu betrachten. Inzwischen haben mehr als 100 Lehrende an der FH JOANNEUM dieses Programm absolviert oder sind im Begriff, dieses zu besuchen. Lehrende aller Fachdisziplinen, von Informatik über Bauplanung und Architektur, Gesundheitswissenschaften, Wirtschaft, Soziale Arbeit, Medien und Design, Technik und Rechtswissenschaften haben teilgenommen.

Die Hochschuldidaktische Weiterbildung (HDW) hat – gemeinsam mit anderen Initiativen, welche den Stellenwert der Lehre an der Fachhochschule erhöhen, wie dem jährlich stattfindenden Didaktik-Tag und der Vergabe von Preisen für besonders engagierte Lehrende („Teaching Awards") – dazu beigetragen, die Qualitätskultur an der FH JOANNEUM zu stärken. Die HDW hat insbesondere auch den disziplinenübergreifenden Austausch über didaktische Methoden unter den Lehrenden beträchtlich verstärkt. Durch die HDW ist an der Hochschule das Wissen über die Planung von Lehrveranstaltungen und didaktische Methoden gestiegen. Die HDW stellt einen wichtigen Baustein zur „Input-Qualität" in der Lehre an der FH JOANNEUM dar. Ob die HDW auch die „Output-Qualität", d. h. die Arbeitsmarktfähigkeit („employability") der Absolventen und Absolventinnen steigern wird, kann noch nicht beurteilt werden.

Während die HDW als PE-Maßnahme mit der Strategie hinsichtlich des Exzellenz-Anspruches in der Lehre zusammenpasst, muss doch auch immer beachtet werden, dass eine solche PE-Maßnahme noch nicht ausreichend ist, um dem Exzellenz-Anspruch zu genügen. Die Hochschulleitung muss sich stets bewusst sein, dass einzelne PE-Maßnahmen in einer Expertenorganisation nicht ausreichend sind, um ausgezeichnete Mitarbeiter und Mitarbeiterinnen in der Organisation zu halten oder an die Organisation zu bringen. Es wird entscheidend sein, dass die gesamten Rahmenbedingungen der Lehre (quantitative Arbeitsleistung in der Lehre im Sinne der Anzahl der zu leistenden Semesterwochenstunden, Möglichkeit zum Forschen, Gehalt, sonstige Vergünstigungen, wie Prämien, nichtmonetäre Vorteile wie Freiheit der Einteilung der Arbeitszeit usw.) für Lehrende als attraktiv empfunden werden und sie dadurch motiviert sind, ihr Bestes an der Hochschule zu geben. Eine Hochschule wird nur dann den Exzellenz-Anspruch in der Lehre glaubwürdig nach außen vertreten können, wenn sie im Inneren der Organisation dafür die nötigen Weichenstellungen vorgenommen hat.

Literatur

Becker, Manfred. 2013. *Personalentwicklung. Bildung, Förderung und Organisationsentwicklung in Theorie und Praxis.* 6. Aufl. Stuttgart: Schäffer Poeschel.
Boos, Margarete, Christina Grubendorfer, und Dorothea Mey. 2013. Hochschule als Marke, OSC Organisationsberatung. Supervision. Coaching 2013, 5–15.
Drucker, Peter F. 2006. *Die Kunst des Managements.* 3. Aufl. Düsseldorf: Econ.
Egger, Rudolf, und Marianne Merkt, Hrsg. 2012. *Lernwelt Universität. Entwicklung von Lehrkompetenz in der Hochschullehre.* (Lernweltforschung Bd. 9). Wiesbaden: Springer VS.
Florack, Arnd, und Claude Messner. 2006. Führungsstrategien und Personalentwicklung in der Hochschule. *Zeitschrift für Hochschulentwicklung* 1:6–20.

Heritsch, Michael. 2008. Personalentwicklung im Fachhochschul-Sektor. In *Management von Fachhochschul-Studiengängen*, Hrsg. Stefan Rankl, Thomas Wala, Michael Mair, und Andreas Breinbauer, 271–284. Wien: Linde.

Kiendl-Wendner, Doris. 2012. Die Anliegen der Studierenden an Fachhochschulen: Wer/Wie/Was? Zuständigkeiten und Verfahren nach dem neuen FHStG, *zeitschrift für hochschulrecht* 2012, 43–59.

Konrad, Helmut. 2007. Kann man akademische Qualität messen? In *Bene Meritus. Festschrift für Peter Schachner-Blazizek zum 65. Geburtstag*, Hrsg. Anni Koubek, Friedrich Möstl, Martin Pöllinger, Manfred Prisching, und Peter Reininghaus, 397–410. Graz: Leykam.

Malik, Fredmund. 2006. *Führen. Leisten. Leben. Wirksames Management für eine neue Zeit*. Frankfurt a. M.: Campus.

Pinar, Musa, Paul Trapp, Tulay Girard, und Thomas E. Boyt. 2011. Utilizing the brand ecosystem framework in designing branding strategies for higher education. *International Journal of Educational Management* 25:724–739.

Hochschuldidaktik, Organisationsentwicklung und Begleitforschung an der Hochschule Magdeburg-Stendal – ein integrativer Ansatz

Marianne Merkt

Zusammenfassung

Im vorliegenden Artikel wird das Konzept des Zentrums für Hochschuldidaktik und angewandte Hochschulforschung der Hochschule Magdeburg-Stendal vorgestellt, das hochschuldidaktische Interventionsmaßnahmen, Organisationsentwicklung und Begleitforschung in einem integrativen Ansatz aufeinander bezieht, um eine nachhaltige Qualitätsentwicklung in Studium und Lehre sicherzustellen.

1 Qualitätspakt Lehre

An der Hochschule Magdeburg-Stendal wird derzeit ein hochschuldidaktisches Weiterbildungsprogramm mit Zertifikatsabschluss, das ZHH-Zertifikat, aufgebaut. Das Weiterbildungsprogramm ist Bestandteil eines Drittmittelprojekts, das vom deutschen Bundesministerium für Bildung und Forschung in der Förderlinie „Qualitätspakt Lehre" bis 2016 gefördert wird. Durch eine umfassende Organisationsentwicklung an der Hochschule Magdeburg-Stendal sollen die Lehrqualität erhöht und die Studienbedingungen optimiert werden. Das bildungspolitisch

M. Merkt (✉)
Hochschule Magdeburg-Stendal, Zentrum für Hochschuldidaktik und angewandte Hochschulforschung, Breitscheidstr 2, 39114 Magdeburg, Deutschland
E-Mail: marianne.merkt@hs-magdeburg.de

R. Egger et al. (Hrsg.), *Hochschuldidaktische Weiterbildung an Fachhochschulen*, Lernweltforschung 12,
DOI 10.1007/978-3-658-01497-1_3, © Springer Fachmedien Wiesbaden 2014

motivierte Stichwort „Förderung der Heterogenität" verweist darauf, dass infolge des prognostizierten demografischen Wandels die Studienanfängerzahlen im nächsten Jahrzehnt stark sinken werden. Deshalb ist ein bildungspolitisches Anliegen des „Qualitätspakts Lehre" die Förderung von Studierendengruppen, die über andere Bildungswege und mit anderen Bildungshintergründen als dem klassischen Abitur in die Hochschule kommen. Die Studieneingangsphase in Bologna-Studienstrukturen hat sich in empirischen Untersuchungen zum Studienabbruch und zum Studienerfolg als besonders kritisch herausgestellt und steht bei der Förderung ebenfalls im Fokus.

Nach einer orientierenden Einführung in den aktuellen Kontext des Projekts an der Hochschule Magdeburg-Stendal soll im vorliegenden Artikel die Konzeption des ZHH-Zertifikats beschrieben und die theoretische Begründung vorgestellt werden. Das ZHH-Weiterbildungsprogramm orientiert sich am Ansatz des „Scholarship of Teaching and Learning" und integriert den Einsatz von Lehrportfolio-Arbeit im Weiterbildungsprozess. Es baut auf Ergebnissen des Forschungsprojekts ProFiLe „Professionalisierung in der Hochschullehre" auf und knüpft an die Erfahrungen an, die mit dem studienbegleitenden Lehrportfolio-Konzept im Hamburger Studiengang „Master of Higher Education" gewonnen wurden. Überdies erfüllt das Programm die Standards, die die Akkreditierungskommission der Deutschen Gesellschaft für Hochschuldidaktik anlegt und die als Grundlage der gegenseitigen Anerkennung hochschuldidaktischer Weiterbildung in Deutschland dienen.

Um die Einbettung des ZHH-Zertifikats in den Kontext der Organisationsentwicklung von Studium und Lehre an der Hochschule Magdeburg-Stendal deutlich zu machen, werden die wesentlichen Eckpunkte der Organisationsentwicklungsstrategie und der konkreten Maßnahmen vorgestellt und begründet. Ein wesentlicher Qualitätsaspekt der Organisationsentwicklung ist, dass in einer Begleitforschung zur „Studierfähigkeit" untersucht wird, ob und wie sich die „Studierfähigkeit" in der Studieneingangsphase entwickelt und wie sie sich auf den Studienerfolg von Studierendenkohorten in einem ausgewählten Studiengang auswirkt. Die Begleitforschung soll sowohl Auskunft darüber geben, welche Kompetenzfacetten die „Studierfähigkeit" in einem ausgewählten Studiengang konkret ausmachen, als auch, wie sich Didaktik und Struktur im Studienangebot auf die Entwicklung dieser Kompetenzfacetten auswirken. Angestrebtes Ziel ist es, Instrumente zu entwickeln, die empirisch fundierte Informationen für eine differenzierte Analyse von Einflussgrößen auf unterschiedlichen Ebenen in Studiengängen liefern und als Entscheidungsgrundlage für hochschuldidaktische Interventionen dienen können. Abschließend wird diskutiert, inwiefern das vorgestellte Konzept Transferpotenzial für die hochschuldidaktische Weiterbildung beinhaltet.

Am Zentrum für Hochschuldidaktik und angewandte Hochschulforschung der Hochschule Magdeburg-Stendal wurde ein integratives Modell entwickelt, das Hochschuldidaktik, Organisationsentwicklung und Begleitforschung aufeinander bezieht, um eine nachhaltige Qualitätsentwicklung in Studium und Lehre zu erzielen. Das Modell orientiert sich an theoretischen und empirischen Ergebnissen zur Professionalisierung der Hochschullehre, die sowohl in die hochschuldidaktische Beratung und Weiterbildung auf der Mikro-Ebene der Personen als auch in die Organisationsentwicklung auf der Meso-Ebene mit dem Ziel der Entwicklung einer förderlichen Lehr-Lernkultur einfließen. Das Begleitforschungsprogramm, in dem Kompetenzfacetten der „Studierfähigkeit" in der Studieneingangsphase untersucht werden, soll empirisch fundierte Erkenntnisse als Entscheidungsgrundlage für hochschuldidaktische Interventionen und Organisationsentwicklungsprojekte liefern. Vorgestellt wird, durch welche Gestaltungsmerkmale das ZHH-Zertifikat[1] die Ziele der Kompetenzentwicklung und Organisationsentwicklung aufnimmt, um die Professionalisierung der Hochschullehre im Rahmen des integrativen Modells zu fördern.

2   Lehre und Hochschuldidaktik an Fachhochschulen in Deutschland

Die Situation der Lehre an Fachhochschulen unterscheidet sich in einigen wesentlichen Rahmenbedingungen von der Lehre an Universitäten. Die Lehrverpflichtung an Fachhochschulen ist wesentlich höher als an Universitäten. Durch das fehlende Promotionsrecht ist strukturelle Personalausstattung für Forschung in Form von Stellen für wissenschaftliche Mitarbeiter_innen kaum vorhanden. Diese Statusgruppe mit ihrer typischen Kombination von Forschungs- und Lehraufgaben und hohem Engagement in hochschuldidaktischer Qualifizierung (vgl. Schmidt 2007) ist deshalb auch in der Lehre nicht vertreten. Die Beteiligung der Professorinnen und Professoren an hochschuldidaktischer Weiterbildung ist an Fachhochschulen jedoch wesentlich höher als an Universitäten (vgl. Wildt 2013, S. 43). In Befragungen von Studierenden erzielen die Fachhochschulen im Allgemeinen

---

[1] Das ZHH-Zertifikat, also das hochschuldidaktische Zertifikatsprogramm des Zentrums für Hochschuldidaktik und angewandte Hochschulforschung der Hochschule Magdeburg-Stendal, wurde 2013 konzipiert und wird seitdem den Lehrenden der Hochschule angeboten. Lookup: https://www.hs-magdeburg.de/hochschule/einrichtung/ZHH/Projekte/zhh-zertifikat-hochschuldidaktik.

bessere Ergebnisse in Bezug auf die Didaktik und die Betreuung als die universitäre Lehre (vgl. Heublein 2012). Vor allem im Westen Deutschlands kann die hochschuldidaktische Weiterbildung an Fachhochschulen auf eine lange Tradition zurückblicken und ist institutionell nachhaltig verankert[2]. Auch in den östlichen Bundesländern wurden in den letzten Jahren auf Initiative der Landesministerien oder von kooperierenden Hochschulen hochschuldidaktische Einrichtungen als befristete Projekte aufgebaut (vgl. Keil und Pasternak 2010). In Sachsen-Anhalt hat die Hochschule Magdeburg-Stendal die Förderung aus dem Qualitätspakt Lehre genutzt, um im Projekt „Qualität hoch 2"[3] für den Förderzeitraum eine hochschuldidaktische Professur und ein Zentrum für Hochschuldidaktik und angewandte Hochschulforschung, im Folgenden mit ZHH abgekürzt, zu beantragen[4]. Eine Maßnahme des Projekts ist das seit März 2013 existierende, modularisierte hochschuldidaktische Weiterbildungszertifikat, ZHH-Zertifikat genannt. Das ZHH-Zertifikat ist Teil einer umfassenden Organisationsentwicklung an der Hochschule Magdeburg-Stendal, die zur Erhöhung der Lehrqualität und zur Optimierung der Studienbedingungen führen sollen.

3 Hochschuldidaktik, Organisationsentwicklung und Begleitforschung an der Hochschule Magdeburg-Stendal – ein integrativer Ansatz

Im Antrag des Projekts „Qualität hoch 2" wurden als wesentliche Entwicklungsfelder der Hochschule Magdeburg-Stendal die Didaktik und Struktur in Studium und Lehre im Kontext des Bologna-Prozesses identifiziert[5]. Um dem hochschul-

---

[2] Vgl. beispielsweise das Zentrum für Hochschuldidaktik – DIZ in Bayern, das eine wissenschaftliche Einrichtung des Landesministeriums ist, oder das Netzwerk HDW nrw, ein Fachhochschulnetzwerk in Nordrhein-Westfalen unter dem Dach der Landesrektorenkonferenz.

[3] Projekt „Qualität hoch 2 – Qualitätssteigerung im Spannungsfeld von didaktischer Kompetenz und Modularisierung als Folge des Bologna-Prozesses", BMBF-Förderkennzeichen 01PL11094. Lookup: https://www.hs-magdeburg.de/hochschule/einrichtung/ZHH.

[4] Auch an der Otto-von-Guericke-Universität Magdeburg wurde in der zweiten Förderrunde des Qualitätspakts Lehre eine ähnlich denominierte Professur im Kontext des Verbundprojekts „HET-LSA – Heterogenität in Studium und Lehre Sachsen-Anhalt" eingerichtet, die vergleichbare Maßnahmen für das Bundesland Sachsen-Anhalt aufbaut.

[5] Beantragt wurden sowohl hochschuldidaktische Maßnahmen als auch Maßnahmen zur Verbesserung des Wissensmanagements in der Organisation von Lehre und zusätzliche Stellen zur Minderung von Lehr-Überlasten in besonders betroffenen Fachbereichen.

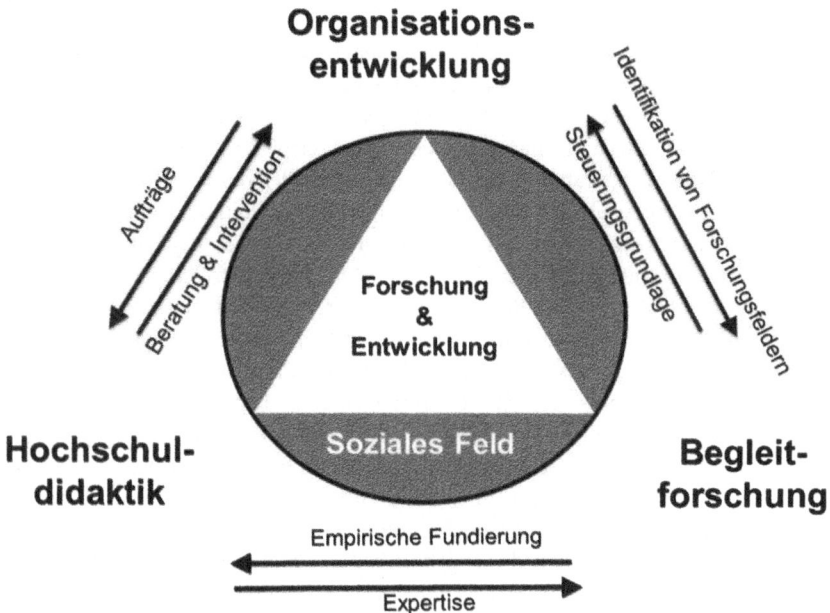

Abb. 1 Integratives Modell der Hochschuldidaktik, Organisationsentwicklung und Begleitforschung am ZHH

didaktischen Auftrag professionell zu begegnen, wurde im Rahmen der Professur am ZHH ein integratives Modell der drei Handlungsfelder „Hochschuldidaktik", „Organisationsentwicklung" und „Begleitforschung" entwickelt (vgl. Abb. 1). Ziel des integrativen Modells ist es, die Maßnahmen und Prozesse in den drei genannten Handlungsfeldern durch systematische Rückkopplungen (vgl. Pfeile in der Abb. 1) aufeinander zu beziehen, sodass sie auf das Kernziel der Hochschuldidaktik, die Lernprozesse der Studierenden optimal zu unterstützen, ausgerichtet werden können und Synergieeffekte in ihrer Wirkung erzeugen.

Die Logik des Modells soll kurz anhand eines konkreten Beispiels erläutert werden, das in der bisherigen einjährigen Laufzeit entstanden ist und alle drei Handlungsfelder einbezieht. Auch für die Hochschule Magdeburg-Stendal gilt das für ingenieurwissenschaftliche Studiengänge allgemein festgestellte Phänomen relativ hoher Abbrecherquoten. Aus dieser Tatsache ergab sich der *Auftrag (vgl. 1. Pfeil links)* an die Hochschuldidaktik, dieses Problemfeld zu beheben. Aus der Sicht der hochschuldidaktischen Expertise (*vgl. 2. Pfeil unten*) war der Bereich „mathematische Grundkenntnisse" in der Studieneingangsphase schon als eine mögliche Ursache für die Abbrecherquoten identifiziert worden. Im *Handlungsfeld* „*Hochschuldidaktik*" wurde deshalb der begleitende Einsatz eines Online-Kurses „mathematische Grundkenntnisse" als eine hochschuldidaktische Intervention (*vgl. 2. Pfeil links*) geplant. Die Auswahl des Online-Kurses sowie die Planung eines geeigneten Einsatzszenarios in der Lehre erfolgten gemeinsam mit der verantwortlichen Lehrkraft. Die Lehrkraft nahm parallel an mehreren Workshops des Zertifikatsprogramms teil und baute so einen hochschuldidaktischen Wissenshintergrund zur Flankierung der Intervention auf. Das Problemfeld wurde darüber hinaus als Forschungsfeld im *Handlungsfeld „Begleitforschung"* identifiziert (*vgl. 2. Pfeil rechts*). In einem Begleitforschungsprojekt wurde deshalb eine kleine längsschnittliche Teiluntersuchung mit quasi-experimentellem Design angelegt: Es wird erhoben, wie Studierende mit unterschiedlichen Eingangsvoraussetzungen im kognitiven, Einstellungs- und Verhaltensbereich einen begleitenden Online-Kurs nutzen und wie sich ihre Eingangsvoraussetzungen im Bereich der mathematischen Grundlagenkenntnisse entwickeln (vgl. Merkt et al., in Vorbereitung). Die so angelegte begleitende empirische Fundierung (*vgl. 1. Pfeil unten*) überprüft zum einen die Annahmen der hochschuldidaktischen Expertise (*vgl. 2. Pfeil unten*). Zum anderen sollen die Ergebnisse der Untersuchung auch das dritte *Handlungsfeld „Organisationsentwicklung"* als Steuerungsgrundlage (*vgl. 1. Pfeil rechts*) informieren. So ist beispielsweise angedacht, die Studienstrukturen in der Studieneingangsphase zur Entwicklung der „Studierfähigkeit" in der Kompetenzfacette „mathematische Grundkenntnisse" durch spezifische Betreuungsangebote zu verbessern und flankierend das Verständnis und die Sensibilität für das Problemfeld bei den beteiligten Lehrenden durch spezifische hochschuldidaktische Weiterbildungsangebote zu erhöhen. Bei der Planung des Workshop-Programms des ZHH-Zertifikats wurden deshalb von Anfang an fachspezifische Workshops für Lehrende der Ingenieurwissenschaften angeboten. Im Format Lehrberatung mit Hospitation wird mit den Lehrenden der ingenieurwissenschaftlichen Studiengänge immer auch die Studieneingangsphase thematisiert und mit den Lehrenden diskutiert, welches nach ihrer Einschätzung die wesentlichen Problemfelder darin sind und wie die erste Studienphase entwickelt werden könnte. Auf der Basis eines solchen Diskurses und der Partizipation soll nach Möglichkeit ein Projekt entstehen, das eine strukturelle Veränderung der Studieneingangsphase mit Unterstützung der Akteure in den Studiengängen anstrebt.

Im beschriebenen Beispiel greifen „*Hochschuldidaktik*", „*Begleitforschung*" und „*Organisationsentwicklung*" also insofern ineinander, als dass immer wieder Erkenntnisse und Anstöße aus den einzelnen Handlungsfeldern, hier konkret aus einer Untersuchung der „*Begleitforschung*" zu einer Kompetenzfacette der „Studierfähigkeit" in der Studieneingangsphase in die „*Hochschuldidaktik*" einfließen, indem sie in die Beratung und Weiterbildung aufgenommen werden. Daraus sollen dann in Kooperation mit den Lehrenden und Studiengängen Studienreform-

Projekte entstehen, die im Rahmen der „*Organisationsentwicklung*" verfolgt werden können. Da die bisherigen Erfahrungen mit dem integrativen Modell sich auf ein Jahr beziehen, sind entsprechende Studienreform-Projekte noch in der Planungsphase, sodass praktische Erfahrungen noch nicht berichtet werden können.

Ein kritischer Aspekt der Organisationsentwicklung ist, dass durch die hochschuldidaktische Beratung und Weiterbildung nicht nur die Kompetenzen einzelner Personen und Strukturen in Studium und Lehre fokussiert werden müssen, sondern dass auch eine Veränderung der Lehr-Lernkultur stattfinden muss, um nachhaltige Veränderungen zu erzielen. Die Lehr-Lernkultur an einer Hochschule lebt vom Diskurs unter den Lehrenden und Studierenden, von ihrem Engagement und ihrer Partizipation an Projekten. Hier kann die Hochschuldidaktik eine initiierende und moderierende Funktion übernehmen und den Aufbau der entsprechenden Expertise bei den Lehrenden fördern. Anreizstrukturen für eine gute Lehr-Lernkultur sind aber ebenso entscheidend für die positive Entwicklung. Die Annahmen zur Lehr-Lernkultur, die die Grundlage für das integrative Modell waren, beruhen auf theoretischen Annahmen zur Professionalisierung der Hochschullehre, die von ersten empirischen Befunden der hochschuldidaktischen Forschung gestützt werden. Für den Transfer dieser theoretischen Annahmen in die hochschuldidaktische Arbeit kann konstatiert werden, dass es zwar erste Erfahrungen damit gibt, sich an den theoretischen Annahmen als Handlungsleitung zu orientieren. Empirische Explorationen oder Überprüfungen dieses Transfers stehen jedoch noch aus und können als zukünftiger Forschungsbedarf der Hochschuldidaktik formuliert werden. Das vorliegende integrative Modell ist also als konzeptionelles Design zu verstehen, diesen Transfer und mögliche empirische Untersuchungen anzulegen. Im Folgenden werden zunächst die zugrunde gelegten theoretischen Annahmen und erste empirische Befunde zur Professionalisierung der Hochschullehre ausgeführt, auf die das Modell aufbaut.

4 Theoretische Annahmen und empirische Befunde zur Professionalisierung der Hochschullehre

Die empirische Untersuchung der professionellen Kompetenzentwicklung von akademisch Lehrenden war Gegenstand des BMBF-Projekts ProfiLe[6] (vgl. Wildt und Heiner 2013). Sowohl die Ergebnisse des Freiburger Teilprojekts ProfiLe zum

---

[6] BMBF-Projekt ProfiLe – Professionalisierung in der Lehre – Qualitätssteuerung und hochschuldidaktische Kompetenzentwicklung Förderkennzeichen Fkz-01PH08025. Laufzeit: 2008 bis 2011. Lookup: http://www.zhb.tu-dortmund.de/hd/index.php?id=132.

professionellen Umgang mit Dilemmata in der akademischen Lehre (vgl. Wegner und Nückles 2013), als auch die Ergebnisse des Hamburger Teilprojekts ProfiLe (vgl. Trautwein und Merkt 2013a) bestätigen die handlungsleitende Funktion von impliziten Lehrüberzeugungen für die Lehrtätigkeit. Für die Kompetenzentwicklung ist deshalb die Bearbeitung der impliziten Lehrüberzeugungen grundlegend, die die Entwicklung metakognitiver Strategien erfordert. Diese sind insbesondere die Fähigkeit, die eigene Lehrtätigkeit und Rolle als Lehrende zu reflektieren, sowie das Bestreben, über die Aneignung formalen Wissens zum Lehren und Lernen ein Verständnis über Funktionen, Zusammenhänge und Wirkung des Lehrens und Lernens zu entwickeln. So kann weitgehend intuitives Lehrverhalten in Situationen unter Handlungsdruck, wie sie für die Lehre typisch sind, um eine analytische und systematische Dimension erweitert werden, die den langfristigen Aufbau von Expertise sicherstellt. Ziel der Bearbeitung über metakognitive Strategien ist, die impliziten Lehrüberzeugungen mit der individuellen praktischen Handlungsbasis der Lehrtätigkeit in Kongruenz zu bringen. Die Inkongruenzen zwischen handlungsleitenden Überzeugungen und praktischen Handlungen lassen sich nur über Fremdwahrnehmung, Feedback, Reflexion und theoretische Fundierungen bearbeiten, weil sie zunächst implizit sind. Für die hochschuldidaktische Weiterbildung kann festgehalten werden, dass der Aufbau metakognitiver Strategien sowie die Aneignung formalen Wissens über Lehren und Lernen in Weiterbildungs-Settings eine zentrale Funktion für die Professionalisierung übernehmen und im Design verankert sein muss. In der qualitativen längsschnittlichen Studie im Hamburger Teilprojekt ProfiLe wurden unter anderem auch Veränderungsanlässe und Veränderungsbereiche der Lehrentwicklung untersucht. Die Ergebnisse bestätigen, dass Erfahrungen aus der eigenen Lehrpraxis am häufigsten Nachdenken über die eigene Rolle und die Interaktion mit Studierenden, Weiterbildungskurse am häufigsten Prozesse der Metakognition und Metakognition am häufigsten Veränderungen der Lehrüberzeugungen auslösen (vgl. Trautwein und Merkt 2013b, S. 65 f.). Die Begleitung der Lehrkompetenzentwicklung durch das angeleitete und begleitete Schreiben von Lehrportfolios über einen längeren Zeitraum hinweg, beispielsweise in Lehrportfolio-Schreibwerkstätten, hat sich als geeignetes hochschuldidaktisches Instrument erwiesen, um die Entwicklung der Metakognition zur eigenen Lehre und den Aufbau formalen Wissens zu fördern (vgl. Merkt 2013). Die Ergebnisse weisen aber auch darauf hin, dass hemmende Faktoren die Entwicklung akademischer Lehrkompetenz beeinträchtigen. Als externe Faktoren, die hemmend wirken, wurden in der Hamburger Studie an erster Stelle fehlende Zeitressourcen genannt, gefolgt von restriktiven Arbeitsbedingungen, einer traditionellen Lehrkultur, die konkurrierende wissenschaftliche Karriere, Diskontinuität in der Weiterbildungsarbeit sowie das Scheitern mit neuen Lehrmethoden. Auf der personenbezogenen Seite entstehen Hemmnisse durch interne Faktoren wie fehlender Mut, fehlende Motivation und das Fehlen von Kontextwissen zur Lehre (vgl. Trautwein 2012). Eine wichtige Frage mit besonderer Relevanz für die Organisationsentwicklung ist, wie die professionelle Entwicklung von akademisch Lehrenden auf der Personen- oder Mikroebene mit der Mesoebene, also der Ebene der Struktur und Kultur in einer Institution zusammenhängt. Gefragt wird, inwiefern eine hochschuldidaktische Weiterbildung Impulse oder Ansätze für eine Organisationsentwicklung in Studium und Lehre geben kann, die nachhaltige Veränderungen auf der Mesoebene, also der Ebene der Studienstrukturen zur Folge haben. Der Ansatz des „Scholarship of Teaching and Learning" enthält einen theoretischen Vorschlag dazu. Weitere Hinweise liefert die Forschung zur pädagogischen Professionalisierung, die aus der Lehrerforschung stammt.

Kreber (2013) schlägt auf der Grundlage einer theoretischen Analyse ein philosophisch begründetes Rahmenmodell für das Konzept des „Scholarship of Teaching and Learning" vor, welches die Lehrtätigkeit als soziale Praxis einer professionellen Gemeinschaft akademisch Lehrender als Idealfall annimmt. Im Kern ihrer Konzeptionalisierung der Professionalität von Lehrenden steht die Begründung einer beruflichen Ethik des Lehrhandelns, die auf „Werten" und „Tugenden"[7] einer wissenschaftlich-fragenden Haltung (inquiry) beruhen. Als Ziel einer so konzipierten sozialen Praxis des Lehrens definiert sie, Studierende über ihre fachliche Ausbildung hinaus in der Entwicklung ihrer Authentizität, also ihrer fundamentalen menschlichen Interessen als Mitglied der menschlichen Gesellschaft zu fördern. Sie sollen damit auf das aktuelle Zeitalter epistemologischer Unsicherheit und extrem hoher Komplexität vorbereitet werden. Damit bietet Kreber mit ihrer Begründung des „Scholarship of Teaching and Learning" ein Erklärungsmodell an, das die Professionalisierung der Hochschullehre in Beziehung zu den akademischen Bildungszielen eines Studiums setzt. Authentizität als akademisches Bildungsziel definiert sie als eine fundamentale individuelle Disposition, die notwendig ist, um in einer Welt zu bestehen, die keine etablierten Diskurse und fertigen Lösungen anbietet, sondern erfordert, sich eine eigene Positionierung zu Themen zu erarbeiten und ein Commitment für eigene Interessen auszubilden. Lernen im Studium muss deshalb die (Weiter-)Entwicklung der eigenen Identität zum Ziel haben. Kreber

---

[7] Der Begriff „Tugend" wird hier in der Bedeutung verwendet, die auf die griechische Philosophie zurückgeht. Diskutiert wurde von den griechischen Philosophen, inwiefern (moralische) „Tugenden" oder „Haltungen" eine Rolle spielen bei der Anwendung von Wissen auf einen konkreten Einzelfall, also wie „Tugenden" definiert werden können, die notwendig sind, wenn in einer konkreten Situation entschieden werden muss, was im Einzelnen gerade zu tun ist. Eine „Tugend", die dafür notwendig ist, ist die „Phronesis", die mit „Klugheit" oder „praktischem Wissen" übersetzt werden könnte.

führt drei philosophisch begründete Perspektiven auf die Identitätsentwicklung zusammen. Die existenzialistische Perspektive bedeutet, dass Studierende ein höheres Bewusstsein für ihre persönlichen Commitments ausbilden. Der kritischen Perspektive entspricht, dass Studierende sich der eigenen realen Möglichkeiten durch kritische und selbstkritische Reflexion bewusst werden. Die kommunitaristische Perspektive beinhaltet die Entwicklung der Selbstbestimmung in der Mitbestimmung, die dazu führt, dass sich Studierende ihrer gesellschaftlichen Verantwortung als Mitglieder der menschlichen Gesellschaft und als Bürger dieser Welt verpflichtet fühlen.

Im Weiteren wird die Handlungslogik ausgeführt, von der eine soziale Gemeinschaft professionell arbeitender Lehrender geleitet wird. Kreber zufolge wird sie in vier zusammenhängenden Kriterien beschrieben, die die soziale Praxis kennzeichnen. Das erste Kriterium besteht darin, dass die Praxis in der sozialen Gemeinschaft gelebt wird. Das zweite Kriterium ist, dass Mitglieder der Gemeinschaft erkennen, dass ein interner Mehrwert aus der sozialen Praxis entsteht, der für die soziale Gemeinschaft wichtiger ist als der externe Mehrwert. Das dritte Kriterium besagt, dass der interne Mehrwert auf „Tugenden" beruht, die sicherstellen, dass bestimmte Standards der Exzellenz erreicht werden können. Das vierte Kriterium beinhaltet einen transformativen Prozess, der dazu führt, dass der interne Mehrwert von der sozialen Gemeinschaft selbst konzeptualisiert wird und sie auch selbst sicherstellt, dass damit der Standard der Exzellenz erreicht wird. Für das Konzept des „Scholarship of Teaching and Learning" werden zwei „Tugenden" benannt, die kritisch für die soziale Praxis sind. Zum einen ist es die „Phronesis" (vgl. auch Fußnote 3), also das gute praktische Urteil, das auf theoretischem, abstraktem und systematisiertem Wissen sowie auf einer evidenzbasierten Praxis gründet. Zum anderen ist es die auch für die Lehrenden in Anspruch genommene „Authentizität" in ihrer transformativen Funktion, die dazu führt, dass die Standards der Exzellenz durch eine Orientierung auf Selbstentwicklung und durch eine gelebte kooperative Praxis gewährleistet werden.

Während das theoretische Modell zum „Scholarship of Teaching and Learning" von Kreber die Handlungslogik einer beruflichen Ethik ausführt, nach der Hochschullehrende ihre soziale Praxis in der Lehre gestalten müssten, um eine professionelle Gemeinschaft aufzubauen, setzt sich der Diskurs zur pädagogischen Professionalisierung mit der Begründung auseinander, warum die Hochschullehrtätigkeit aus pädagogischer Sicht professionalisiert werden müsste[8] (vgl. ausführlich Merkt 2007). Die besondere gesellschaftliche Funktion der

---

[8] Wesentliche Theorieansätze des Diskurses zur pädagogischen Professionalisierung (vgl. Combe und Helsper 1996) entstammen der systemtheoretisch fundierten Theorie zur Funk-

Hochschullehre besteht aus professionstheoretischer Sicht in der Verantwortung des professionell Tätigen, also des Hochschullehrenden für seine „Klient_innen", also für die Studierenden. Über das Berufsethos des Professionellen wird die Bindung an zentrale Werte der Gesellschaft, in diesem Fall die akademischen Bildungsziele, abgesichert. Gesellschaftlich erwartete Bildungsziele wären in Anlehnung an Kreber die Entwicklung der „Authentizität" der Studierenden als wesentliches Element akademischer Bildung, also die Entwicklung einer kritischen (Selbst-)Reflexion, einer gesellschaftlichen Verantwortung und einer Selbstbestimmung in der Mitbestimmung. Die professionelle Tätigkeit wird im Rahmen eines „Dienstleistungsbündnisses" erbracht. Das heißt, die einzelnen Lehrenden als „Professionelle" vereinbaren mit den Studierenden als „Klient_innen" ein zeitlich befristetes Arbeitsbündnis beispielsweise über eine Lehrveranstaltung im Semester. Das „Dienstleistungsbündnis" verpflichtet die Professionellen zur Wahrung der akademischen Bildungsinteressen ihrer „Klienten". Die Studierenden als „Klient_innen" sind komplementär zur Mitwirkung bei der Erreichung der Bildungsziele verpflichtet. Die Hinführung auf die Ziele bedarf einer besonderen Interaktionskultur, die von interaktiver Dichte und sprachlicher Vermittlung geprägt ist. Die berufsethische Bindung der Professionellen an die Wahrung der Bildungsinteressen der Lernenden, die in ihrer Persönlichkeitsentwicklung liegen, ist aus zwei Gründen notwendig. Erstens sind professionelle Ziele, hier Bildungsziele, besonders anfällig für Über- oder Eingriffe von anderen Akteursgruppen auf die professionelle Interaktion, die die Autonomie der „Klient_innen" negieren. Die kontroversen Diskussionen um die „Employability" als Berufsbefähigung versus akademische Bildungsziele wie kritisches Denken und gesellschaftliche Verantwortungen als Bestandteil der Persönlichkeitsentwicklung von Studierenden können als Hinweise auf solche Diskussionen potenzieller Ein- oder Übergriffe interpretiert werden. Aber auch rigide Regelungen und Dokumentationszwänge im Kontext studienbegleitender Prüfungssysteme und der Modularisierung wirken sich negativ auf die Erlangung der Bildungsziele aus, indem sie den Handlungsspielraum der Studierenden für eigene Wahlbereiche im Studium und damit die Persönlichkeitsentwicklung einschränken. Derartige Restriktionen stellen die Sinndefinition und Interpretation der Lehrtätigkeit als akademische Bildungsarbeit permanent infrage und führen zu paradoxen Handlungssituationen (vgl. Schütze 1996, S. 267). Typisch sind beispielsweise Handlungskonflikte, die aus den un-

---

tion von Professionen in der Gesellschaft von Stichweh (1996), dem strukturtheoretischen Ansatz zum professionalisierten Handeln von Oevermann (1996) sowie den Untersuchungen zu Paradoxien professionellen Handelns unter Organisationszwängen und hoheitsstaatlichen Rahmenbedingungen im Sozialwesen von Schütze (1996).

terschiedlichen Funktionen von Prüfungen entstehen. Zum Beispiel steht die Selektions- und Allokationsfunktion von abschlussrelevanten Prüfungen der didaktischen Funktion der Lernstandsrückmeldung in Bezug auf die deklarierten Lernergebnisse an die Studierenden entgegen. Paradoxe Handlungssituationen sind ein Merkmal pädagogischen Handelns, das spezifischen Handlungsbedingungen unterliegt. Das pädagogische Handeln ist von besonderer Brisanz und Riskanz geprägt, weil ungewiss bleibt, ob das Bildungsziel erreicht werden kann (vgl. Oevermann 1996). Über die Habitualisierung von beruflichen Werten, Selbstreflexionsprozessen und den systematisierten Austausch im Berufsstand, also über die Verinnerlichung der Berufsethik werden Handlungslogiken und -muster eingeübt und aufrechterhalten, die auch unter den genannten Bedingungen professionelles Handeln sicherstellen. Die berufsethisch verankerte Habitualisierung der Selbstkontrolle der Berufsinhaber garantiert, dass der Berufsstand die Kontrolle über die eigenen Standards der Berufsausübung und Ausbildung behält und gesamtgesellschaftliche Ziele wie die akademische Bildung durch die Rückbindung an das Berufsethos vor der Einflussnahme einzelner Akteursgruppen, beispielsweise ökonomischer oder hochschulpolitischer Provenienz, geschützt werden. Sich in der Lehre zu professionalisieren bedeutet also für akademisch Lehrende, im Rahmen der eigenen professionellen Gemeinschaft eine soziale Praxis des Lehrens und Lernens aufzubauen, die über eine berufliche Ethik die Erreichung der akademischen Bildungsziele der Studierenden sicherstellt. Hochschuldidaktische Weiterbildung hat dann über die personenbezogene Entwicklung der Lehrkompetenz hinaus die Funktion, den Aufbau professioneller Gemeinschaften der Lehrenden zu fördern und eine berufliche Ethik auszubilden.

In einer schwedischen Studie an der Universität Lund wurde der Zusammenhang von hochschuldidaktischer Weiterbildung und Organisationsentwicklung untersucht. Angenommen wird, dass Lehrnovizen durch mangelndes Interesse, fehlende Unterstützung oder Betreuung seitens der Kolleg_innen und Supervisor_innen sowie durch konservative Einstellungen ihres kollegialen Umfelds in Bezug auf Studierende in ihrem Arbeitskontext beim Transfer des Erlernten in die eigene Lehre erheblich behindert werden. Die Lehr-Lernkultur auf der institutionellen Meso-Ebene wird als wesentliche Einflussgröße für eine nachhaltige Verankerung von hochschuldidaktischer Weiterbildung identifiziert. Um die Auswirkung der Lehr-Lernkultur auf die hochschuldidaktische Entwicklung der Lehrenden auf der institutionellen Meso-Ebene erheben zu können, wurden Gespräche zu Lehr-Lernüberzeugungen sowie die Haltung gegenüber Stabilität oder

Veränderung in „signifikanten Netzwerken"[9] als informelle und „Arbeitsgruppen" als formelle Arbeitskontexte ausgewertet (vgl. Roxa und Martensson 2009). Entscheidend für die Perspektive der Organisationsentwicklung ist das Konstrukt, dass sich über informelle und formelle Netzwerke in Hochschulen semi-autonome Cluster oder Wissensnetzwerke bilden, die zwar über die gleichen Teilnehmenden verbunden sein können, aber nur zum Teil die gleichen Strategien verfolgen, weil sie für sich unterschiedliche Zukunftsperspektiven entwickeln und verfolgen. Für die Strategie einer Fachbereichs-, Fakultäts- oder Hochschulleitung ist es wichtig, diese Cluster als untereinander verbundene und nur teilweise sich überlappende Cluster von Akteuren zu verstehen, um durch die Unterstützung der „richtigen" Akteursgruppen (im Hinblick auf die gewünschten Veränderungsziele) eine Veränderungsdynamik in Gang setzen zu können. Die Hochschuldidaktik ist also bei ihren Maßnahmen auf die Unterstützung der Hochschulleitungen angewiesen (vgl. Roxa und Martensson 2012). Eine Analyse der Lehr-Lernkulturen aus der Aneignungsperspektive von akademischen Lehrnovizen wurde in einer qualitativen Studie aus Österreich vorgenommen. Die Aneignung von Lehrkompetenz und der Aufbau eines Lehrhabitus von wissenschaftlichen Mitarbeiter_innen werden als habituelle Entwicklung im sozialen Feld der Hochschule untersucht. Festgestellt wird, dass das Interesse und Engagement der Novizen für gute Lehre nicht auf die notwendigen institutionellen Rahmenbedingungen und eine förderliche Lehr-Lernkultur im Arbeitskontext stößt und sich der Transfer des Kompetenzerwerbs in die eigene Lehre aus der Perspektive der Novizen dementsprechend schwierig gestaltet. Es fehlt die zielgerechte, organisierte und systematische Einführung und Unterstützung seitens der Institution zur Förderung des Transfers der Lehrkompetenz von Novizen in den Lehralltag. Stattdessen sehen sich die Novizen der Wettbewerbssituation mit den wissenschaftlichen Karrieremustern, den widersprüchlichen Botschaften und Anforderungen an die Lehre durch Kolleg_innen und Vorgesetzte, den schlecht strukturierten Studiensituationen und Zielunklarheiten mit Disziplinierungsmechanismen für Lehrende, dem hohen Lehr- und Betreuungsdeputat sowie der Verregelung der universitären Lehrstrukturen bei gleichzeitig zeitknappen, aber arbeitsintensiven Verträgen ohne Planungssicherheit gegenüber (vgl. Egger 2012). Diesen institutionellen Rahmenbedingungen kann eine hoch-

---

[9] Das Konstrukt „signifikantes Netzwerk" beruht auf dem psychologischen Konstrukt des „signifikanten Anderen". Das sind die Gesprächspartner, mit denen Lehrende ihre Lehr-Lernüberzeugungen ernsthaft diskutieren. Die Gespräche oder Diskurse in diesen Netzwerken führen sowohl zur Konstruktion und Weiterentwicklung der eigenen Lehr-Lernüberzeugungen als auch zur Etablierung von geteilten Überzeugungen im signifikanten Netzwerk (vgl. Roxa und Martensson 2012).

schuldidaktische Weiterbildung nur sehr wenig entgegensetzen. Das Entstehen professioneller Gemeinschaften mit einer eigenen beruflichen Ethik und geteilten Überzeugungen in signifikanten Netzwerken ist unter diesen Rahmenbedingungen eher nicht zu erwarten.

5   Hochschuldidaktik als Organisationsentwicklung

Als Bestandteil des BMBF-geförderten Projekts „Qualität hoch 2" ist das ZHH-Zertifikat in einen Kontext eingebunden, der die Qualitätsentwicklung in Studium und Lehre zum Ziel hat. Organisationsentwicklung ist damit ein definierter Auftrag des Drittmittelprojekts. Unter dem Fokus einer Professionalisierung der Hochschullehre kann festgehalten werden, dass zusätzlich zur Entwicklung der Lehrkompetenz auf der Mikro-Ebene der Aufbau einer professionellen Gemeinschaft von Lehrenden auf der Meso-Ebene essenziell für eine nachhaltige Verankerung einer förderlichen Lehr-Lernkultur ist. Informelle und formelle Netzwerke spielen hierfür eine wesentliche Rolle (vgl. auch Euler und Seufert 2004). In ihrem Prozessmodell der Entwicklung sozialer Systeme beschreiben Chin und Benne (1975) drei Entwicklungsphasen, auf die mit jeweils spezifischen Strategien Einfluss genommen werden kann. In der ersten Phase werden zunächst Informationsstrategien eingesetzt. Das heißt, es geht um empirisch und theoretisch begründete Information, um fachliche Argumente und darum, neue Erkenntnisse zum Lehren und Lernen vorzustellen. Im Projekt „Qualität hoch 2" wurden einige Maßnahmen dieser ersten Phase flankierend zum ZHH-Zertifikatsprogramm durchgeführt. Zu nennen sind beispielsweise der Entwurf und die Diskussion der Strategie „Gutes Studium durch gute Lehre", die in den Gremien verabschiedet werden soll, die Ausrichtung einer hochschuldidaktischen Fachtagung mit Vergabe des ersten Lehrpreises an der Hochschule, Präsentationen des ZHH in zentralen Gremien und in den Fachbereichsgremien, die Organisation des ersten Tages für Studium und Lehre mit den üblichen begleitenden Öffentlichkeitsmaßnahmen.

In der zweiten Phase kommen diskursive und partizipative Strategien zum Einsatz. Hier geht es darum, möglichst viele Beteiligte in den Implementierungsprozess zu integrieren, Raum für Diskussionen zu schaffen, sich vor Ort mit den Akteuren auseinanderzusetzen, also beispielsweise über Pilotprojekte und Netzwerke Engagement zu ermöglichen und zu fördern, aber auch Bedarf für strukturelle Veränderungen zu eruieren. Maßnahmen der zweiten Phase waren die Organisation von Netzwerktreffen für die Projekte der Förderung innovativer Konzepte in Studium und Lehre, Treffen für Lehrende, die Projekte im E-Learning und mit

Neuen Medien betreiben oder für Neuberufene und Vertretungsprofessuren sowie das Mitwirken an Reflexionstagen der Lehre, die in einzelnen Fachbereichen regelmäßig durchgeführt werden. Der Aufbau eines Mentoring-Programms, in dem ältere Studierende eine hochschuldidaktische Qualifizierung erhalten, um in ihren Fachbereichen als Mentorinnen und Mentoren Gruppen von Erstsemestern in der Übergangsphase zu begleiten, sowie die Konzeption und Organisation eines Einführungstags für Erstsemester gemeinsam mit den Mentor_innen war ein weiteres Projekt, das dieser Phase zugeordnet werden kann.

In der dritten Phase sind institutionelle Strategien erforderlich, um die Veränderungsprozesse nachhaltig verankern zu können. Hier geht es darum, Verantwortung einzufordern, Anreize zu schaffen und Verpflichtungen zu vereinbaren. Ein wesentliches Vorhaben hierfür ist der Aufbau eines Qualitätsmanagements in Studium und Lehre, in dem das Datenmonitoring des akademischen Controllings mit formativen Prozessen der Qualitätsentwicklung in den Studiengängen und Fachbereichen, beispielsweise durch den Aufbau von Qualitätszirkeln, und der hochschuldidaktischen Beratung in Zusammenhang gebracht werden soll. Hierfür ist eine Beratung durch einen externen Expert_innen eingeleitet worden. Das Vorhaben kann nur dann erfolgreich sein, wenn die Beteiligungs- und Abstimmungsprozesse mit den informellen Netzwerken und formellen Arbeitsgruppen, also den semi-autonomen Clustern auf der Meso-Ebene, wie von Roxa und Martensson (2012) beschrieben, erfolgreich verlaufen.

6 Begleitforschung zur „Studierfähigkeit"

Zwar ist bekannt, dass institutionelle Angebote in der Studieneingangsphase wie Mentoring-Programme, Vorkurse, individuell zugeschnittene Lern- und Betreuungsangebote oder Eingangsphasen, die vom Prüfungsdruck entlastet sind, Erfolg versprechend sind für das Absenken von Abbrecherquoten im ersten Studienjahr. Welcher Art die Wirkung dieser Maßnahmen für gelingendes Studieren genau ist, darüber gibt es zwar theoretische Annahmen, bislang aber kaum empirische Untersuchungen. Gerade im Kontext von Veränderungsprozessen in Organisationen, wie es die Interventionsprojekte der Qualitätspakt Lehre Förderung sind, haben empirische Untersuchungen also die Funktion, relevante Zusammenhänge und Hintergründe als Grundlage für Entscheidungs- und Steuerungsprozesse zu liefern. Dieses Ziel verfolgt auch das Begleitforschungsprogramm zur „Studierfähigkeit" an der Hochschule Magdeburg-Stendal. Da die Studieneingangsphase eine prekäre Transitionsphase für Studienanfängerinnen und Studienanfänger ist,

die in hohem Maße über den Verbleib im Studium oder Abbruch bzw. Wechsel
entscheidet, aber auch die Grundlagen für die zuvor ausgeführten akademischen
Bildungsziele anlegen soll, ist es für eine Hochschule wichtig, genau zu wissen,
welche Studierendengruppen mit unterschiedlichen Bildungsverläufen und Bil-
dungsherkünften diese Kompetenz als Grundlage für ein gelingendes Studium
in der Studieneingangsphase entwickeln, wovon diese Entwicklung abhängt und
wie das institutionelle Angebot sich auf die Entwicklung auswirkt. Hierbei geht
es nicht in erster Linie um kognitive Kompetenzen oder Wissen, sondern vor
allem um Facetten wie Selbstwirksamkeit, individuelle Strategien der Lern- und
Arbeitsorganisation, das Verfolgen eigener Studieninteressen in Auseinandersetzung mit den fachlichen und wissenschaftlichen Studienanforderungen, aber auch
Bewältigungsstrategien zum ausgewogenen Management von Studium und Pri-
vatleben. Hochschulen fokussieren die Förderung dieser Kompetenzfacetten in
ihrer Studieneingangsphase bislang nur punktuell in einzelnen Projekten und setzen Erkenntnisse dazu meist nicht systematisch in der Studienstruktur um. Im
Begleitforschungsprojekt wird angenommen, dass die Kompetenzentwicklung der
Studierfähigkeit in der Wechselwirkung der heterogenen Eingangsvoraussetzungen der Studierenden und der konkreten Studienangebote und -kontexte in einem
spezifischen Studiengang stattfindet (vgl. Bosse et al. 2013). In einer Kooperation mit dem Teilprojekt „Begleitforschung Universitätskolleg – Hamburger Modell
‚Studierfähigkeit' der Universität Hamburg"[10], das eine theoretische Modellierung
der „Studierfähigkeit" zum Ziel hat, soll zum Ersten entwickelt werden, welche
Kompetenzfacetten zum erfolgreichen Studieren gebraucht werden. Zum Zweiten
soll die Begleitforschung darüber Aufschluss geben, wie die Entwicklung dieser Kompetenzfacetten mit institutionalisierten Studienangeboten unterstützt und
gefördert werden kann. Und zum Dritten soll erhoben werden, wie die Studierfähigkeit in spezifischen Studierendenpopulationen in Studiengängen ausgeprägt
ist und wie sie sich in der Studieneingangsphase entwickelt. An der Hochschule
Magdeburg-Stendal wurde das Forschungsprogramm mit der eingangs beschriebenen exemplarischen Erhebung zur „Studierfähigkeit" in Studiengängen der
Ingenieurwissenschaften begonnen. Angestrebtes Ziel des Forschungsprogramms
ist es, Instrumente zu entwickeln, die empirisch fundierte Informationen für eine
differenzierte Analyse von Einflussgrößen auf unterschiedlichen Ebenen in Studiengängen liefern, um eine Entscheidungsgrundlage für hochschuldidaktische
Interventionen zu bieten.

---

[10] Begleitforschung Universitätskolleg – Hamburger Modell „Studierfähigkeit" (Teilprojekt 33): Hamburger Modell „Studierfähigkeit". Lookup: http://www.zhw.uni-hamburg.de/
zhw/?page_id=941.

7   Das ZHH-Zertifikat an der Hochschule Magdeburg-Stendal

Gemäß den Ausführungen zur Professionalisierung der Hochschullehre werden die Ziele der hochschuldidaktischen Qualifizierung an der Hochschule Magdeburg-Stendal auf mehreren organisationalen Ebenen verortet. Auf der Mikroebene geht es darum, die akademisch Lehrenden bei der Ausbildung, Reflexion und Weiterentwicklung ihrer akademischen Lehrkompetenz zu unterstützen. Hier geht es um die Einführung in grundlegende Bereiche des Lehrens und Lernens, der kompetenzorientierten, didaktischen Gestaltung von Lehrveranstaltungen und von Selbst- oder Gruppenstudienphasen, mit und ohne Einsatz von Lernplattformen und Neuen Medien. Konkrete Fragen und Probleme aus dem Lehralltag sollen bearbeitet und individuelle sowie kollektive Lösungen und Handlungsroutinen aufgebaut werden, die zugleich wissenschaftlich fundiert und praxistauglich sind. Einen zentralen Bestandteil stellt dabei die prozessorientierte Arbeit mit dem Lehrportfolio dar, das die Teilnehmenden darin unterstützt, ihre individuelle Lehrkompetenz zu reflektieren und kontinuierlich weiterzuentwickeln. Die Lehrportfolio-Arbeit wird deshalb schon in den einführenden Workshops zum Lehren und Lernen begonnen. Sie begleitet die Hochschullehrenden über die gesamte Qualifizierung. Auf der Mesoebene wird der kollegiale Austausch durch spezifische professionelle Formate gefördert. Damit soll sowohl eine Kultur des Diskurses über Lehre und Studienreform als auch eine Vernetzung gleich gesinnter Akteur_innen in der Hochschule über Fachbereiche hinweg zur Entwicklung einer professionellen Gemeinschaft aufgebaut werden. Hier spielen Themen der Studienstrukturentwicklung oder auch die zentrale Frage der Gestaltung der Prüfungsarchitektur, die sich auf Module oder einen ganzen Studiengang beziehen, eine größere Rolle als auf der Mikroebene. Auf dieser Ebene sollen auch fachbereichsübergreifende themenspezifische Netzwerke, beispielsweise zu innovativen Studienformaten, im E-Learning oder zum innovativen Einsatz Neuer Medien oder auch zur Vernetzung von Lehrveranstaltungen mit außeruniversitären Lernorten gefördert und aufgebaut werden. Themenspezifische Workshops in den Fachbereichen werden bei Bedarf durchgeführt und so gestaltet, dass sie für das ZHH-Zertifikat anerkannt werden können. Auf der Makroebene ist die Kopplung der Aktivitäten in der Weiterbildung mit dem kontextspezifischen Bedarf sowie die Sicherung und nachhaltige Verankerung von Ergebnissen aus der durch Qualifizierung entstehenden Expertise der Lehrenden im strukturellen Bereich der Hochschule wichtig. Hier spielen Anreizstrukturen und die Schnittstellen-Gestaltung zum Qualitätsmanagement in Studium und Lehre eine wesentliche Rolle. Dieser Aspekt muss in die Organisationsentwicklung einfließen. Von maßgeblicher Bedeutung ist dabei die Kopplung mit der ange-

wandten Hochschulforschung, weil hier empirisch fundierte Erkenntnisse über
Wirkungszusammenhänge in Hinblick auf die strategischen Entwicklungsziele der
Hochschule entstehen.

Das Konzept des ZHH-Zertifikats orientiert sich an den Prinzipien der teil-
nehmerorientierten Flexibilität bei Berücksichtigung der Themenbreite und For-
matvielfalt, der Einhaltung der Standards hochschuldidaktischer Weiterbildung
in Deutschland sowie des Anspruchs an die wissenschaftliche Fundierung bei
gleichzeitiger Praxistauglichkeit. Das Qualifizierungsangebot ist so flexibel gestaltet,
dass Lehrende sich interessengeleitet und bedarfsorientiert weiterbilden können,
gleichzeitig aber im Verlauf der Qualifizierung das notwendige Themenspektrum
abdecken und mit professionellen Formaten der Qualifizierung für akademische
Lehre vertraut gemacht werden[11]. Den Einstieg können Lehrende etwa über ein
Lehrberatungsgespräch mit anschließendem Hospitationsbesuch in ihrer Lehrveranstaltung und einer abschließenden Beratung wählen. Für die Zertifizierung des
ersten Moduls sind beispielsweise die schriftliche Reflexion der Beratung und die
Dokumentation der Lehrhospitation durch den Hospitierenden als ein Element
des Portfolios definiert. Zertifiziert wird das vorgelegte Portfolio. Oder die Lehrenden entscheiden sich für eines der Workshop-Angebote, die jedes Semester in
allen sieben Themenbereichen (siehe Fußnote 9) angeboten werden. Oder sie beginnen mit dem Format des kollegialen Austauschs. Das heißt, mindestens drei
Kolleginnen oder Kollegen aus der Hochschule bearbeiten ein gemeinsam festgelegtes hochschuldidaktisches Thema im kollegialen Austausch. Dazu finden im
Lauf des Semesters drei verabredete Arbeitstreffen im Umfang von jeweils eineinhalb Stunden statt. Nach Abschluss des kollegialen Austauschs führt die kollegiale
Arbeitsgruppe ein reflektierendes Abschlussgespräch mit der Hochschuldidakti-
kerin. Die Entscheidung, bereits absolvierte Elemente für das erste oder, je nach
Umfang, auch das zweite Modul des hochschuldidaktischen Zertifikats anerkennen
zu lassen und die noch fehlenden Elemente nachträglich zu erarbeiten, liegt bei den
Lehrenden.

---

[11] Die sieben Themenbereiche, denen die Workshops zugeordnet werden, sind „Lehren
und Lernen", „Prüfen", „Kommunizieren und Beraten", „Evaluation und Qualitätssicherung", „Entwickeln und Innovieren", „Reflexion, Theorie und kollegialer Austausch" und
„Selbstentwicklung und Arbeitsorganisation". Die Weiterbildung wird in den folgenden fünf
Formaten angeboten: „Workshop", „Lehrberatung mit Hospitatoin, „kollegialer Austausch",
„Lehrprojekt mit Praxisbegleitung" und „Selbststudium mit Dokumentation und Reflexion im Lehrportfolio (z. B. Lektüre, Vortrag, Tagungsbesuch, Ringvorlesung)". Zertifiziert
werden die Formate über einen inhaltlich definierten Nachweis, der im Lehrportfolio abge-
heftet wird. Lookup: https://www.hs-magdeburg.de/hochschule/einrichtung/ZHH/Projekte/
zhh-zertifikat-hochschuldidaktik.

Die Flexibilität des Angebots berücksichtigt, dass Lehrende in unterschiedlichen Berufsphasen und in Abhängigkeit von ihrem disziplinären Hintergrund unterschiedliche Anforderungen an hochschuldidaktische Weiterbildung haben. Berufsanfänger_innen sind vor allem an Fragen der didaktischen Aufbereitung ihrer Inhalte interessiert oder daran, wie sie Lernende aktivieren können. Kolleginnen und Kollegen, die seit vielen Jahren lehren, setzen sich eher mit Fragen der Modulgestaltung oder der Prüfungsarchitektur auseinander oder sind an detaillierten fachdidaktischen Fragen interessiert. In leitenden Funktionen steht die Frage im Raum, wie man die didaktische Gestaltung eines Studiengangs mit unterschiedlich erfahrenen Kolleginnen und Kollegen organisiert und wie die didaktische Perspektive auf Studienstrukturen, beispielsweise auch im Rahmen von Akkreditierungen, umzusetzen ist. Der disziplinäre Hintergrund spielt insofern eine Rolle, als dass Kolleginnen und Kollegen mit einem Fachhintergrund in Lerntheorien, didaktischen Methoden oder bildungstheoretischen Zugängen bereits theoretischen Hintergrund aus den Sozial- und Geisteswissenschaften mitbringen. Kolleginnen und Kollegen aus technischen, wirtschaftlichen oder naturwissenschaftlich orientierten Disziplinen müssen sich den Zugang zu theoretischen Hintergründen, die sich auch im erkenntnistheoretischen Hintergrund von ihren Theoriegebieten unterscheiden, erst erarbeiten. Zudem ist die Motivation, an hochschuldidaktischer Weiterbildung teilzunehmen, unterschiedlich ausgeprägt. Kolleginnen und Kollegen, die auf zeitlich befristeten Verträgen arbeiten, brauchen die zertifizierte Qualifikation eventuell für weitere Bewerbungsverfahren. Kolleginnen und Kollegen, die unbefristet beschäftigt sind, sind eher an der Optimierung der Lehr- und Lernbedingungen interessiert, die ihren Berufsalltag optimieren können, aber keine zusätzlichen Ressourcen erfordern. Das ZHH-Zertifikat ist am definierten hochschuldidaktischen Standard der Deutschen Gesellschaft für Hochschuldidaktik ausgerichtet und berücksichtigt die Richtlinien gegenseitiger Anerkennung von Zertifikaten in Deutschland. Damit ist sichergestellt, dass Lehrende, die im Verlauf ihrer beruflichen Karriere an einen anderen Hochschulstandort wechseln, die Qualifizierung fortsetzen können[12].

---

[12] Das Zertifikatsprogramm des ZHH umfasst Angebote für die hochschul- und mediendidaktische Professionalisierung der Hochschullehre. Es ist berufsbegleitend konzipiert und entspricht, insbesondere durch die Integration des Konzepts „Scholarship of Teaching and Learning" in die Lehrportfolio-Arbeit, dem internationalen Standard hochschuldidaktischer Qualifizierung. Der Umfang (Präsenz- und Selbstlernzeiten) beträgt 212 Arbeitseinheiten (AE) à 45 min, also 159 Zeitstunden. Empfohlen wird die Absolvierung innerhalb von drei Jahren. Lehrende können damit beginnen, Workshops und weitere Formate des Programms ihrer Wahl und ihrem aktuellen Interesse entsprechend zu besuchen. Bei einer späteren Entscheidung für eine Teilnahme am Zertifikatsprogramm haben sie die Möglich-

8   Konsequenzen für die Hochschuldidaktik an Fachhochschulen

Die Erkenntnisse und Befunde zur Professionalisierung der Hochschullehre verweisen deutlich auf den Zusammenhang von Kompetenzentwicklung auf der personalen oder Mikro-Ebene und Organisationsentwicklung auf der Meso-Ebene. Hochschuldidaktische Expertennetzwerke in einer Hochschule als beruflicher Kontext für eine Professionalisierung der Hochschullehre aufzubauen setzt voraus, dass die Hochschulleitungen eine steuernde Funktion in der Organisationsentwicklung übernehmen und entsprechende Anreizstrukturen implementieren. Eine Hochschuldidaktik, die auf einem integrativen Modell aufbaut, kann dafür sowohl beratende Expertise liefern als auch Funktionen in der Organisationsentwicklung übernehmen. Sie sollte jedoch strukturell so ausgestattet sein, dass sie über Forschungsprojekte entscheidungsrelevante, kontextbezogene empirische Daten als Grundlage für strategische Entscheidungen der Hochschulleitung hinsichtlich der Organisationsentwicklung generieren kann. Das vorliegende integrierte Modell ist der Versuch, die hochschuldidaktische Weiterbildung so einzubetten, dass die Bezüge zur Organisationsentwicklung und zur Begleitforschung systematisch und iterativ konzipiert sind. Gerade für Fachhochschulen, deren wichtigste gesellschaftliche Legitimation die akademische Bildung von Studierenden ist, ist es essenziell, eine professionelle Kultur der Lehre aufzubauen, die es den Hochschullehrenden ermöglicht, die Gestaltung von Studienstrukturen und Lehr-Lernkultur als bedeutungsvolle Aufgabe ihrer Tätigkeit wahrzunehmen. Der Zusammenschluss von Fachhochschulen in größeren hochschuldidaktischen Netzwerken, gerade auch in Kooperation mit Universitäten hat sich in Deutschland als praktikables Modell erwiesen, um die Last der strukturellen Ausstattung einer solchen hochschuldidaktischen Einrichtung nicht allein finanzieren zu müssen.

---

keit, sich die Teilnahmescheine für die drei Module im Programm anerkennen zu lassen und die noch fehlenden Arbeitsanteile des Lehrportfolios nachzuliefern. Das ZHH-Zertifikat entspricht den „Leitlinien zur Modularisierung und Zertifizierung hochschuldidaktischer Qualifizierung" von 2005 der dghd (vormals AHD – Arbeitsgemeinschaft Hochschuldidaktik) und berücksichtigt die „Deklaration zur Anerkennung von Leistungen der hochschuldidaktischen Qualifizierung". Dadurch können Lehrende sich die Teilnahme von Weiterbildungsveranstaltungen, die sie an anderen Hochschulen besucht haben, bis zu 50 % der Gesamtanforderungen für das ZHH-Zertifikat anerkennen lassen. Lookup: https://www.hs-magdeburg.de/hochschule/einrichtung/ZHH/Projekte/zhh-zertifikat-hochschuldidaktik.

Literatur

Bosse, E., C. Trautwein, und K. Schultes. 2013. „Studierfähigkeit" – Arbeitspapier. Universität Hamburg (Unveröffentlicht).

Chin, R., und D. Benne. 1975. Strategien zur Veränderung sozialer Systeme. In Änderung des Sozialverhaltens, Hrsg. W. G. Bennis, K. D. Benne, und R. Chin, 43–78. Stuttgart: Klett.

Combe, A., und W. Helsper (Hrsg.) 1996. Pädagogische Professionalität. Untersuchungen zum Typus pädagogischen Handelns. Frankfurt a. M.: Suhrkamp.

Egger, R. 2012. Lebenslanges Lernen in der Universität. Wie funktioniert gute Hochschullehre und wie lernen Hochschullehrende ihren Beruf. (Lernweltforschung Bd. 8). Wiesbaden: Springer VS.

Euler, D. und S. Seufert. 2004. Von der Pionierphase zur nachhaltigen Implementierung – Facetten und Zusammenhänge einer pädagogischen Innovation. In E-Learning in Hochschulen und Bildungszentren, Hrsg. S. Seufert und D. Euler, 1–24. München: Oldenbourg.

Heublein, U. et al. 2012: Die Entwicklung der Schwund- und Studienabbruchquoten an den deutschen Hochschulen. Statistische Berechnungen auf der Basis des Absolventenjahrgangs 2010. HIS 3/2012. Forum Hochschule. Hannover: Eigenverlag.

Keil, J. und P. Pasternak. 2010. DDR-Hochschulpädagogik und Hochschuldidaktik im Osten. Eine Entkopplungsgeschichte. In Perspektiven guter Lehre, Hrsg. HDS.Journal 1/2010. Hochschuldidaktisches Zentrum Sachsen, 12–17. Leipzig: Eigenverlag.

Kreber, C. 2013. Authenticity in and through teaching in higher education: The transformative potential of the scholarship of teaching. London: Routledge.

Merkt, M. 2007. Fragen zur Professionalisierung der Hochschullehre im Kontext des Studiengangs „Master of Higher Education". In Die Qualität akademischer Lehre – Zur Interdependenz von Hochschuldidaktik und Organisationsentwicklung. Festschrift für Rolf Schulmeister, Hrsg. M. Merkt und K. Mayrberger, 217–242. Innsbruck: Studien Verlag.

Merkt, M. 2013. Hochschuldidaktische Weiterbildung in der Hochschullehre. In E-Portfolio an der Schnittstelle von Studium und Beruf, Hrsg. D. Miller und B. Volk, 276–295. Münster: Waxmann.

Oevermann, U. 1996. Theoretische Skizze einer revidierten Theorie professionalisierten Handelns. In Pädagogische Professionalität. Untersuchungen zum Typus pädagogischen Handelns, Hrsg. A. Combe und W. Helsper, 70–182. Frankfurt a. M.: Suhrkamp.

Roxa, T., und K. Martensson. 2009. Significant conversations and significant networks—exploring the backstage of the teaching area. Studies in Higher Education 34 (5): 547–559.

Roxa, T. und K. Martensson. 2012. How effects from teacher-training of academic teachers propagate into the Meso level and beyond. In Teacher development in higher education. Existing programs, program impact, and future trend, Hrsg. E. Simon und G. Pleschova, 213–233. London: Routledge.

Schmidt, B. 2007. Personalentwicklung für junge wissenschaftliche Mitarbeiter/innen. Kompetenzprofil und Evaluation als Instrumente hochschulischer Personalentwicklung, Jena Dissertation. http://www.db-thueringen.de/servlets/DerivateServlet/Derivate-12179/Schmidt/Dissertation.pdf. Zugegriffen: 24. Jan 2014.

Schütze, R. 1996. Organisationszwänge und hoheitsstaatliche Rahmenbedingungen im Sozialwesen: Ihre Auswirkung auf die Paradoxien des professionellen Handelns. In Pädagogische Professionalität. Untersuchungen zum Typus pädagogischen Handelns, Hrsg. A. Combe und W. Helsper, 183–275. Frankfurt a. M.: Suhrkamp.

Stichweh, R. 1996. Professionen in einer funktional differenzierten Gesellschaft. In *Pädagogische Professionalität. Untersuchungen zum Typus pädagogischen Handelns,* Hrsg. A. Combe und W. Helsper, 49–69. Frankfurt a. M.: Suhrkamp.

Trautwein, C. July 2012. *Teachers in German higher education.* ICED, Bangkok, 2012 (Vortrag).

Trautwein, C., und M. Merkt. 2013a. Struktur und Entwicklung von Lehrkompetenz im Spannungsfeld von Überzeugungen, Konzepten und Praxis von Lehren und Lernen. In *Professionalisierung der Lehre. Perspektiven formeller und informeller Entwicklung von Lehrkompetenz im Kontext der Hochschulbildung,* Hrsg. J. Wildt und M. Heiner, 179–210. Bielefeld: Bertelsmann.

Trautwein, C., und M. Merkt. 2013b. Akademische Lehrkompetenz und Entwicklungsprozesse Lehrender. *Beiträge zur Hochschulforschung* 35 (3): 50–73.

Wegner, E., und M. Nückles. 2013. Lehrkompetenz als der Umgang mit Widersprüchen. Wie hochschuldidaktische Weiterbildung die Fähigkeit zur reflektierten Entscheidung fördert. In *Professionalisierung der Lehre. Perspektiven formeller und informeller Entwickung von Lehrkompetenz im Kontext der Hochschulbildung,* Hrsg. J. Wildt und M. Heiner, 211–235. Bielefeld: Bertelsmann.

Wildt, J. 2013. Entwicklung und Potentiale der Hochschuldidaktik. In *Professionalisierung der Lehre. Perspektiven formeller und informeller Entwicklung von Lehrkompetenz im Kontext der Hochschulbildung,* Hrsg. J. Wildt und M. Heiner, 27–57. Bielefeld: Bertelsmann.

Wildt, J., und M. Heiner. 2013. *Professionalisierung der Lehre. Perspektiven formeller und informeller Entwickung von Lehrkompetenz im Kontext der Hochschulbildung.* Bielefeld: Bertelsmann.

Lehren und Lernen aus konstruktivistischer Sicht

Horst Siebert

Zusammenfassung

Einrichtungen der Erwachsenenbildung, Fachhochschulen und Hochschulen gestalten ein institutionalisiertes lebenslanges Lernen. In der Erwachsenenbildung dominiert ein nonformales Bildungsangebot, in den Hochschulen die formale Bildung. In allen Einrichtungen sind unterschiedliche Lernstile Erwachsener zu beobachten. Die Bildungs- und Studienangebote basieren auf erkenntnis- und lerntheoretischen Grundlagen. Seit einigen Jahren ist die Erkenntnistheorie des Konstruktivismus – verknüpft mit der Systemtheorie und der Gehirnforschung – weit verbreitet. Die Kernthese lautet, dass wir die Welt nicht realistisch abbilden, sondern dass wir wissenschaftlich und lebensweltlich viable Wirklichkeiten konstruieren.

Die Gehirnforschung bestätigt die konstruktivistische These, dass Lernen vor allem im Erwachsenenalter ein selbstgesteuerter Prozess ist. Während Kinder aufgeschlossen für viele Neuigkeiten sind, lernen Erwachsene primär auf der Grundlage vorhandener neuronaler Strukturen. Konstruktives Studieren ist aber eine Koppelung wissenschaftlichen Wissens mit Wissensnetzen und Fähigkeiten. Besonders ausgeprägt ist bei Erwachsenen das episodische und prozedurale Gedächtnis, während das deklarative Gedächtnis und das Kurzzeitgedächtnis im Alter nachlassen. Bedeutungsvoll für Lerneffekte ist die Verschränkung kognitiver und emotionaler Prozesse. Wissenschaftliches Lernen erfolgt nicht nur nach dem linearen Sender-Empfänger-Modell. Studieren ist ein weitgehend

H. Siebert (✉)
Institut für Berufspädagogik und Erwachsenenbildung, Leibniz Universität Hannover,
Schloßwender Straße 1, 30159 Hannover, Deutschland
E-Mail: horst.siebert@ifbe.uni-hannover.de

R. Egger et al. (Hrsg.), *Hochschuldidaktische Weiterbildung*
an Fachhochschulen, Lernweltforschung 12,
DOI 10.1007/978-3-658-01497-1_4, © Springer Fachmedien Wiesbaden 2014

selbstgesteuerter, emergenter Prozess, der durch Lehre angeregt und gefördert werden kann. Generell sollten hochschuldidaktische Instruktionsmethoden
durch aktivierende Konstruktionsmethoden ergänzt werden. Der Schlüsselbegriff Viabilität beinhaltet eine ethische Implikation, die auf „Bildung für
nachhaltige Entwicklung" verweisen kann.

1 Lebenslanges Lernen in Erwachsenenbildung und Hochschule

Seit einigen Jahren scheint der internationale Begriff des lebenslangen Lernens
(„*lifelong learning*") den klassischen Begriff „Pädagogik" zu verdrängen. Pädagogik heißt wörtlich Kindererziehung und galt in der Vergangenheit vor allem
als Schulpädagogik. Nun verlieren die Schulsysteme zwar nicht an biografischer
und gesellschaftlicher Bedeutung, aber die Schulbildung ist eine Phase eines
lebenslangen Lern- und Bildungsprozesses.

Der „*tertiäre Sektor*" ist das wissenschaftliche Hochschulsystem; der „quartä-
re Sektor" ist die Erwachsenenbildung, inklusive der betrieblichen Weiterbildung.
Beide „Sektoren" sind organisatorisch und didaktisch vernetzt: Hochschulen bieten zunehmend wissenschaftliche Weiterbildung an und viele Einrichtungen der
Erwachsenenbildung vermitteln neue wissenschaftliche Erkenntnisse. Außerdem
sind viele Lehrkräfte der Erwachsenenbildung zugleich an Hochschulen tätig und
Hochschullehrer auch in der Erwachsenenbildung.

Doch strukturell und funktional unterscheiden sich Hochschule und Erwach-
senenbildung weiterhin: In Hochschulen überwiegt die *formale Bildung*, in der
Erwachsenenbildung die *nonformale*. Charakteristisch für die formale Bildung sind
gesellschaftlich und z. T. politisch anerkannte Prüfungsrichtlinien, verbindliche
Lehrpläne und Studienzeiten, Zertifikate und Studienvoraussetzungen. Die meisten
Studien ermöglichen berufliche Karrieren und einen sozialen Zugang zur „oberen
Mittelschicht". Die Teilnahme an diesen Studien setzt schulische Leistungen und
Abschlusszeugnisse, insbesondere die „Fach- und Hochschulreife" voraus.

Das Bildungsangebot der Erwachsenenbildungseinrichtungen, z. B. der Volkshochschulen, ist überwiegend nonformal. Formale Teilnahmevoraussetzungen,
verbindliche Lehrpläne, standardisierte Prüfungen und Zertifikate sind eher die
Ausnahme. Die Seminargruppen sind meistens heterogen. Die Teilnahme an diesen
Veranstaltungen ist – vereinfacht gesagt – weitgehend freiwillig und okkasionell,
d. h. „gelegentlich" und kurzfristig. Ein Großteil der nonformalen Bildungsan-
gebote ist praxisbezogen und mit Übungen verbunden. Ca. 90 % der Angebo-

te (deutscher) Volkshochschulen sind Fremdsprachenkurse (inkl. Integration), Gesundheit (inkl. Ernährung, Yoga), berufliche Bildung (insbesondere EDV) und kulturelle Bildung (z. B. Zeichnen, Musik, Schreibwerkstatt). Selten sind in den Volkshochschulen Seminare mit politischen, ökologischen oder philosophischen Inhalten. Zur klassischen Allgemeinbildung gehören Seminare der „Persönlichkeitsentwicklung" (z. B. biografische Themen), die jedoch häufig dem „Fachbereich Gesundheit" zugeordnet werden. Charakteristisch für viele Einrichtungen der Erwachsenenbildung ist eine *Zielgruppenorientierung*, z. B. SeniorInnen, alleinerziehende Mütter, MigrantInnen, Arbeitslose. Eine „bildungsferne" Gruppe sind Analphabeten, für die in Deutschland in den vergangenen Jahren zahlreiche Modellversuche angeboten worden sind. Das *formale Studienangebot* der Hochschulen ist in der Regel in Wissenschaftsdisziplinen verankert. Tendenziell gewinnen interdisziplinäre Kooperationen und auch transdisziplinäre, fachübergreifende Themenfelder an Bedeutung. In den meisten Studienplänen sind die Lehrveranstaltungen nach dem wissenschaftlichen Anspruchsniveau differenziert, z. B. Anfängerseminare („Proseminare"), Hauptseminare, Doktorandenkolloquien, Forschungsprojekte, etc. In vielen Fakultäten dominieren Vorlesungen, die einerseits einer großen Anzahl von Studierenden angeboten werden und die andererseits Übersicht über umfangreiche Wissensbestände vermitteln.

Vereinfacht gesagt: *Die Hochschuldidaktik wird von den wissenschaftlichen Sachlogiken („structure of the discipline") geprägt.* Die Didaktiken der Erwachsenenbildung sind eher *teilnehmerorientiert*. Gemeinsam ist beiden Konzepten ein *Praxistransfer* und eine entsprechende *Transferkompetenz*. Was in der didaktischen Diskussion der Erwachsenenbildung und der Hochschulen vernachlässigt zu werden scheint, ist ein biografischer und gesellschaftlicher *Bildungsanspruch*. Die wissenschaftlichen Hochschulen sind nicht nur, aber auch „Bildungsinstitutionen". Angesichts lebensweltlicher Veränderungen werden „viele wichtige Bezüge universitärer Arbeit in Hinblick auf die Gesellschaft und deren Subsysteme, der Politik, der Wirtschaft, der ‚Idee vom guten Leben' usw." übersehen (Egger 2012, S. 144).

In der Erwachsenenbildung überwiegt ein *Erfahrungslernen*: Die meisten Teilnehmer verfügen über ein Erfahrungswissen, über ein implizites, z. T. prozedurales Wissen, über eine intrinsische, lebensweltliche Motivation. In den Hochschulen überwiegt ein begriffliches Wissen und eine Fähigkeit des wissenschaftlichen Forschens. Gemeinsam ist den *Lernstilen* eine Eigendynamik und Selbststeuerung der Beobachtung und der Konstruktion von Wirklichkeit. Der Amerikaner David Kolb hat die Lernstile von College-Studierenden untersucht (Kolb 1976). Er unterscheidet vier Stile, die offenbar biografisch und milieuspezifisch geprägt sind, aber auch mit den Studiendisziplinen korrelieren. Aufgrund von Item-Befragungen unterscheidet Kolb Lern- und Denkstile, die sich nicht unbedingt gegenseitig ausschließen, sondern häufig ergänzen:

- Konkrete Erfahrung
  Dieser Lernstil ist biografisch und auch altersbedingt beeinflusst und entsteht aufgrund unterschiedlicher Lebensweltsituationen beruflicher, privater und gesellschaftlicher Art.
- Reflektierte Beobachtung
  Erwachsene, die von diesem Lernstil geprägt sind, neigen zu sorgfältigen Wahrnehmungen, auch zum aufgeschlossenen Zuhören und zur Zurückhaltung der eigenen Meinungsäußerung: Reflektiert ist die Beobachtung, wenn versucht wird, Ursachen, Hintergründe und erkenntnisleitende Interessen zu interpretieren.
- Abstrakte Begriffsbildung
  Dieser Lernstil ist vor allem sprachlich und theoretisch strukturiert, aber auch logisch und kognitiv geprägt. Vor allem die Geistes- und Sozialwissenschaften bevorzugen begriffliche Klärungen.
- Aktives Experimentieren
  Dazu gehört die Bereitschaft, neue Lösungen und Methoden zu erproben. Zugrunde liegt das Bemühen um Innovation und Veränderung, nicht selten nach dem Prinzip „Versuch und Irrtum". Eine solche Haltung ist vor allem in naturwissenschaftlich-technischen Studiengängen produktiv.

Zweifellos gibt es noch weitere Lernstilklassifizierungen. Die vier genannten Lernstile von Kolb verweisen im Normalfall auf die Koppelung von Fähigkeiten und wissenschaftlichen Strukturen. Zugleich können Lernschwächen Studierender bewusst werden, z. B. unzureichende begriffliche Klärungen. Durch Übungen in Seminaren werden solche Defizite reduziert oder auch kompensiert.

2 Systemisch-konstruktivistische und neurobiologische Aspekte des Lernens Erwachsener

Das systemisch-konstruktivistische Paradigma und die neurowissenschaftlichen Forschungen haben in den vergangenen Jahren die Diskussion über die Möglichkeiten und Grenzen des Lernens Erwachsener beeinflusst. Lebenslanges Lernen ist demnach ein selbstgesteuerter, biografisch abhängiger und soziokulturell initiierter Prozess. Systemik und Konstruktivität bilden eine „Einheit der Differenz". Der

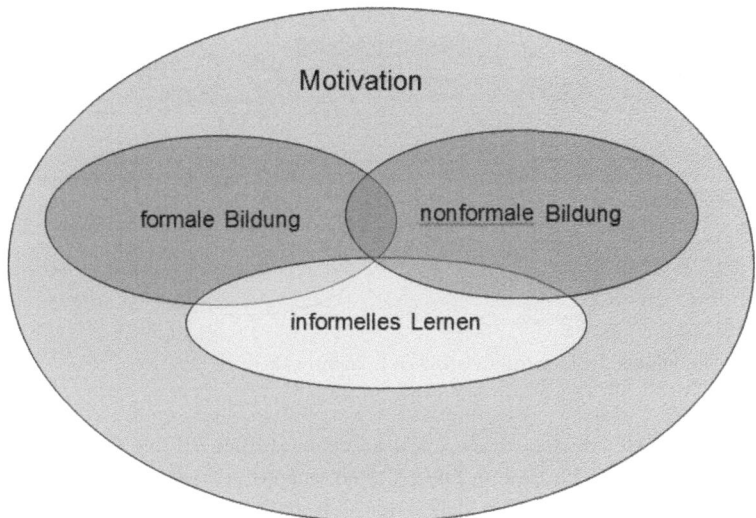

Abb. 1 Formen des lebenslangen Lernens

Konstruktivismus ist eine Erkenntnistheorie, derzufolge Erkenntnis keine objektive Abbildung der äußeren Realität, sondern eine subjektive Konstruktion unserer Lebenswelt ist. Wir erzeugen tagtäglich Wirklichkeiten auf der Grundlage unserer biografisch und neuronal geprägten Wahrnehmungs-, Denk-, Fühl- und Handlungsmuster (vgl. Abb. 1).

Die viable, d. h. die lebenspraktische Welt ist das Resultat von Beobachtungen, wobei diese Beobachtungen auf einem Wertsystem basieren und Handlungen motivieren. Die objektive Realität wird von den Konstruktivisten nicht geleugnet, kann aber in dieser Sichtweise lediglich durch unsere beschränkten Anschauungsformen und Erkenntnismöglichkeiten wahrgenommen werden. So stellen H. Maturana und F. Varela fest: „Wir sehen nicht, dass wir nicht sehen." (1987, S. 23) „Alles Gesagte ist von jemandem gesagt." (S. 32) „Jedes Tun ist Erkennen und jedes Erkennen ist Tun." (S. 31). „Wir sehen nicht den Raum der Welt, sondern wir erleben unser visuelles Feld." (S. 28).

Diese Theorie, der eine lange philosophiegeschichtliche Tradition von Protagoras und Epiktet bis Kant und Piaget zugrunde liegt, wird durch die modernen Neurowissenschaften bestätigt und modifiziert: Unser neurobiologisches Gehirn ist ein selbstreferenzielles, autopoietisches und operational geschlossenes Organ.

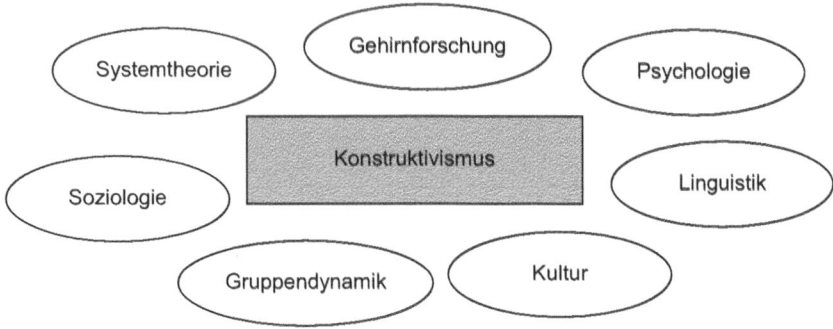

Abb. 2 Disziplinen der konstruktivistischen Erkenntnistheorie

Das Gehirn ist jedoch auch ein soziales Organ (Hüther 2011, S. 42), das mit der Umwelt strukturell gekoppelt ist. Diese Vernetzung mit soziokulturellen und sozioökonomischen Kontexten lässt sich systemisch interpretieren. Varela betont den kommunikativen Prozess vieler Konstruktionen von Wirklichkeit: „Wir bringen unsere Welt in gemeinsamen Akten des Redens hervor. Es sind bestimmte Eigenschaften unserer Sprache, die diese gemeinsame Erzeugung möglich machen." (1990, S. 113). Intelligenz – so Varela – ist „die Fähigkeit, in eine mit anderen geteilte Welt einzutreten" (S. 111). Fritz Simon beschreibt ein solches systemisches Denken wie folgt: „An die Stelle geradlinig-kausaler Erklärungen treten zirkuläre Erklärungen, und statt isolierter Objekte werden die Relationen zwischen ihnen betrachtet" (Simon 2006, S. 13). Systeme werden wie Netzwerke betrachtet, deren Elemente durch Wechselwirkungen miteinander verbunden sind und die sich emergent, d. h. selbsttätig entwickeln. Die Verknüpfung der soziologischen Systemtheorie mit dem kognitionspsychologisch-erkenntnistheoretischen Konstruktivismus ist bereits von dem Klassiker der Systemtheorie, von Niklas Luhmann, erläutert worden. Bereits 1990 integriert Luhmann Schlüsselbegriffe des Konstruktivismus: Es gibt zweifellos eine Außenwelt, aber diese Realität bleibt uns unbekannt, unser Zugang zu ihr ist allenfalls indirekt. „Das Erkennen hat es mit einer unbekannt bleibenden Außenwelt zu tun, und es muss folglich lernen zu sehen, dass es nicht sehen kann, was es nicht sehen kann" (Luhmann 1990, S. 33) (Abb. 2).

Der Neurobiologe Gerald Hüther macht auf die „inneren Bilder" aufmerksam, die im frühkindlichen Alter und zum Teil sogar pränatal entstehen: „Zug um Zug werden die komplizierten Nervenzellverschaltungen in den verschiedenen Regionen des Gehirns aufgebaut. Die von den Sinnesorganen ankommenden Erregungsmuster werden dabei benutzt, um immer stabilere und zunehmend komplexer werdende ‚innere Bilder' in Form bestimmter Verschaltungsmuster in den verschiedenen Hirnregionen zu verankern" (Hüther 2011, S. 41).

So betonen die Neurowissenschaften die neuronalen Bedingungen des lebenslangen Lernens: „Die Erkenntnisse der Neurobiologen belegen, dass sich Menschen zeitlebens verändern. Meist folgen sie dabei allerdings ihren bereits vorher erworbenen Mustern, sodass dieser Anteil, den wir Persönlichkeit oder Charakter nennen, weitgehend änderungsresistent erscheint" (S. 125). Grundlegende Neuorientierungen sind also die Ausnahme.

Mehrere Neurowissenschaftler verweisen ausdrücklich auf den Konstruktivismus, z. B. W. Singer (2003, S. 11), G. Hüther (2011, S. 66), G. Roth (2011, S. 68). Die Erkenntnistheorie des Konstruktivismus verzichtet auf absolute Wahrheitsansprüche. Aber wissenschaftliches Wissen unterscheidet sich großenteils von Alltagswissen. Wissenschaftliche Erkenntnisse sind in der Regel zwar intersubjektiv nachprüfbar, aber gelten nur vorläufig, „bis auf Weiteres".

Entsprechend der konstruktivistischen Epistemologie besteht unsere Welt aus der Konstruktion lebensdienlicher Lebenswelten. Diese Konstrukte basieren auf evolutionären Entwicklungen der Menschheit, auf kulturellen Weltanschauungen, auf milieuspezifischen Gewohnheiten und auf biografischen Erfahrungen und Lernprozessen. So ist der Konstruktivismus eine *interdisziplinäre Wissenschaft*, in der psychologische und soziologische, linguistische und kommunikative, kulturelle und neuronale, kognitive und emotionale Wissensbestände vernetzt sind. Je interdisziplinärer die Theorie des Konstruktivismus ist, desto komplexer und vielschichtiger ist das, was als Wirklichkeit, Realität und Welt bezeichnete wird. So unterscheidet der amerikanische Sprachphilosoph John Searle zwischen institutionellen, gesellschaftlichen Tatsachen einerseits und „rohen", objektiven Tatsachen andererseits: Die institutionellen Tatsachen sind menschliche Konstrukte, z. B. Demokratie, die objektiven Tatsachen existieren auch unabhängig von uns. „In gewissem Sinn gibt es Dinge, die nur existieren, weil wir glauben, dass sie existieren. Ich denke dabei an Dinge wie Geld, Eigentum, Regierungen und Ehe. Trotzdem sind viele Tatsachen, die diese Dinge betreffen, ‚objektive' Tatsachen in dem Sinn, dass sie nicht Sache deiner oder meiner Bevorzugungen, Bewertungen oder moralischen Einstellungen sind." (Searle 1997, S. 11). Unterscheiden lassen sich auch die naturwissenschaftliche, vor allem die physikalische und biochemische Welt (deren „Wahrheiten" ebenfalls nicht endgültig sind) und die Welt der alltäglichen „Tatsachen", die uns zwar betreffen, die aber nicht aufgrund unserer Wahrnehmungen existieren. So regnet es, auch wenn wir schlafen und den Regen nicht spüren.

Der Philosophieprofessor Markus Gabriel kritisiert den Konstruktivismus, der alltägliche *Tatsachen* als subjektive Konstruktion von Wirklichkeit relativiert. „Der allgemeine Grundfehler des Konstruktivismus besteht darin, dass er nicht erkennt,

dass es kein Problem ist, Tatsachen an sich zu erkennen." (Gabriel 2013, S. 60 f.).
Wenn Menschen auf der Straße Fahrrad oder Auto fahren, so sind dies – nach
Gabriel – objektive Tatsachen, auch wenn wir interpretieren können, warum sie
Auto und nicht mit öffentlichen Verkehrsmitteln fahren.
Wissenschaftliche Forschung erhebt zweifellos einen anspruchsvolleren Wahr-
heitsanspruch. Wissenschaftliches Wissen ist günstigenfalls empirisch zu belegen
und intersubjektiv nachprüfbar und dennoch vorläufig, relativ, abhängig von
Forschungsmethoden und -techniken sowie von fachlichen Begrifflichkeiten, Interessen und Kategorien. So sind die meisten Erkenntnisse der Neurowissenschaften
kaum zwei Jahrzehnte alt, vor allem, weil neue computertechnologische Instrumente entwickelt wurden, und es spricht vieles dafür, dass in den nächsten Jahren
durch weitere Techniken neue und auch korrigierende Ergebnisse erzeugt werden.
Rolf Arnold betont zu Recht: „Man kann es nicht oft genug feststellen: Das konstruktivistische Denken geht nicht davon aus, dass es keine objektive Wirklichkeit
gibt, es bezweifelt lediglich, dass der Mensch in der Lage ist, dies unabhängig von
seinen Beobachtungsformen, seinen Erfahrungen und den ihm zur Verfügung stehenden Ausdrucksformen so zu erkennen, wie diese ‚wirklich' aussieht." (Arnold
2013, S. 29). Rudolf Egger kritisiert eine „subjektive Beliebigkeit von konstruktivistischen Lernkonzepten" (Egger 2012, S. 24). Diese Kritik hat zu einer Ablehnung
des radikalen Konstruktivismus geführt. Die selbstreferenzielle Konstruktion von
Weltbildern ist zwar individuell und damit biografieabhängig, aber – und das betont
die systemtheoretische Interpretation – auch soziokulturell und sozioökonomisch
geprägt. So gesehen ist eine Selbstreferenz auch kontextabhängig, wie Rudolf Egger
zu Recht betont: „Für die Frage nach den biographischen Aneignungskontexten von
Lehrenden im universitären Kontext ist diesbezüglich die erkenntnistheoretische
Grundaussage, dass sich Kognition, Emotion und Lernen als subjektive Situierthei-
ten auf reale gesellschaftliche Verhältnisse beziehen und nicht nur selbstreferenziell
zu interpretieren sind, von Bedeutung." (S. 25). Das gilt insbesondere für die Hochschuldidaktik: Die intersubjektive Sicht der sachlogischen Disziplin ist mindestens
ebenso bedeutungsvoll wie die subjektive Selbstreferenz der Studierenden. Doch
auch die Lehrenden sind nicht nur „Fachleute", sondern auch Interpretierende
ihrer Wissenschaft.

3   Lernen als neurologischer Prozess

Lernen ist ein komplexer, interdisziplinärer Prozess. Lernen und Leben sind eng
miteinander verknüpft. Wir müssen lernen, um gemeinsam mit anderen leben zu
können. Mehrere Wissenschaftsdisziplinen beschäftigen sich mit dem menschli-

chen Lernen. Eine der jüngsten Disziplinen sind die Neurowissenschaften, z. B. Neurobiologie und Biochemie. Ohne Aktivitäten des Gehirns ist lebensdienliches Lernen nicht denkbar. Frank Schirrmacher stellt fest: „Die Hirnforschung scheint neben der Biotechnologie zu einer Leitwissenschaft unserer Zeit geworden zu sein. Ihre Hypothesen spielen mittlerweile bei klassischen philosophischen Fragen ... ebenso eine entscheidende Rolle wie in der Pädagogik." (Schirrmacher 2010, S. 10 f.). Ein Schlüsselbegriff ist *Neuroplastizität*. „Die wichtigste Erkenntnis der neurowissenschaftlichen Grundlagenforschung aus den letzten zwei Jahrzehnten hat den Namen Neuroplastizität. Glaubte man noch bis etwa 1990, dass im Gehirn relativ wenig Veränderung geschieht, wissen wir heute das genaue Gegenteil: Nervenzellen und vor allem die Verbindungen zwischen ihnen, die *Synapsen*, ändern sich fortwährend durch ihre eigene Tätigkeit ... Die meisten Synapsen (es sind je Neuron bis zu 10.000) befinden sich nicht direkt am Zellkörper, sondern an baumartigen Verzweigungen des Neurons, den sogenannten *Dendriten*. Lernen ist in neurobiologischer Hinsicht die Veränderung der Stärke von Verbindungen zwischen Nervenzellen." (Spitzer 2010, S. 50 f.) Wichtige Lernerlebnisse verstärken die Synapsen und die neuronalen Netze und hinterlassen messbare Gedächtnisspuren. M. Spitzer vergleicht Erinnerungen mit „Spuren im Schnee": Wir gehen durch eine verschneite Wiese und hinterlassen frische Spuren. Einige Stunden später schneit es erneut. Die Spur wird zugedeckt, aber die alte Spur hinterlässt ihren Eindruck. Unser Gehirn lernt im gesamten Verlauf des Lebens. Die Neuroplastizität existiert weiterhin im Alter, wenn auch nicht so ausgeprägt wie in der Kindheit. Das Kind unterscheidet sich vom Erwachsenen vor allem durch die Menge der Neuronen. Diejenigen Neuronen, die aktiviert und benutzt werden, werden verstärkt und erweitert zu stabilen Netzwerken. Die nicht verwendeten Neuronen verkümmern und verschwinden. So verfügt der Erwachsene zwar über eine geringere Anzahl Neuronen, aber über *strukturierte Muster*, die spezifische Wissensbestände, Kompetenzen und Erfahrungen beinhalten. Kinder sind also „offen" und „neugierig" für viele Neuigkeiten; Erwachsene denken und lernen „strukturdeterminiert".

„*Strukturdeterminiertheit*" ist also ein neurobiologischer, systemisch-konstruktivistischer Schlüsselbegriff für die Wirklichkeitskonstruktion Erwachsener. Mit zunehmendem Alter stabilisieren sich die neuronalen kognitiven und emotionalen Strukturen, die biografisch, aber auch kulturell und milieuspezifisch geprägt sind. Aufgrund dieser Einflüsse werden auch körperliche Haltungen beeinflusst, z. B. Selbstdarstellungen und Umgangsformen, ebenso wie Verhaltensweisen in der Hochschule. „Die kulturellen Tradierungsprozesse sind aber auch selbst als Verbildlichungen und Inkorporationen zu begreifen, insofern sich die tragenden sozialen Interaktionen vor allem dem leiblichen Gedächtnis einprägen – einem Gedächtnis, das in impliziter, habitueller Weise fungiert und nicht

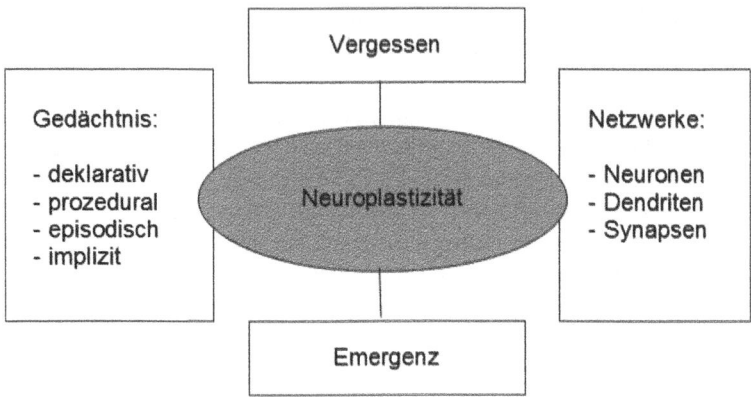

Abb. 3 Lernfähigkeit im Gehirn

als explizit-deklaratives Wissen zur Verfügung steht." (Fuchs 2008, S. 31). Diese ganzheitliche Persönlichkeitsstruktur entspricht dem soziologischen „Habitusbegriff" Bourdieus. „Im Habitus verschränken sich die körperlich-biologische und die kulturell-soziologische Betrachtungsweise." (S. 32).

Das Lernen Erwachsener ist somit primär ein „Anschlusslernen" in einem „operational geschlossenen System", in „Driftzonen" (z. B. Erziehung, Umweltschutz). M. Spitzer bezeichnet das Gehirn Erwachsener als einen „paradoxen Schuhkarton": Je mehr drin ist, desto mehr passt dazu (Spitzer 2010, S. 188).

Lernen Erwachsener ist ein selbstreferenzieller, biografisch geprägter, höchst individueller Prozess. Der Neurowissenschaftler Wolf Singer bezeichnet das Lernen während eines Vortrags als „inneren Monolog". Auch wenn die Anwesenden zuhören, so aktivieren sie zu 90 % eigendynamische autopoietische Gedanken und Gefühle. Die Kommunikation besteht nur zu einem minimalen Anteil aus Wissensvermittlung und zum größten Teil aus Vernetzung des Gehirns mit Erinnerungen in „Assoziationsarealen". So arbeiten die Gehirne selbsttätig, strukturdeterminiert und durch Aktivierung des Gedächtnisses. Erol Basar und Gerhard Roth bestätigen diese These: „Die meisten Eingänge (über 90 %) in corticale Netzwerke stammen jedoch von anderen (inneren) corticalen Netzwerken. In diesem Sinne ist die Großhirnrinde eine Struktur, die im wesentlichen zu sich selber ‚spricht'." (Basar und Roth 1996, S. 296).

Allerdings ist die lineare Wissensvermittlung in der Hochschuldidaktik von unverzichtbarer Bedeutung. Studierende müssen sich bemühen, sich wissenschaftliches Wissen anzueignen und in ihre vorhandenen Wissensnetze zu integrieren (vgl. Abb. 3).

In der Gedächtnisliteratur wird zwischen dem *episodischen*, dem *prozeduralen*, dem *impliziten* und dem *deklarativen Gedächtnis* unterschieden. Das deklarative Gedächtnis speichert Fakten und begriffliches Wissen. Dieses Wissen gerät häufig in Vergessenheit, wenn es nicht kontinuierlich verwendet wird. Nachhaltiger ist das *prozedurale* und *implizite Gedächtnis*. Hierzu gehören prozesshafte Fähigkeiten und Fertigkeiten wie Fahrradfahren, sportliche Aktivitäten, Kochen u. a. Doch auch das prozedurale Gedächtnis erfordert regelmäßige Anwendungen und Übungen. Das implizite Gedächtnis beruht auf Erfahrungen, ist aber unbewusst „verinnerlicht".

Von besonderer Bedeutung für eine flexible Leistungsfähigkeit des Gehirns sind die emergenten Prozesse. Mit *Emergenz* ist eine produktive Fähigkeit der neuronalen Netzwerke gemeint, die auf früheren Erfolgen und Erfahrungen beruht. Zu dieser Emergenz gehören *Attraktoren*, also handlungsfähige Aktivitätsmuster. Innerhalb eines Attraktors sind zahlreiche Neuronen verknüpft. Diese Attraktoren verstärken auch intensiv die Erinnerungen und die Gedächtniskapazität (vgl. Goldberg 2007, S. 173). Kreativität entsteht durch Emergenz. Grundlage des Lernens ist die Speicherung des Gehirns, d. h. die Gedächtniskapazität und das *Erinnern*. Mit zunehmendem Alter wachsen die Quantität und auch die Strukturierung der Erinnerungen. Ein weiterer Faktor, der die Neuroplastizität beeinflusst, ist das *Vergessen*. Oft sind wir verärgert über unsere Vergesslichkeit; oft aber gelingt es uns nicht, Unangenehmes zu vergessen. Vergessen kann lebensdienlich, produktiv sein, aber oft wird Unerfreuliches verdrängt, sodass der Lerneffekt reduziert wird.

Gerhard Roth verweist auf unterschiedliche Gründe und Funktionen des Vergessens. „Es ist aber auch gut, dass wir unwichtige und insbesondere unangenehme Dinge vergessen, sonst hätten wir nicht den Kopf frei für Neues und Erfreuliches." (Roth 2011, S. 121). Allerdings ist Erfreuliches und Unerfreuliches nicht immer eindeutig zu unterscheiden. Nicht selten werden diese Erlebnisse im Verlauf des Lebens uminterpretiert und „rekonstruiert". Es zeigt sich, dass früher Gelerntes besser behalten wird als später Gelerntes und „dass ähnliche Dinge sich beim Behalten gegenseitig hemmen (Interferenz-Effekt) ... Beim Einspeichern sind Gestalthaftigkeit (also klare Erkennbarkeit und Abgrenzbarkeit), Sinnhaftigkeit, die Anschlussfähigkeit an früher erlernte Inhalte, die emotionale Einfärbung und der emotionale Kontext wichtig." (S. 124). Normal ist die Kopplung des *(emotionalen) limbischen Systems* mit dem (kognitiven) Neocortex. Lernen ist emotional verankert. Dabei geht es nicht nur um Ängste vor Misserfolgen oder vor einer Kritik der Lehrenden, sondern auch um die gefühlsmäßige Färbung der Themen, der Schlüsselbegriffe und der Handlungsperspektiven. Schon unsere sensorischen Wahrnehmungen sind emotional attraktiv oder negativ. Intensiv gelernt wird meist das, was Spaß macht.

Empirische Untersuchungen bestätigen den emotionalen Einfluss auf den Lerneffekt: „Die Resultate solcher Untersuchungen unterstützen die Alltagserfahrung,
dass Dinge umso besser erinnert werden, je deutlicher sie von emotionalen Zu-
ständen begleitet waren ... (Allerdings) dürfen die emotionalen Zustände nicht
zu stark sein, sonst behindern sie möglicherweise den Erinnerungserfolg ... (Außerdem) werden positive Inhalte im Durchschnitt besser erinnert als negative ...
Bei Angst- und Depressionszuständen tritt oft eine Erinnerungsblockade auf ...
(Ferner) wirken emotionale Zustände sich eher auf episodisch-autobiographische
Gedächtnisinhalte aus als auf Faktenwissen." (Roth 2001, S. 275 f.).

Selbstreferenzielle Prozesse sind lebendige, autopoietische und zirkuläre Entscheidungen. „Diese Zirkularität, diese Verkettung von Handlung und Erfahrung
... sagt uns, dass jeder Akt des Erkennens eine Welt hervorbringt ... Jedes Tun
ist Erkennen und jedes Erkennen ist Tun." (Maturana und Varela 1987, S. 31).

So aufschlussreich die Gehirnforschung für die Pädagogik auch sein mag – eine
völlig neue „Neurodidaktik" kann aus den Neurowissenschaften nicht abgeleitet
werden. Die Gehirnforschung kann die biochemischen Grundlagen des Lernens
rekonstruieren. Sie kann aber kaum feststellen, für welche Themen sich Erwachsene
aus welchen Gründen engagieren bzw. welche Themen sie vermeiden. Unklar ist
auch die Frage, wann Bewusstsein, Engagement und Reflexion entstehen.

Vor einigen Jahren haben elf bekannte Neurowissenschaftler ein „Manifest"
über den erreichten Forschungsstand, die Grenzen und die zukünftigen For-
schungsaufgaben veröffentlicht („Manifest" 2004, S. 30 ff.). Die Hirnforscher
unterscheiden drei Ebenen des Gehirns: Die oberste Ebene beinhaltet größere
Hirnareale wie z. B. die Amygdala. Die unterste Ebene umfasst die detaillierten
Zellen und Moleküle. Die mittlere Ebene ist bisher am wenigsten bekannt.
Auf dieser Ebene agieren die neuronalen Netzwerke, und offenbar geht es hier
auch um die Bewusstseinsinhalte – was also für die Pädagogik von besonderem Interesse ist. Die Autoren des Manifests verweisen auf die überraschend
produktive Lernfähigkeit im Alter: „Lange Zeit dachte man, die Hirnent-
wicklung sei irgendwann in der Jugend abgeschlossen und die neuronalen
Netzwerke seien endgültig angelegt. Mittlerweile steht aber fest, dass sich auch
im erwachsenen Gehirn zumindest im Kurzstreckenbereich – auf der Ebene
einzelner Synapsen – noch neue Verschaltungen bilden können. Außerdem
können für bestimmte Aufgaben zusätzliche Hirnregionen rekrutiert werden
– etwa beim Erlernen von Fremdsprachen in fortgeschrittenem Alter." (S. 33).

4 Selbstgesteuertes Lernen – hochschuldidaktisch gesehen

Vorlesungen und Seminare sind keineswegs überflüssig, aber die Funktionen und Möglichkeiten der Lehre werden neu betrachtet: Lehre ist nur bedingt eine direkte Vermittlung von Wissen nach dem Sender-Empfänger-Schema, Lehre ist vor allem eine Anregung und Unterstützung selbstgesteuerter Lernprozesse und Reflexionen.

So unterrichtet ein „Dozent" nicht „von oben" die Studierenden, sondern Lernen ereignet sich nachhaltig in einem gruppendynamischen Prozess, an dem alle beteiligt sind – auch die „Schweiger" und die „Vielredner". Auch der Seminarleiter/die Seminarleiterin lernt, und oft ist seine/ihre Wirkung auf die Teilnehmer und Teilnehmerinnen umso größer, je deutlicher seine/ihre eigene Lernbereitschaft ist.

Lehr-Lernsituationen in Hochschulen werden – vereinfacht gesagt – von vier Faktoren geprägt, die sich wechselseitig beeinflussen:

- die Sachlogik: die Struktur und Komplexität des Themas, die Logik der Disziplin
- die Psyche der Studierenden: ihre Interpretation des Themas, ihre Erfahrungen, Deutungen, emotionalen Zugänge und Lernwiderstände
- die Verwendungssituationen: die Praxisbezüge des Themas und die Handlungskompetenzen
- die Gruppendynamik: Die Gruppe besteht aus Interaktionen und Kommunikation und beeinflusst die Themen und Diskurse.

Systemtheoretisch betrachtet ist eine Seminarteilnahme lediglich ein Baustein in einem lebensweltlich verankerten Lernprojekt. Wenn wir uns für ein relevantes Thema interessieren, so beeinflusst dieses Interesse unsere Wahrnehmung und Aufmerksamkeit im Studium (siehe Abb. 4). Das formale institutionalisierte Lernen wird ergänzt durch vielfältige *informelle Lerngelegenheiten*, z. B. Gespräche, Lektüre der Tageszeitung, Auswahl von Fernsehsendungen, Benutzung des Internet. Das Lernthema ist also ein mitlaufendes Thema des Alltags, und dieses informelle und „en passant"-Lernen prägt das Verhalten in einem Seminar. Das „Lerngepäck" der Studierenden besteht nicht nur aus Vorkenntnissen und Erinnerungen an die Schulzeit, sondern auch aus einem *„tacit knowledge"*, d. h. *„impliziten Wissen"* sowie aus Hoffnungen und Befürchtungen.

Deutungen und Bedeutungen sind biografisch bedingt und kontextabhängig. Bedeutungen können nur bedingt von Lehrenden zu Lernenden vermittelt werden, Bedeutungen entstehen eigensinnig. Gerhard Roth schreibt: „Wenn zwei dasselbe erleben, ist es nicht zwingend dasselbe ... Wenn zwei dasselbe sagen, dann hat es in der Regel nicht notwendigerweise dieselbe Bedeutung" (Roth 2011, S. 251).

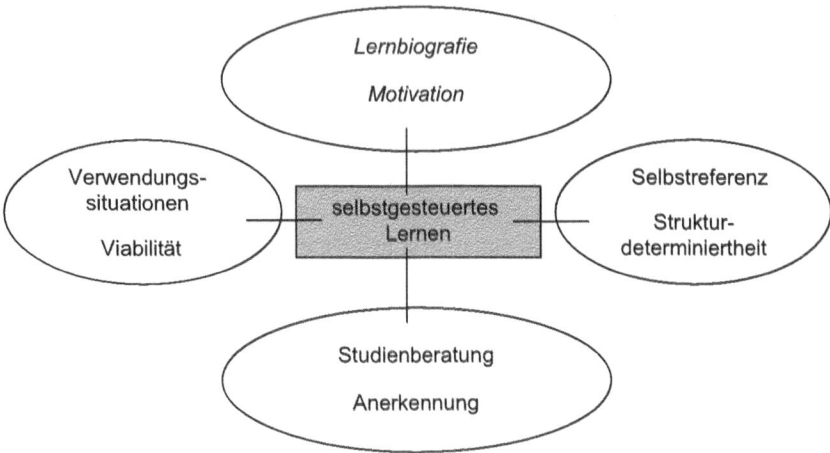

Abb. 4 Faktoren des selbstgesteuerten Lernens

Die Lerninhalte sind für das Studieren keineswegs nebensächlich, aber sie werden „biografisch synthetisiert". Francisco Varela betont diese „Verinnerlichung": „Der Grundgedanke besteht also darin, dass kognitive Fähigkeiten untrennbar mit einer Lebensgeschichte verflochten sind, wie ein Weg, der als solcher nicht existiert, sondern durch den Prozess des Gehens erst entsteht." (Varela 1990, S. 113).

5 Hochschuldidaktische Perspektiven

Lassen sich aus dieser Theorie neue Methoden und Organisationsformen des Studiums ableiten? Ja und nein. Die meisten Prinzipien einer systemisch-konstruktivistischen Bildungsarbeit sind nicht neu:

- Das Gehirn verfügt über einen „Neuigkeitsdetektor". Wird ein Inhalt nicht als neu wahrgenommen, so wird er „abgehakt".
- Das Gehirn besitzt einen „Anschlussdetektor": Es prüft, ob der Lerninhalt an vorhandenes Wissen und an Erfahrungen anschlussfähig ist.
- Unser Gehirn ist auf der Suche nach „Sinn": Ein Lerninhalt wird auf seine persönliche Relevanz und Viabilität hin überprüft.

- Nicht selten ist eine *„doppelte Kontingenz"*, d. h., viele Äußerungen sind mehrdeutig, latent und können auch anders verstanden werden.
- Der Vorteil des sozialen Lernens in einem Seminar besteht u. a. darin, neue *Perspektiven* wahrzunehmen und *Differenzierungen* der Wirklichkeitskonstruktionen zu erkennen.
- So sind heterogene Lerngruppen oft lerneffektiver als homogene Gruppen.
- Lehre ist zwar weitgehend *„wirkunsicher"*, aber keineswegs wirkungslos. Doch vielfach werden unbeabsichtigte (und von den Lehrenden auch unerwünschte) Lerneffekte bewirkt.
- Bei einem Vortrag ist ein *Blickkontakt* der ReferentInnen mit den „ZuhörerInnen" notwendig.
- Nachhaltige Wissensvermittlung erfordert *Humor*, anschauliche Anekdoten, heitere Metaphern.

Keineswegs neu sind die Argumente für aktivierende, situierte, abwechslungsreiche, kreative, auch „perturbierende" Methoden. Doch daraus lässt sich nicht schlussfolgern, dass referierende, wissensvermittelnde Methoden überflüssig sind. Ein anregender, interessanter Vortrag kann durchaus effektiver sein als eine langweilige Gruppenarbeit.

Lernen im Erwachsenenalter ist – nicht nur, aber vorwiegend – Neuverknüpfung und Modifizierung vorhandener neuronaler Assoziationsareale. Lernen ist vor allem *vernetztes Lernen*, das autopoietisch, selbstbestimmt und damit nur bedingt von außen planbar und „programmierbar" ist. Die neurowissenschaftlichkonstruktivistische Position ist kein Plädoyer für eine Antipädagogik. Dennoch ist die Betonung des selbstgesteuerten Lernens für manche Pädagogen ernüchternd, so etwa Gerald Hüthers These, das Verhalten sei in den meisten Fällen „nicht von außen, sondern von innen" gesteuert: „Haltungen wie Achtsamkeit, Selbstdisziplin, Zuverlässigkeit oder Verantwortlichkeit lassen sich nicht durch Dressurmethoden erzeugen, die kann man weder unterrichten noch trainieren." (Hüther 2011, S. 106)

Die Hochschuldidaktik ist wesentlich abhängig von der jeweiligen Wissenschaftsstruktur. Wissenschaftliches Wissen ist als zwar intersubjektiv nachprüfbar, aber doch als vorläufige, relative „Beobachtung" von Wirklichkeiten zu verstehen. Wissenschaft wird als *„Suchbewegung"* betrachtet. Auch unabhängig von den Erwartungen der Auftraggeber beruht Forschung auf „erkenntnisleitendem Interesse", und diese Interessen sowie die oft strittigen Konsequenzen sind im Studium zu erörtern. Dabei ist auch zu berücksichtigen, dass in zunehmendem Maße mehr *neues Nichtwissen* als eindeutiges Wissen entsteht. Paradoxerweise ist das Wachstum des Nichtwissens in Relation zum Wissenszuwachs ein relevantes Merkmal unserer Wissensgesellschaft.

Konstruktivistisch betrachtet kann wissenschaftliches Wissen nicht ohne Weiteres vermittelt werden. Studierende und Hochschullehrer sind zwar (möglichst) „strukturell gekoppelt", aber Lehrende und Lernende sind eigenständige „selbstreferenzielle Systeme". Wilhelm Mader stellt zur Diskussion, ob die traditionelle „Einheit des Lehrens und Lernens" nicht „zerbrochen ist". „Kann man überhaupt sinnvoll darüber nachdenken, dass Lehren *ein* Handlungssystem und Lernen ein *anderes* Handlungssystem und die Stofflogik ein *drittes* Handlungssystem repräsentieren." (Mader 1997, S. 68 f.) Sicherlich werden von Hochschullehrenden Empathie und Verständnis für Studienschwierigkeiten erwartet. Die meisten Lehrenden können sich aufgrund eigener Erfahrungen in die Situation der Studierenden versetzen. Dennoch: Unsere Gehirne sind autopoietische Systeme, die nicht „von oben" belehrt und qualifiziert werden können. Trotzdem gehören zur Hochschuldidaktik eine fachliche Aufklärung und Information der Studierenden.

Ein Vorschlag ist die Kombination von *Instruktions-* und *Konstruktionsmethoden.*

Gabi Reinmann-Rothmeier und Heinz Mandl stellen zu Recht fest, dass in unserem Bildungssystem Instruktionsmethoden übertrieben und Konstruktionsmethoden vernachlässigt werden. „Das Primat der Instruktion bedingt eine weitgehend passive Haltung der Lernenden mit einem entsprechenden Mangel an Aktivität, intrinsischer Motivation und Eigenverantwortung für den Prozess und Erfolg des Lernens." (1997, S. 363) Das konstruktivistische Lernen – so Reinmann-Rothmeier und Mandl – betont „die Frage, wie Wissen konstruiert wird und in welcher Verbindung Wissen zum Handeln steht." „Lernen ist ein aktivkonstruktiver Prozess, der stets in einem bestimmten Kontext und damit situativ sowie multidimensional und systemisch erfolgt." (S. 366) Diese Methodik fördert die „Problemlöse- und Selbststeuerungsfertigkeiten" der Studierenden (S. 370).

Konstruktionsmethoden an Hochschulen sind *reflexive Methoden*; Studierende überprüfen die Validität, die Signifikanz und die praktische Relevanz der Forschungen, sie reflektieren die „erkenntnisleitenden Interessen". Zur Konstruktivität gehört aber auch die Vergewisserung der subjektiven Bedeutsamkeit, der mögliche Kompetenzzuwachs, die Verknüpfung mit dem vorhandenen Wissen und der eigenen Erfahrung, die Passung zu dem Weltbild und dem emanzipatorischen Engagement. Auch Instruktionsmethoden können aktivierend und teilnehmerorientiert gestaltet werden. So werden in den USA konstruktive Formen von Vorlesungen empfohlen. Folgende Prinzipien und Methoden gehören dazu:

- Berücksichtigung realer Alltags- bzw. Praxisprobleme
- Aktivierung vorhandener Kenntnisse und Erfahrungen
- Selbstständige Aneignung neuen Wissens
- Integration neuen Wissens in die Berufs- bzw. Lebenswelt (vgl. Merrill 2001)

Konstruktionsmethoden machen die Möglichkeiten und die Grenzen der Wissenschaftsdisziplinen bewusst. Eine Konstruktionsmethode, die ich in meinen Seminaren vorschlage, ist das *Lerntagebuch*. Dies ist mehr als ein Inhaltsprotokoll, nämlich die individuelle Wahrnehmung und Interpretation des Seminarverlaufs, z. B.

- Zentrale Fragestellungen, Schlüsselbegriffe, Ergebnisse
- Strittige, kontroverse Positionen
- Was war dem Studierenden aufschlussreich, relevant, viabel?
- Eigene Fallbeispiele für theoretische Aussagen
- Was war an vorhandenes Wissen anschlussfähig?
- Was war missverständlich, strittig, nicht überzeugend?
- Welche Themen und Begriffe müssen noch ergänzt werden?
- Was habe ich hinzugelernt?

Für die SeminarleiterInnen ist ein solches Lerntagebuch eine konstruktive Rückmeldung. Angeregt wird dadurch eine „*Koevolution*", eine „strukturelle Kopplung". Außer der Reflexivität und der Metakognition, die durch das Lerntagebuch gefördert werden, sind weitere didaktische Prinzipien empfehlenswert:

- *Anschlussfähigkeit*
  Da Erwachsene über mehr oder weniger Wissen und über kognitive Strukturen verfügen, ist es lernförderlich, wenn neues Wissen anschlussfähig ist. In der Regel ist es didaktisch sinnvoll, wenn die Vorkenntnisse festgestellt werden – z. B. durch ein Brainstorming.
- *Situiertheit*
  Wenn ein wissenschaftliches Studium ein abstraktes Denken erfordert, sollten allgemeine Theorien und Begriffe möglichst auf konkrete Fälle und Beispiele übertragen werden. „*Praxistransfer*" ist zweifellos ein hochschuldidaktischer Schlüsselbegriff.
- *Perturbation*
  Vielfach wird Lernen angeregt, wenn die Lehrenden verbreitete Auffassungen perturbieren, d. h. infrage stellen, irritieren, auch provozieren.
- *Reframing*
  Bei vielen sozialwissenschaftlichen Themen sind unterschiedliche Deutungen möglich. Um die Sichtweisen zu erweitern, kann ein Perspektivenwechsel z. B. durch einen Rollentausch oder auch durch einen veränderten Kontext erleichtert werden. Reframing bedeutet auch, sich in die Rolle Andersdenkender zu versetzen.

- *Visualisierung*
  Die Konstruktion von Wirklichkeiten ist vielfach bildhaft. Zur Visualisierung können „Abbildungen", Schemata, Fotos, Karikaturen, Gemälde gehören.

- *Vorlesung*
  Auch angesichts der Selbststeuerung erleichtert eine Vermittlung wissenschaftlicher Forschungsergebnisse, von Schlüsselbegriffen und theoretischen Positionen den Einstieg Studierender in ihre Wissenschaftsdisziplin und in relevante Fragestellungen.
  Auch in Vorlesungen können konstruktivistische Prinzipien berücksichtigt werden.

Um nochmals auf die Lernstile D. Kolbs zu sprechen zu kommen: Zur hochschuldidaktischen Lehre gehört auch die *reflektierte Beobachtung*. Die Hochschullehrenden beobachten, wie ihr Lehrstil wirkt, was die Studierenden selektiv wahrnehmen und welche Wissensbestände sie aneignen, wie sie neue Forschungen mit ihren Vorkenntnissen und mit ihren Praxisfeldern verknüpfen. Zur hochschuldidaktischen Kompetenz gehören aber auch kritische Selbstbeobachtungen: Welche Lehrmethoden sind ihre Stärken, welche beherrschen sie nur eingeschränkt? Welche Lehrziele sind ihnen vorrangig, welche sind zweitrangig? Auf welche interdisziplinären Schlüsselkompetenzen der Studierenden legen sie Wert? Wie wertvoll sind den Lehrenden ihre Disziplin und ihr Lehrauftrag?

Ausführlich kommentiert E. v. Glasersfeld Viabilität als normativ konstruktivistischen Schlüsselbegriff: „Anders als der Begriff der Wahrheit, der eine Übereinstimmung fordert, das heißt gemeinsame Inhalte und Merkmale des Bildes und dessen, was es repräsentieren soll, verlangt der Begriff der Viabilität (der sich auf Handlungen und Denkweisen bezieht) lediglich eine Passung." (v. Glasersfeld 1997, S. 193). Zur Passung gehören Merkmale wie erfolgreich, nützlich, zweckmäßig. Doch diese Deutung von Viabilität fungiert eher utilitaristisch und egoistisch: Wir halten das für viabel, was uns nützlich erscheint. Um eine solche egozentrische Haltung zu verhindern, ergänzt Glasersfeld den Begriff durch eine soziale, humane Variante: „Offensichtlich spielt diese *Viabilität zweiter Ordnung*, von der wir mit gewisser Berechtigung behaupten können, dass sie über den Bereich unserer individuellen Erfahrung hinaus in den der anderen Menschen hineinreicht, eine wichtige Rolle in der Stabilisierung und Festigung unserer Erfahrungswirklichkeit." (S. 197)

In diesem Sinn sind solche Wirklichkeitskonstrukte viabel, die einer sozialen, globalen und ökologischen Zukunft lebensdienlich sind. Dieser „Viabilitätsbegriff zweiter Ordnung" entspricht dem Zukunftskonzept *„Bildung für eine nachhaltige Entwicklung"* („education for sustainable development") der UN, die dementsprechend eine „Weltdekade 2005–2014" beschlossen hat. Dieses Zukunftsmodell beinhaltet mehrere Dimensionen, nämlich eine ökologische, eine ökonomische, eine soziale (und generative) und eine kulturelle. Hochschuldidaktisch betrachtet handelt es sich um eine interdisziplinäre und auch transdisziplinäre wissenschaftliche Bildungsherausforderung, die durch eine konstruktivistische Erkenntnistheorie begründet werden kann.

Der Konstruktivismus ist eine Erkenntnistheorie und keine Ethik oder Moraltheorie. Andererseits sind die Pädagogik und die Hochschuldidaktik zu ethischen Normen und Begründungen der Wissensvermittlung verpflichtet. Da der Konstruktivismus eine Vielzahl von Wirklichkeitskonstruktionen akzeptiert, ist Toleranz indirekt eine wünschenswerte Haltung. Doch wie können Grenzen einer Toleranz, z. B. gegenüber Inhumanität, Umweltzerstörung, Rassismus, begründet werden? Der kybernetische Konstruktivist Heinz von Foerster plädiert für eine Vielfalt der Wirklichkeitskonstrukte: Die Menschen „sollten immer so handeln, die Anzahl der Möglichkeiten zu vermehren." (von Foerster 1993, S. 78) Zweifellos ist die Erweiterung der Möglichkeiten ein erstrebenswertes Programm. So wird in der Erwachsenenbildung sogar eine „*Ermöglichungsdidaktik*" empfohlen (vgl. Arnold 2012). Dennoch bleibt Ermöglichung vielen von uns zu unverbindlich.

Literatur

Arnold, R. 2012. *Ermöglichen*. Baltmannsweiler: Schneider.
Arnold, R. 2013. Plädoyer für einen konsequenten Konstruktivismus. *Weiterbildung* 4:28–30.
Basar, E., und G. Roth 1996. Ordnung aus dem Chaos. In *Chaos und Ordnung*, Hrsg. G. Küppers, 290–322. Stuttgart: Reclam.
Egger, R. 2012. *Lebenslanges Lernen in der Universität*. (Lernweltforschung Bd. 8). Wiesbaden: Springer VS.
Foerster, H. von 1993. *Kybern-Ethik*. Berlin: Merve.
Fuchs, T. 2008. *Leib und Lebenswelt*. Heidelberg: Prinzhorn.
Gabriel, U. 2013. *Warum es die Welt nicht gibt*. Berlin: Ullstein.
Glasersfeld, Ernst von. 1997. *Radikaler Konstruktivismus*. Frankfurt am Main: Suhrkamp.
Goldberg, E. 2007. *Die Weisheitsformel*. Reinbek: Rowohlt.
Hüther, G. 2011. *Was wir sind und was wir sein könnten*. Frankfurt a. M.: Fischer.
Kolb, D. 1976. *Learning Style Inventory*. Boston: McBer & Company.
Luhmann, N. 1990. Das Erkenntnisprogramm des Konstruktivismus und die unbekannt bleibende Realität. In *Soziologische Aufklärung*, Hrsg. N. Luhmann, 31 ff. Opladen: Leske + Budrich.
Mader, W. 1997. Von der zerbrochenen Einheit des Lehrens und Lernens. In *Pluralisierung des Lehrens und Lernens*, Hrsg. E. Nuissl et al., 61–81. Bad Heilbrunn: Klinkhardt.
Maturana, H., und F. Varela. 1987. *Der Baum der Erkenntnis*. München: Goldman.

Merrill, D. 2001. *First principles of instruction*. West Sussex: Wiley.

Reinmann-Rothmeier, G., und H. Mandl. 1997. Lehren im Erwachsenenalter. In *Psychologie der Erwachsenenbildung* (Hrsg). F. Weinert und H. Mandl, 355 ff. Göttingen: Hogrefe.

Roth, G. 2001. *Fühlen, Denken, Handeln*. Frankfurt a. M.: Suhrkamp.

Roth, G. 2011. *Bildung braucht Persönlichkeit*. Stuttgart: Klett-Cotta.

Roth, G. et al. 2004. „Manifest". *Gehirn und Geist* 6:30 ff.

Searle, J. 1997. *Die Konstruktion der gesellschaftlichen Wirklichkeit*. Reinbek: Rowohlt.

Schirrmacher, F. 2010. *Gehirntraining*. München: Blessing.

Simon, F. 2006. *Einführung in Systemtheorie und Konstruktivismus*. Heidelberg: Carl-Auer.

Singer, W. 2003. *Ein neues Menschenbild?*. Frankfurt a. M.: Suhrkamp.

Spitzer, M. 2010. *Medizin für die Bildung*. Heidelberg: Spektrum.

Varela, F. 1990. *Kognitionswissenschaft – Kognitionstechnik*. Frankfurt a. M.: Suhrkamp.

Lehren können ist ein Naturtalent

Felicitas Pflichter

Zusammenfassung

Seit dem UOG '75 oder der Einführung des dritten Habil-Abschnittes oder den Beschlüssen der Bundeskonferenz für das wissenschaftliche und künstlerische Personal, bei der erste Überlegungen zur Qualitätssicherung in der Lehre durch Evaluierung der Lehrveranstaltungen zur Sprache kamen, war klar: Die Lehre braucht (oder hat) einen eigenen der Forschung vergleichbaren Stellenwert. Das wurde in vielen Projekten und Auszeichnungen (Staatspreise für Hochschuldidaktik und AV-Produktionen; Mediendidaktischer Hochschulpreis: MeDiDa-Prix) demonstriert und in unzähligen Artikeln und Fachbüchern beschworen.

Tatsachen sind:

Der dritte Habil-Abschnitt wurde nicht ernst genommen, die Preise und Auszeichnungen schafften mehr Neid anstelle von Kommunikationsgemeinschaften, die Forschung hält die unangefochtene Spitzenposition, mit der Renommee und Geld zu machen sind.

Mit der Entwicklung und Umsetzung von Blended Learning-Strategien werden die Schwächen in der Lehrkompetenz sichtbar. Eine Reihe von Aus- und Weiterbildungsangeboten soll Abhilfe schaffen. Verpflichtend sind sie selten. Für die Qualität der Lehre gibt es keine Kennzahl in der Wissensbilanz. Schon die Definition von guter Lehre fällt schwer und ist offenbar von Fach zu Fach und von Institution zu Institution (vgl. Universitäten, Kunst-Universitäten, Fachhochschulen) verschieden.

F. Pflichter (✉)
Bundesministerium für Wissenschaft und Forschung Österreich,
Minoritenplatz 5, 1014 Wien, Österreich
E-Mail: felicitas.pflichter@bmwf.gv.at

R. Egger et al. (Hrsg.), *Hochschuldidaktische Weiterbildung*
an Fachhochschulen, Lernweltforschung 12,
DOI 10.1007/978-3-658-01497-1_5, © Springer Fachmedien Wiesbaden 2014

Vielleicht ist es für Universitäten (und Hochschulen) deshalb so schwierig, der Qualitätssicherung der Lehre einen Stellenwert in den Qualitätssicherungs-Managementsystemen zu geben.

Es ist ein erfreuliches Zeichen, dass über Hochschuldidaktik und Lehr-kompetenz noch immer oder schon wieder diskutiert wird. Die Zuwendung, die Lehrqualität erhalten hat, war und ist im deutschsprachigen Hochschul-raum eine ambivalente Angelegenheit. Welche Geschichte kann man über die Hochschuldidaktik und die Qualität der Lehre an österreichischen Universi-täten und Hochschulen aus Sicht einer Beamtin in der Hochschulsektion des Wissenschaftsministeriums erzählen?

1 Historischer Abriss

Mit der Öffnung der Universitäten und Hochschulen Anfang der 1970er-Jahre standen wenig später auch Studienreform und Lehre im Zentrum der Aufmerk-samkeit. Im Universitäts-Organisationsgesetz 1975 (UOG 75) war im § 91 die Errichtung eigener Abteilungen für Hochschuldidaktik vorgesehen, die mit ei-nem vielschichtigen Aufgabenprofil (Studienablauf, Studienerfolg, Effektivität und Objektivität von Prüfungen, Entwicklung neuer Lehr- und Prüfungsmethoden, Mediendidaktik und Unterrichtstechnologien über Studentenberatung bis zur Durchführung eigener hochschuldidaktischer Untersuchungen; vgl. § 91, UOG 1975) die Studienkommissionen und Studiendekane unterstützen sollten.

Der dritte Abschnitt des Habilitationsverfahrens war auch eine Schiene, über die versucht wurde, didaktische Qualifikation zukünftiger Professoren nachzu-fragen bzw. zu sichern. Demnach war ein schriftliches Gutachten über die didaktische Qualifikation und pädagogische Eignung des Habilitationswerbers (weibliche Formulierungen gab es noch nicht) von mindestens zwei Mitgliedern der Habilitationskommission zu verfassen.

Konnte ein Bewerber oder eine Bewerberin keinen Nachweis über Lehrerfah-rung erbringen, bekam er/sie die Möglichkeit, durch ein Semester eine zweistündige Lehrveranstaltung abzuhalten, die von Mitgliedern der Habilitationskommission besucht und beurteilt wurde (vgl. § 36 (4), BGBl. 1990/364). Die Studierenden bezeichneten noch in ihren Stellungnahmen zur Konzeption einer Universitätsre-form Anfang der 1990er-Jahre die Überprüfung der didaktischen Qualifikation als den wichtigsten Punkt im Habilitationsverfahren (BMWF, Materialien zur Hochschulreform 3, 1991).

1976 wird von engagierten Universitätsprofessoren, Assistenten und Studierenden die Gesellschaft für Hochschuldidaktik gegründet, die mit Unterstützung des Bundesministerium für Wissenschaft und Forschung die Zeitschrift für Hochschuldidaktik herausgibt. Diese Zeitschrift ist eine kontinuierliche Begleiterin der Entwicklung von Erwartungen an Reformen in Studium und Lehre in den letzten vierzig Jahren. Sie wird seit 2006 online als Zeitschrift für Hochschulentwicklung herausgegeben (siehe: www.zfhe.at).

2   Das Thema in verschiedenen Berichten

In den Hochschulberichten an den Nationalrat, die seit dem UG 2002 Universitätsberichte heißen, wurde in Kapiteln wie „Lehre" oder „Lehre an den Universitäten" der Hochschuldidaktik ab 1981 bis einschließlich 1990 jeweils ein eigener Abschnitt gewidmet. Von der tatsächlichen Umsetzung der gesetzlichen Forderung der Einrichtung von Abteilungen für Hochschuldidaktik rückte man in den Hochschulberichten ab. Man befürchtete, dass diese Einrichtungen ein Eigenleben führen und nicht in den Lehrbetrieb integriert würden. Im Hochschulbericht 1987 wird wegen der geringen Anzahl von Habilitationen in den Bereichen Hochschuldidaktik, Erwachsenenbildung und Curriculumsforschung vermutet, dass „hochschuldidaktisches Engagement für eine Hochschulkarriere eher hinderlich zu sein scheint".[1]

Die hochschuldidaktische Entwicklung – im Sinne einer Entwicklung der Lehre und Lehrinhalte (Curriculum) – fand über Projektarbeiten einzelner engagierter Universitätsangehöriger statt, die vom BMWF finanziert wurden. In den Hochschulberichten werden als Projektschwerpunkte bereits „Neue Technologien in der Lehre" und „Computer- und audiovisuell unterstützte Lehre" genannt. Auch Tagungen und Diskussionsveranstaltungen wurden im Rahmen von Projekten durchgeführt.

Ab den 1990er-Jahren wird von Evaluierungsmodellen, Qualitätssicherung der Lehrleistung und Einsatz von neuen Medien berichtet. Es wurden Leistungskennzahlen für die Lehre ebenso wie für die Forschung präsentiert und diskutiert (vgl. Hochschulbericht 1993). Aus- und Weiterbildungsangebote für Hochschullehrer/innen wurden entwickelt, die Arbeitssituationen von Assistent/innen wurden untersucht; auf der Basis der Studienergebnisse wurden Initiativen zur Wertschät-

---

[1] Von 2669 Habilitationen seit 1972 haben sich nur 32 mit den Gebieten allgemeine Hochschuldidaktik, Fachdidaktik, Unterrichtswissenschaften, Curriculumsforschung sowie Erwachsenen- und Weiterbildung auseinandergesetzt (vgl. Hochschulbericht 1987, S. 141).

zung der jungen Kolleg/innen auf Projektbasis entwickelt und an die Universitäten
übergeben. Das war ein Fehler, denn die Universitäten haben diese Materialien als
eine Bevormundung durch das BMWF empfunden und sie in den meisten Fällen
nicht verwendet. Da hat es auch nicht geholfen, dass diese Materialien mit Zustimmung der Bundeskonferenz für das wissenschaftliche und künstlerische Personal
(BUKO) entwickelt worden waren.

Im UOG 1993 war erstmals die Evaluierung in Forschung und Lehre vorgesehen. Dabei wurde in § 18 (4) sowohl die Bewertung der Pflichtlehrveranstaltungen
als auch die Veröffentlichung der Ergebnisse – mit Zustimmung und einer allfälli-
gen Stellungnahme des Lehrveranstaltungsleiters/der Lehrveranstaltungsleiterin –
vorgesehen. Auch ganze Studien sollten einer gezielten Begutachtung unterzogen
werden. In § 28, Habilitationsverfahren, Absatz (4) und Absatz (7) ist die Bewertung der didaktischen Qualifikation und pädagogischen Fähigkeit in den zweiten
Abschnitt gewandert. Inhaltlich hat sich nichts geändert.

Die Evaluierung der Forschung begann mit den universitären und außeruniversitären Instituten der Physik, gefolgt von den elektrotechnischen Institutionen der
TU Wien und der TU Graz und den Institutionen der Biochemie. Einige Empfehlungen aus den Ergebnissen dieser Evaluierungen erscheinen bekannt: Schaffung
von Doktoranden- und Postdoc-Programmen, Reduzierung der Definitivstel-
lungen der Assistent/innen, Verbesserung der Ausstattungen. Der Evaluierung
der Lehre unterzogen sich freiwillig die Studienrichtungen Architektur der TU
Wien, das Institut für Lehrer/innenbildung und Schulforschung an der Uni Innsbruck, Informatik an der Uni Linz und Musikwissenschaften an der Uni Graz.
In den Empfehlungen wurden hochschul- und fachdidaktische Verbesserungen
wie Feedback durch Lehrende, Statusaufwertung der Fachdidaktik sowie zur generellen didaktischen Verbesserung der Pflichtlehrveranstaltungen eine regelmäßige
Lehrveranstaltungskritik angeregt (vgl. Hochschulbericht 1996).

Qualitätsindikatoren für die Lehre (und Forschung) wurden zur Diskussi-
on gestellt. Erstmals wurden Kriterien wie Anzahl der Lehrveranstaltungen,
Abbruchraten (Drop-outs), Studiendauer und Output (= Absolvent/innen) zur
Leistungsmessung von Universitäten als Organisationen entwickelt.

Ab 1999/2000 standen die neuen Technologien und die mit ihnen erzeugba-
ren multimedialen Bildungsmaterialien im Mittelpunkt. Man dachte, mit den
neuen elektronischen Techniken kann man endlich ansprechende, motivierende
Lehrveranstaltungen gestalten.

Erstmals wurden finanzielle Mittel für die Entwicklung von multimedialen Bildungsmaterialien öffentlich ausgeschrieben und die Erwartungen an die Produkte
formuliert: Die vielen Einzelaktivitäten, die durch Projektförderungen bekannt waren, sollten zusammengebracht und deren innovatives und kreatives Potenzial für
kooperative Produktionen mit den neuen Medien genutzt werden.

3 Die Initiative Neue Medien in der Lehre (NML)

Mit den Ausschreibungsprogrammen „Neue Medien in der Lehre an Universitäten und Fachhochschulen" sowie „Entwicklung und Implementierung einer E-Learning/E-Teaching-Strategie" in den Jahren 2000/2001–2006/2007 wurde an den meisten Universitäten und Hochschulen eine tragfähige Basis geschaffen, die es ermöglichte, Lehrinhalte zur Verfügung zu stellen und die Verwaltung der Lehre online zu betreiben. Die Ziele dieser Anschubinitiativen waren sowohl das Aufholen österreichischer Universitäten und Fachhochschulen im Einsatz neuer Informations- und Kommunikationstechnologien (IKT) gegenüber anderen Ländern als auch der Wunsch nach inhaltlicher Bereicherung des Lehr-/Lernprozesses und damit der Verbesserung der Qualität der Lehre.

Sie haben ihre Ziele erreicht. Die Projekte wurden in ihrer Umsetzung und Implementierung von Expert/innen begleitet. Ziel der Begleitung war einerseits das weitere Interesse an den Projektentwicklungen und ihrer Verankerung im Lehr-/Lernprozess bzw. an der Implementierung der E-Strategien zu verdeutlichen. Andererseits boten die Expert/innen ihr Know-how und ihre Kontakte an.

Es wurde davon ausgegangen, dass der Einsatz der Neuen Medien und des E-Learning/E-Teaching in vielen hochschulischen Lehrszenarien didaktisches Potenzial besitzt, das einerseits zur Qualitätsverbesserung des Präsenzstudiums beiträgt, andererseits eine hochwertige Ergänzung zum Präsenzstudium, etwa für die Nachbearbeitung der Inhalte, bieten kann. Die Mehrwerte im Blended Learning wurden vielfach gesehen in:

- Räumlich und zeitlich flexibler Zugriff auf Materialien zu den Lehrveranstaltungen;
- Veränderung in der Darstellung von Inhalten durch Visualisierung, Animation, Simulation, Dynamisierung;
- Unterstützung der Kommunikation zwischen Studierenden und Lehrenden.[2]

Was hat diese Initiative so erfolgreich gemacht?

Ein Rahmenkonzept wurde erarbeitet und veröffentlicht. Das Forum Neue Medien wurde zu Beginn der Initiative aus Vertreter/innen der Universitäten und Fachhochschulen gegründet. Dieses Forum wirkte aus Austauschplattform zwischen den Akteur/innen aus Universitäten und Fachhochschulen und aus dieser Gruppe wurden die Vertreter/innen in der Steuerungsgruppe gewählt. Diese ko-

---

[2] Eine Industrialisierung der Vermittlungsprozesse im tertiären Bildungsbereich, wie sie heute in sogenannten Massenfächern durch „Online-Abfütterung" stattfindet, war nicht vorstellbar.

operative Vorgehensweise sicherte optimales Mittragen und Verantwortlichkeit
für das Gelingen. Das Forum Neue Medien Austria ist bis heute die Vernetzungs-
plattform im Bereich neuer Technologien für die Lehre, um das Österreich von
anderen deutschsprachigen Ländern beneidet wird (vgl. www.fnm-austria.at). Die
Steuerungsgruppe war das zentrale Gremium dieser Initiative, das sowohl vom Mi-
nisterium als auch vom Forum Neue Medien beschickt wurde. Sie gestaltete und
begleitete den Prozess (Erarbeitung der Ausschreibung und des zweistufigen Beur-
teilungspfads, Beratung der Ministerin, Festlegung von Mindeststandards in den
Förderprogrammen, Initiierung und Förderung der Vernetzung, Entwicklung von
Begleitungsstrategien während der Entwicklungs- und Umsetzungsphasen). Es war
eine geglückte Mischung aus Bottom-up- und Top-down-Maßnahmen.

4 Auswirkungen der Programme auf Entwicklung der Lehre und Lehrkompetenz an Universitäten und Fachhochschulen

Natürlich kann man es als übertrieben ansehen, von ein paar Programmausschrei-
bungen Auswirkungen auf einen vielfältig geprägten Bereich abzuleiten, als der
sich die Lehre an Universitäten und Hochschulen darstellt. Tatsache ist, dass die
Themen Einsatz und Umgang mit neuen Techniken, Blended Learning-Ansätze,
Unterstützung bei der Administration von Studienangeboten, bei der Nachfrage nach Lehrqualität und Lehrkompetenz, bei Weiterbildungsangeboten zur
Erlangung dieser Lehr- und Medienkompetenzen in den UG 2002-Instrumenten-
Entwicklungsplan, Wissensbilanz und Leistungsvereinbarung einen Niederschlag
gefunden haben.

Durch den verstärkten Einsatz von Blended Learning-Szenarien hat die Beschäftigung mit Didaktik, Lehrkompetenz und Qualität der Lehre zugenommen.
Lehrqualität ist wieder ein Thema.

5 Vergleich der Entwicklungspläne, Wissensbilanzen und der Leistungsvereinbarungen

Sieht man die genannten UG-Instrumente zu den Themen Blended Learning und
Lehrkompetenz sowie Qualitätssicherung der Lehre durch, ist festzustellen, dass
den meisten Universitäten diese Themen bewusst sind und je nach Instrument
unterschiedlich deutlich angesprochen werden.

In den Entwicklungsplänen beschreiben fast alle Universitäten qualitätssichernde Managementsysteme in Lehre und Forschung, bekennen sich zur forschungsgeleiteten Lehre und führen die hohe Reputation ihrer Lehrenden als Qualitätskriterium an. Je konkreter die Zielbeschreibungen in den Leistungsvereinbarungen werden, desto bescheidener werden die konkreten Angaben.

In den Wissensbilanzen – vor allem im narrativen Teil – beschreiben fast alle Universitäten sehr elaboriert ihre Leistungen in den Bereichen Qualitätssicherung der Lehre, Aus- und Weiterbildungsangebote für Erwerb und Erhalt der Lehrkompetenz.

Bei der Kennzahl 2.A.2 der Wissensbilanz, in der die Anteile der durch E-Learning unterstützten Lehrveranstaltungen an allen Lehrveranstaltungen angegeben werden sollen, sind viele Universitäten zurückhaltend.[3] Einerseits fürchten sie ihren Status als Universität, die Präsenzstudien anbietet, zu gefährden. Andererseits sind Universitäten und Fachhochschulen stolz auf die vielfältigen Angebote im Blended Learning-Modus, die für Berufstätige und Studierende mit besonderen Bedürfnissen sowie mit Behinderungen/chronischen Erkrankungen zur Verfügung stehen.

Das Lehr-/Lernkonzept Blended Learning ist im tertiären Bildungsbereich jedenfalls fix verankert. Im Ergebnisbericht des Dialogs Hochschulpartnerschaft wird z. B. Blended Learning als eine Methode des „Student Centered Learning" erwähnt. Gleichzeitig wird durch den Einsatz neuer Techniken in der Wissensvermittlung auf die Möglichkeiten der Curricula-Gestaltung und der Aufwertung der Lehre hingewiesen.[4]

2013 weisen 17 von 22 Universitäten eigene Organisationseinheiten für Blended Learning/E-Learning/E-Teaching aus. Diese Organisationseinheiten kümmern sich neben der Bereitstellung rein technischer Unterstützung um tutorielle Begleitung von Lehrveranstaltungsleitern und -leiterinnen und um den mediendidaktisch sinnvollen Einsatz sowie um didaktisch-pädagogische Grundlagen.

Auch die E-Learning/Blended Learning-Projekte, die sowohl im Rahmen der Ausschreibung des „34-Millionen-Euro-Paketes Lehre" (2010) als auch der Ausschreibung „MINT- & Massenfächer" (2011) sowie im Rahmen der Hochschulraumstruktur-Mittel (2013) beantragt und genehmigt wurden, zeigen, dass die Universitäten an der Weiterentwicklung der aufgebauten Basis interessiert sind. Die Zunahme an Streaming (Direktübertragung) von Lehrveranstaltungen,

---

[3] Die Anteile variieren in den Wissensbilanzen 2012 von 9 % an der Universität Salzburg über 12 % an der Universität Linz bis zu 70 % an der Universität Wien.

[4] Dialog Hochschulpartnerschaft, Empfehlungen zur Zukunft des tertiären Sektors, Ergebnisbericht des Dialogs Hochschulpartnerschaft, bmwf, Sommer 2010.

vor allem in Massenfächern, und der Einsatz für eine effiziente(re) Verwaltung von Lehre und Prüfungsadministration dürften Indikatoren dafür sein, dass weniger Ressourcen in die gestalterische Nutzung von Lehrmaterialien einfließen. Die Frage nach den Inhalten und den qualitativen Zielen, die mit Blended Learning erreicht werden sollen, steht im Moment zurück.

Das könnte sich mit der Aufwertung des Stellenwerts der Lehre und der Realisierung eines zumutbaren Betreuungsverhältnisses ändern. Mit der nächsten Lehrenden-Generation, die mit den neuen Kommunikationstechniken und ihren Möglichkeiten vertrauter ist und von der auch der Nachweis über die Lehrkompetenz als Eingangsvoraussetzung verlangt werden soll, wird es möglich sein, die Potenziale der neuen Medien adäquat auszuschöpfen und für beide Seiten einen qualitativ spürbaren Mehrwert im Prozess der Wissensvermittlung zu erhalten.

6 Qualitätssicherung in der Lehre und Lehrkompetenz

Die Lehre ist Teil eines Qualitätssicherungskonzepts, das Universitäten und Fachhochschulen entsprechend den gesetzlichen Vorgaben[5] und ihren Profilen entwickeln und in den nächsten Jahren umsetzen werden.

Die Österreichische Hochschüler/innenschaft weist in ihrer Publikation „Forum Hochschule – Ergebnisse, Forderungen & Perspektiven, 2012" auch auf Basis der SORA-Studie „Qualität der Lehre" auf folgende notwendige Maßnahmen hin:

- Steigerung des Stellenwerts der Lehre und der Lehrenden im Wissenschaftsbetrieb;
- Verbesserung der hochschuldidaktischen Ausbildung der Lehrenden (Student Centered Learning, forschungsgeleitete Lehre, gendergerechte Didaktik);
- Zumutbare Betreuungsverhältnisse (vgl. auch UNIKO-Standpunkt);
- Weiterentwicklung des Einsatzes digitaler Medien im Studium.

Die Betreuungsverhältnisse werden auch in den Wissensbilanzen thematisiert. Wertschätzung der Lehrleistungen und Betonung der Wichtigkeit von Lehrqualität hat natürlich ein quantitatives Ende. Ab einer bestimmten Betreuungsrelation ist zu hinterfragen, welche Qualität gemeint ist.

---

[5] Hochschulqualitätssicherungsgesetz.

In der Arbeitsgruppe „Stärkung der Qualität der hochschulischen Lehre" für die Hochschulkonferenz wird in einem Zwischenbericht (internes Papier, September 2013) eine Definition von Lehre und ihre Qualität über vier systemische Dimensionen versucht: Lehrangebot, Lehrbetrieb, Lehrtätigkeit, Lehroutput.

„Qualitätsvolle Lehre zeichnet sich maßgeblich durch die Interaktion von Lehrenden und Lernenden und die zur Verfügung stehende Lernumgebung, die von den Lernenden genutzt werden kann, aus." (internes Papier, September 2013). Die entwickelten Dimensionen müssen von bestimmten „Qualitäten" geprägt sein, um von qualitätsvoller Lehre sprechen zu können. Bei den qualitätsbestimmenden Attributen handelt es sich um Empathie und Engagement der Lehrenden und Lernenden, gegenseitige Wertschätzung, Entwicklung einer Prüfungskultur, Erreichen der Studienziele, transparente und glatte Administration, adäquate Infrastruktur, ausreichend Zeit für die Auseinandersetzung mit Lehrinhalten/-stoff und für soziale Kontakte zwischen Lehrenden und Lernenden. Die bisherigen Ergebnisse dieser Arbeitsgruppen und Foren könnten es erreicht haben, dass Lehrpreise, Weiterbildungsangebote für Lehrende, Evaluierungen, Initiativen in den Bereichen Lehre und Hochschuldidaktik in den Leistungsvereinbarungen einen höheren Stellenwert erhalten.

In den Entwicklungsplänen, Wissensbilanzen und Leistungsvereinbarungen aller Universitäten werden die Qualität der Lehre – meistens getragen durch eine forschungsgeleitete Lehre – und die Qualitätssicherung der Lehre durch vertretbare Betreuungsverhältnisse und Evaluierungen der Lehrveranstaltungen sowie durch Audits und Akkreditierungen von Studiengängen thematisiert. Die Umsetzung ist unterschiedlich.

Durch die Verwendung der neuen Medien in der Lehre ist es notwendig geworden, Aus- und Weiterbildungsangebote für Lehrende sowohl in der Handhabung dieser neuen Kommunikationstechnologien als auch zu den Themen der Lehrkompetenz allgemein zur Verfügung zu stellen (Planung und Gestaltung der Lehrinhalte/Lehrveranstaltungen, Anforderung an die Eigenständigkeit, Anreizgestaltung für das Fachgebiet, Leistungsüberprüfung, Evaluierung von Lehrveranstaltungen etc.). Über diese Kompetenzen muss auch ein Nachweis erbracht werden können.

Aus- und Weiterbildungsangebote zur Stärkung der Lehrkompetenz werden noch nicht von allen österreichischen Universitäten und Hochschulen vorgesehen. In den Wissensbilanzen geben noch nicht alle Universitäten quantitative Angaben (Anzahl der Teilnehmer/innen, Anteil an allen Lehrpersonen, Höhe der Kosten etc.) an. Die Verbindung zwischen Lehrqualität (Teil im Berufungsprozess, Qualitätssicherung der Lehre) und Angeboten zur Verbesserung der Lehrkompetenz bzw. deren Nachweis bei Berufungsverhandlungen und Aufnahmegesprächen wird nicht überall gesehen.

Vor allem die Kunst-Universitäten, aber auch Medizinische und Technische Universitäten beschreiben ihre Lehre als hochwertig und international breit anerkannt. Sie empfinden die Nachfrage nach Feststellung der Lehrkompetenz offenbar als Beleidigung ihres Einschätzungsvermögens von qualitativ hochwertiger Lehre.

Eine gute Übersicht über die aktuellen Weiterbildungsangebote zur Verbesserung der Lehrkompetenz und im Umgang mit den neuen Techniken bietet die Website www.e-Science.at, die in der Scientific Community recht bekannt ist.

Eine Reihe von Universitäten hat eigene Organisationseinheiten für Blended Learning mit unterschiedlichen Bezeichnungen eingerichtet: das Center for Teaching und Learning der Universität Wien, das ZFL (Zentrum für flexibles Lernen) der Universität Salzburg, das E-Learning-Center der Donau-Uni Krems. Handbücher für Lehrende zur Überprüfung und Verbesserung der Qualität ihrer Lehre sind herausgebracht worden. Die offene Online-Zeitschrift für Hochschulentwicklung bietet Lehrenden und Forschenden im deutschen Sprachraum eine Reflexionsplattform für diesen Bereich (vgl. www.zfhe.at). Wie sehr sich die Diskussion über neue Techniken und deren Einsatz in der Lehre entwickelt hat, zeigt das Handbuch „L3T" (Lehrbuch Lehren und Lernen mit Technologien). An diesem online erarbeiteten und weiterzuentwickelnden Produkt lassen sich die unterschiedlichen Qualitätsniveaus und Themenschwerpunkte in Anwendung und Entwicklung ablesen (siehe www.e-Science.at).

7 Auszeichnungen für herausragende Lehrleistungen als Zeichen der Wertschätzung

Die Bedeutung von guter Lehre kann auch durch ernst zu nehmende Auszeichnungen von Lehrenden demonstriert werden. Dabei sind Preise gefragt, die die Anerkennung durch materielle und ideelle Auszeichnungen zum Ausdruck bringen.

Nach Peer Pasterk (2012)[6] sollten Lehrpreise aber nur ein Element bei der Förderung von Lehrqualität sein. Gute Leistungen in der Lehre müssten mit einem Zuwachs an Ressourcen belohnt werden. Die Auszeichnung eines/einer guten Lehrenden könnte auf Studierende anziehend wirken und bei gleichbleibenden Ressourcen einen negativen Effekt erzielen.

---

[6] In Peter Tremp, Hrsg. „Ausgezeichnete Lehre!"

Das BMWF hat einige Versuche in diese Richtung unternommen. 1986, 1988 und 1990 hat es die Staatspreise für „Hochschuldidaktik" und für „Audiovisuelle Produktionen für Lehre und Forschung" vergeben.

Von 2000 bis 2009 wurde der Medida-Prix (Mediendidaktischer Hochschulpreis) mit einem Preisgeld von jeweils 100.000,– Euro ausgeschrieben. Deutsche, schweizerische sowie österreichische Lehrende und Einrichtungen wurden ausgezeichnet. Dieser Preis war eine Idee aus Österreich, für die das deutsche Bundesministerium für Bildung und Forschung und das Staatssekretariat für Bildung in der Schweiz gewonnen werden konnten: www.medidaprix.org.

In den letzten Jahren mehrere Universitäten und Fachhochschulen Lehrpreise, meistens im Rahmen von eigens der Lehre gewidmeten „Tagen der Lehre", vergeben. Eine aktuelle Auflistung der Auszeichnungen und Anerkennungen findet sich ebenfalls auf dem Portal www.e-Science.at.

Im Juni 2013 hat das BMWF wieder Auszeichnungen für besondere Leistungen in der Lehre vergeben – diesmal als österreichischer Staatspreis für exzellente Lehre „Ars Docendi" bezeichnet. Dieser neu geschaffene Staatspreis wird vom BMWF, der Universitätenkonferenz und der Österreichischen Hochschüler/innenschaft alle zwei Jahre für die Universitäten ausgeschrieben.

Er hat zum Ziel, die große Bedeutung der universitären Lehre im Wissenschaftssystem entsprechend hervorzuheben und die damit verbundene Qualitätsentwicklung in der Lehre insgesamt zu unterstützen. Er will damit Auszeichnung und Anreiz zugleich sein.

Der Preis wird in *fünf Fachkategorien* – MINT (Mathematik, Informatik, Naturwissenschaften, Technik), Medizin, Wirtschaft und Recht, GSK (Geistes-, Sozial- und Kulturwissenschaften), Kunst und Musik – vergeben und ist mit jeweils 5000 € dotiert. Die Bewerbungen werden nach den Kriterien Innovative Didaktik, durch Forschung bzw. die Entwicklung und Erschließung der Künste geleitete Lehre, Kompetenzorientierung, Studierendenzentrierung und Interdisziplinarität von einer externen Jury bewertet. Die Normierungen und Vorschläge kommen von den Rektor/innen gemeinsam mit den Studierendenvertreter/innen.

Die nächste Ausschreibung 2014 wendet sich an Lehrende von Fachhochschulen und Privatuniversitäten.

8 Die Fachhochschulen

An den Fachhochschulen gibt es keine den Entwicklungsplänen, Wissensbilanzen und Leistungsvereinbarungen vergleichbaren Instrumente. Für einen internen Bericht über den Einsatz neuer Medien, die Umsetzung von Blended Learning-

Konzepten und über die Sicherung der Qualität der Lehre und Lehrkompetenz wurde eine Befragung durchgeführt, an der 19 Fachhochschulen teilnahmen. Vergleichbar mit den Universitäten setzen auch die Fachhochschulen die Informations- und Kommunikationstechniken in der Wissensvermittlung und zur Organisation der Lehre ein. Sie haben ähnlich den Universitäten mit dem Einsatz die Notwendigkeit einer didaktischen Begleitung der Lehrenden erkannt. Die Hälfte der Fachhochschulen setzt Blended Learning-Strategien um, hat eigene Organisationseinheiten, die als Teaching Support Center, Stabstelle für Blended Learning oder Zentrum für Multimediales Lernen die Lehrenden unterstützen. Auch an den Fachhochschulen hat hohe Qualität der Lehre oberste Priorität. Die Qualitätsfeststellung ist unterschiedlich. Der Weg Lehrkompetenz zu erwerben und nachzuweisen ebenso.

Es wird zwischen hauptberuflich und nebenberuflich tätigen Lehrenden unterschieden. Die hauptberuflich Lehrenden absolvieren meistens ein Hearing, in dem „Lehrkompetenz" ein Kriterium darstellt. Der Nachweis dieser Kompetenz erfolgt über die bisherige Tätigkeit, Lehrportfolios oder Lehrgangs-Zertifikate. Bei fehlendem Kompetenznachweis kann dieser nachträglich über Kursbestätigungen erbracht werden.

Einige Fachhochschulen vergeben den Titel Professor (FH) nur, wenn die Lehrkompetenz erwiesen (Ergebnisse der Lehrveranstaltungsevaluierung und Mitarbeiter/in-Gespräch) und nachgewiesen (Zertifikate) werden kann. Eine durchgängige Bestimmung, welcher Qualifikationsnachweis für die Lehrkompetenz gelten kann, gibt es auch für die Fachhochschulen nicht.

Auch an einigen Fachhochschulen werden Lehrpreise als Anerkennung für ausgezeichnete Lehrleistungen vergeben. Interessant ist aber die Haltung zur Vergabe dieser Auszeichnungen. Einerseits soll es zu keinen Bevorzugungen kommen und der hohe Prüfungsstandard erhalten bleiben, als Alternative werden Best Paper Awards angesehen. Andererseits wird auf das Qualitätsmanagement verwiesen, in dem die Qualität der Lehre einen hohen Stellenwert hat.

Der verbalisierte Stellenwert der Lehre ist an den Fachhochschulen und den Universitäten gleich stark vorhanden. Unterschiede lassen sich in den Bemühungen um die Aus- und Weiterbildung zur Entwicklung von Lehrkompetenz – auch unter Einsatz der neuen Technologien – feststellen. Dieses Thema nehmen die Fachhochschulen sehr ernst und zeigen intensivere Anstrengungen als die Universitäten.

9 Resümee

Meine Sichtweise ist konsequenterweise subjektiv. Fasse ich die Ergebnisse der Studien- und Hochschulreformen zusammen, kann ich feststellen:

• Noch nie hat es so detaillierte Berichte und transparente Darstellung zum Thema gegeben.

• Die Thematisierung der Lehrkompetenz und der Aus- und Fortbildung in diesem Bereich beim wissenschaftlichen/künstlerischen Personal in den UG 2002-Instrumenten ist als Erfolg zu werten. Obwohl die Wege zum Erwerb und zur Weiterentwicklung von didaktischen Fähigkeiten und der Curriculumsgestaltung oder der Umgang mit und Einsatz von neuen Medien sehr unterschiedlich sind, dürfte ein Bewusstsein bestehen, dass Lehrqualität mit Lehrkompetenz zusammenhängt.

• Der Einsatz neuer Technologien verdeutlicht, dass neben Medienhandhabung auch didaktische Fähigkeiten notwendig sind. Das wird auch in den Universitätsberichten ab 2002 zum Ausdruck gebracht. Zuerst wird über den erfolgreichen Einsatz der neuen Medien in Lehre und Forschungsvermittlung, die Institutionalisierung und Weiterentwicklung im Rahmen des Blended Learning-Konzepts berichtet. Es folgen die Darstellungen der Auswirkungen auf die didaktische Qualität und die Handhabung der neuen Technologien. Aus- und Weiterbildungsangebote werden mehr denn je als sinnvoll und notwendig erachtet.

• Die implementierten Organisationseinheiten für Blended Learning haben die Abteilungen für Hochschuldidaktik abgelöst. Sie arbeiten sehr erfolgreich, sind in den Lehr-/Lern- und Curriculumsprozess integriert und werden von Lehrenden, Tutor/innen und externen Interessierten sehr geschätzt.

Ein Wermutstropfen sind die Evaluierungen von Lehrveranstaltungen. Sie werden teilweise halbherzig durchgeführt. Die Veröffentlichung der Ergebnisse ist noch immer ein Tabu und eine Ablehnung wird mit Bestimmungen des Arbeitnehmer/innenschutzes argumentiert. Studierende hätten einen Gewinn, würden sie einerseits als ernst zu nehmende Feedback-Geber/innen respektiert. Andererseits sähen sich sowohl die Universitäts- und Hochschulverantwortlichen gezwungen, kritik- und argumentationsfähige Studierende zu bilden.

Für mich stellt sich trotz der positiven Aufzählungen die Frage, ob diese Ent-
wicklungsfortschritte nach all den Jahren als zufriedenstellend bezeichnet werden
können.

Lehrende beklagen die mangelnden Fähigkeiten von Studienanfänger/innen:
kein Textverständnis, wenig schriftliches und mündliches Ausdrucksvermögen, zu
wenig naturwissenschaftliche Grundkenntnisse. Lehrende klagen über hohe Arbeitsbelastung und Stress durch starken Konkurrenzdruck im Forschungsbereich
(Einwerben von Drittmitteln, Publikationen, befristete Dienstverträge). Hat es diese
Klagen nicht immer gegeben? In welchen Studien-, Lehr- und Forschungsbereichen
sind die Strukturen und Organisationen besonders belastet? Haben sich unser
Anspruchsniveau und der Qualitätsbegriff – sofern wir uns auf eine Definition, was
gute Lehre ausmacht, geeinigt hätten – geändert? Wie steht es um die Qualität der
Lehre abseits der Massenfächer?

Für einige Expert/innen liegen die Ursachen des erhöhten Drucks neben den
Anforderungen aus der Forschung in der Bolognarisierung – wie ich mir erlau-
be, den Bolognaprozess in den OECD-Staaten zu nennen –, in den ständigen
Studienreformen, in der Unüberschaubarkeit von Studienangeboten und ihren
zu vermittelnden Fähigkeitsclustern – Wissen oder Können kommt erst später,
denn das setzt (Lebens-)Erfahrung voraus – vielleicht nach dem zweiten, dritten
Studienabschluss.

Können unter diesen Rahmenbedingungen Lernerfahrungen entstehen? Manche sagen ja. Wie es zu diesen Lernerfahrungen kommt, hängt von den Lehr-/
Lernbedingungen ab.

Lehrende brauchen eine Grundausbildung, um die Erwartungen an ihre Lehrleistungen erfüllen zu können. Es stehen ihnen auch Initiativen zu, die das Lehren
ernst nehmen und Innovationen fördern. Wer heute Wissen und Fertigkeiten
an Universitäten oder Hochschulen vermittelt, benötigt ein breites Repertoire.
Gute Rhetorik und mimisch-gestische Schulung für gestreamte oder Podcast-
Lehrveranstaltungen; mediendidaktisch überlegter Einsatz neuer Techniken und
Kenntnis der didaktischen Vielfalt; umfangreiche Allgemeinbildung, um Brücken
zu Philosophie, Literatur, Sprachen oder Kunst schlagen zu können; Studierende
mit offenen Fragestellungen zum Antworten verleiten.

Diese Fülle an Kompetenzen kann sich nur jemand aneignen, der gerne vor
Publikum steht und es liebt, Wissen zu vermitteln. Je größer das Auditorium,
desto deutlicher kommen die darstellerischen Leistungen zum Tragen. Naturtalent
alleine genügt dabei nicht mehr.

Literatur

BMWF, Materialien zur Hochschulreform 3. 1991. *Universitätsreform, Stellungnahmen zum Reformkonzept „Die neue Universitätsstruktur"*, Redaktion Gerald Bast. Die zitierten Hochschul- bzw. Universitätsberichte sind unter http://www.bmwf.gv.at/unidata veröffentlicht. Zugegriffen: 24. Jan 2014.

Hochschulbericht 1993: Bundesministerium für Bildung, Wissenschaft und Kultur. http://www.bmbwk.gv.at. Zugegriffen: 24. Jan 2014.

Hochschulbericht 1996: Bundesministerium für Bildung, Wissenschaft und Kultur. http://www.bmbwk.gv.at. Zugegriffen: 24. Jan 2014.

Österreichische Hochschüler/innenschaft. 2013. *Forum Hochschule, Ergebnisse, Forderungen & Perspektiven*, 2. Aufl. http://www.oeh.ac.at/fileadmin/user_upload/pdf/Broschueren/2013/Forum_Hochschule_II_April_2013.pdf. Zugegriffen: Okt. 2013.

UOG. 1993. *Organisationsrecht der österreichischen Hochschulen, Textausgabe*. Wien: BMWFK. (Babette Klemmer (Bearb.) Oktober 1994).

www.zfhe.at. Zugegriffen: 24. Jan 2014.

www.fnm-austria.at. Zugegriffen: 24. Jan 2014.

www.e-Science.at. Zugegriffen: 24. Jan 2014.

Die Leistungsfeststellung – Leistungsgarant oder notwendiges Übel?

Erich Hauer

Zusammenfassung

Die Feststellung eines erfolgten Lernfortschrittes und dessen Codierung durch eine Note ist auch im 21. Jahrhundert ein polarisierendes Thema. Einerseits ist speziell im deutschen Sprachraum die Benotung ein Fakt, welcher seit Jahrhunderten praktiziert und weitergegeben wird. Andererseits haben Generationen von SchülerInnen unter Notendruck und ungerechten Noten gelitten, und ihr weiterer Werdegang wurde dadurch massiv beeinflusst. Somit ist zu hinterfragen, ob Noten lediglich die gezeigte Leistung feststellen sollen, oder ob mithilfe von Noten auch gesellschaftliche Selektion betrieben wird. Letzteres mit dem Hintergrund, neue Eliten zu schaffen?

Rein puristisch betrachtet stellen Noten lediglich ein Messinstrument dar, um einen Lernerfolg zu messen bzw. zu diagnostizieren. Streng genommen merken Sloane und Dilger (The competence clash – Dilemmata bei der Übertragung des ‚Konzepts der nationalen Bildungsstandards' auf die berufliche Bildung. Berufs- und Wirtschaftspädagogik, 2005) an, dass von einer im Rahmen einer Prüfung gezeigten Leistung auf das bestimmte Vorhandensein einer Kompetenz geschlossen wird. Nimmt man diesen kritischen Zugang ernst, so trifft dieser Schluss auf eine Kompetenz nur zu, wenn es sich um ein valides Messinstrument handelt.

Im österreichischen Fachhochschulbereich sind Art und Ausmaß der Leistungsbeurteilung auch gesetzlich im FHStG definiert und festgelegt, wobei die nähere Ausgestaltung einer Lehrveranstaltung im Wesentlichen durch die Lehrenden selbst definiert wird. Darüber hinaus wird im vorliegenden Artikel auch

E. Hauer (✉)
FH Krems, Piaristengasse 1, 3500 Krems, Österreich
E-Mail: ehauer@eduxxess.at

R. Egger et al. (Hrsg.), *Hochschuldidaktische Weiterbildung an Fachhochschulen*, Lernweltforschung 12,
DOI 10.1007/978-3-658-01497-1_6, © Springer Fachmedien Wiesbaden 2014

die Frage aufgeworfen, ob im FH-Bereich ebenfalls die Tendenz vorherrscht, die Studierenden tendenziell zu kritisch zu beurteilen. Beispielsweise erschien in der Tageszeitung „Die Presse" am 25.11.2012 ein Artikel, der postulierte, dass die WU-Studierenden zu schlecht benotet würden und somit im internationalen Wettbewerb weniger Chancen auf adäquate Masterplätze hätten. Herrscht diese Tendenz auch an den Fachhochschulen vor oder geht es in diesem Segment in die konträre Richtung, wonach Studierende zu positiv bewertet werden? Welche Rolle spielt hierbei die Pro-Kopf-Finanzierung bzw. der hohe Anteil von externen Lehrenden im Regelbetrieb? Darüber hinaus soll der Artikel auch einen möglichen lernförderlichen Einfluss der Leistungsbeurteilung beleuchten.

Die Fülle der Leistungsfeststellungen an Hochschulen wird von Studierenden und Lehrenden vielfach als lästige Pflicht wahrgenommen. Werden diese allerdings didaktisch kompetent erstellt und die richtigen Schlüsse daraus gezogen, können sie massiv zur Qualität der Ausbildung beitragen.

1   Einleitung

Im 21. Jahrhundert ist die Beurteilung der Leistung von Schülern und Schülerinnen noch immer ein zentraler Bestandteil in der schulischen Ausbildung. SchülerInnen lernen (noch immer) für Schularbeiten, Tests und Lernzielkontrollen – genauso, wie sie das auch schon vor 100 Jahren getan haben. Bei der Vorbereitung darauf reicht die Gefühlswelt von Eifer bis zu Angst. Gleiches gilt auch für Studierende an einer Universität oder Fachhochschule. Auch dort wird unterrichtet, gelernt, geübt, projektiert und am Ende eines Lernprozesses „geprüft", ob denn die beabsichtigten Lernziele erreicht wurden. Der Habitus der Studierenden dürfte dabei jenem von SchülerInnen sehr ähnlich sein. Auch Studierende bereiten sich mit Eifer, manche unter Zeitdruck, wieder andere mit Angst auf den „Tag der Wahrheit" vor, an welchem sie zeigen, was sie können oder vielmehr zeigen, was die Prüfung von ihnen verlangt. Ob die Leistungsfeststellung positiv im Sinne von lernfördernd zu bewerten ist oder vielmehr ein längst überholtes Relikt vergangener Tage darstellt, ist nun die Frage. Tatsache ist, dass die Leistungsfeststellung in der Schule, aber auch im Hochschulbereich rechtlich verankert ist und somit ein Faktum darstellt. Wie und ob Leistungsfeststellungen so gestaltet werden können, dass deren Wirkung über bloße gesellschaftliche Selektion hinausgeht, soll Inhalt dieses Artikels sein. Dabei wird diese Problematik aus der Perspektive des Autors betrachtet, der sowohl Eindrücke seiner langjährigen Tätigkeit als FH-Professor, als auch als promovierter Wirtschaftspädagoge einfließen lässt. Zusätzlich werden auch Erfahrungen und Eindrücke als Lehrender im Rahmen der HDW (Hochschuldidaktische Weiterbildung) der FH Joanneum Graz einfließen, bei welchem der Autor ebenfalls seit mehreren Jahren das Modul „Planung und Entwicklung von Lehrveranstaltungen" unterrichtet. Der vorliegende Artikel zielt darauf ab, zur Verbesserung der Unterrichtsqualität an Fachhochschulen beizutragen und lässt sich analog auf den gesamten Hochschulbereich umlegen.

2   Leistungsfeststellungen und ihre Zwecke

Geht man davon aus, dass speziell im Hochschulbereich überwiegend „guter Unterricht" – in Bezug auf Fachhochschulen spricht Sohm (1999, S. 18) sogar von „ausgeklügelten pädagogisch-didaktischen Arrangements" – gemacht wird, so stellt sich die Frage, ob in diesen Fällen überhaupt noch Leistungsfeststellungen notwendig sind? Genügt denn nicht guter Unterricht allein oder unterstellt das System vielmehr dem Unterrichtsprozess, dass dieser alleine nicht funktioniert? Grundsätzlich wird im Rahmen der Leistungsfeststellung untersucht, zu welchen Leistungen die Lernenden nach einzelnen Unterrichtsabschnitten fähig sind (Posch et al. 1977, S. 112). Dazu werden verschiedenste Messinstrumente eingesetzt, von Fragen, Problemstellungen, Aufgaben, Fällen etc. bis hin zu Portfolios. Die Durchführung kann sowohl praktisch, mündlich als auch schriftlich erfolgen. Posch et al. (1977, S. 111) unterscheiden hinsichtlich Funktion einer Leistungsfeststellung zwischen Prognose und Diagnose. Unter **Prognose** wird dabei der Zweck der Auslese bzw. der Erteilung von Berechtigungen verstanden. Daraus werden also Erwartungen hinsichtlich des weiteren Lernfortschrittes und der künftigen Leistungen abgeleitet (Sacher 2004, S. 27). Somit soll Aufschluss über das verfügbare Potenzial gewonnen werden. Durch die daran geknüpfte Vergabe von Berechtigungen kann es passieren, dass Leistungsfeststellungen prognostisch interpretiert werden, obwohl deren ErstellerInnen ihnen keine oder nur wenig prognostische Bedeutung beigemessen haben. Im Gegensatz dazu fokussiert die Funktion der **Diagnose** stärker auf die pädagogische Ebene, wobei diese die Analyse und Steuerung individueller Lernprozesse in den Vordergrund stellt. Sacher (2004, S. 28) bezeichnet dies als Informations- und Rückmeldungs-Funktion, die dazu dient, um die Lernenden selbst, die Lehrenden, potenzielle ArbeitgeberInnen und weitere Anspruchsgruppen über den erreichten Lernstand und die gemachten Lernfortschritte zu informieren. Vor allem die Lernenden erhalten dadurch Rückmeldung, in welchem Ausmaß sie die Anforderungen der (Hoch-)Schule erfüllen, ob sie ihre eigenen Lernanstrengungen intensivieren müssen oder ob sie davon ausgehen können, dass ihr bisheriger Arbeitsaufwand ausreichend ist. Walzik (2012, S. 16) verwendet eine andere Einteilung, indem er die Begriffe summativ und formativ verwendet. Summative Leistungsfeststellungen verfolgen demnach das Ziel, den Leistungsstand von Lernenden zu erheben, diesen mit Kriterien zu vergleichen und in der Folge zu bewerten bzw. zu beurteilen. Diese Bewertung hat gemeinhin eine selektierende Wirkung und ermöglicht oder verschließt den Probanden in der Regel anschließende Ausbildungsschritte oder Beschäftigungen, wodurch sie mit der vorher erwähnten Prognosefunktion gleichzusetzen ist. Formative Leistungsfeststellungen haben hingegen das Ziel, die Lernenden in ihrem Lernprozess zu unterstützen, indem sie ihnen möglichst präzise Rückmeldungen über ihre gezeigte Leistungen bieten, und können somit mit der Diagnosefunktion gleichgesetzt werden. Gerade die Funktion der Diagnose sollte für Hochschullehrende im Fokus stehen, da sie auch wichtige Rückschlüsse über eine mögliche Divergenz zwischen Unterricht und gezeigter Leistung liefert, welche aber unterschiedliche Ursachen haben kann und deshalb differenziert zu bewerten und weiter zu hinterfragen ist. Metzger (1997, S. 526) geht noch einen Schritt weiter und empfiehlt sinngemäß, dass Bewertungen mit überwiegend selektionierendem Charakter und jene, die weitgehend einen diagnostischen Zweck erfüllen sollen, sogar zeitlich auseinandergehalten werden sollten. Zusätzlich erfüllen Leistungsfeststellungen aber noch weitere – teilweise inhärente – Funktionen, auf die in der Folge nun ansatzweise hingewiesen wird (Sacher 2004, S. 21):

• Selektion
  Leistungsüberprüfungen dienen der Auslese von (scheinbar) befähigten und nicht-befähigten Personen für weitere Bildungsschritte, Abschlüsse oder beruflich/gesellschaftliche Positionen.
• Legitimation
  Noten, die man infolge von Leistungsfeststellungen erhält, ermöglichen der Bildungsverwaltung, den Hochschulen, aber auch den Lehrenden selbst, ihre eigenen bildungspolitischen, administrativen oder unterrichtlichen Entscheidungen zu legitimieren.
• Kontrolle
  Prüfungen, Zeugnisse und Noten werden als Indiz für den Erfolg von Lehrplänen, Lehrenden oder Studiengängen herangezogen. Ein gewisser Anteil schlechter Noten dient als Indiz für hohen Anspruch, ein hoher Anteil guter Noten als Resultat erfolgreichen Unterrichts.
• Disziplinierung
  Durch die Tatsache, dass Lernende durch eine Leistungsfeststellung Rückmeldung über ihre Leistung bekommen, wird ihnen bewusst gemacht, ob zusätzliche

Anstrengung, höhere Aufmerksamkeit oder höhere Sorgfalt nötig sind. Dies kann im Sinne der Diagnosefunktion als lernförderlich eingestuft werden. Werden Leistungsfeststellungen, deren Schwierigkeit, deren Häufigkeit und die daraus resultierenden Noten aber eingesetzt, um auf die Lernenden Druck auszuüben und sie zu Verhaltensänderungen zu bewegen, so wird die Grenze zur Manipulation überschritten.

Bei all diesen möglichen Funktionen von Leistungsfeststellungen, welche teilweise kritisch zu bewerten sind, ist eine weitere Funktion positiv hervorzuheben. Nämlich, dass Leistungsfeststellungen und die Vorbereitung darauf für die Studierenden einen Anlass darstellen, das Gelernte zu wiederholen und sich darin zu vertiefen. Somit geben sie einen weiteren Impuls dafür, sich mit den Inhalten zu beschäftigen. Im Sinne der kognitiv orientierten Unterrichtsforschung handelt es sich also um eine Erhöhung der „echten" Lernzeit, welche als ein empirisch belegter Faktor für erfolgreichen Unterricht gilt (Jank und Meyer 2005, S. 304; Weinert 1996, S. 143). Walzik (2012, S. 14) merkt dazu kritisch an, dass dieser durch die Leistungsfeststellung ausgelöste zusätzliche Lernschritt andernfalls nicht unbedingt stattfinden würde, was ihre Bedeutung weiter unterstreicht.

3　Schriftliche Prüfungen als Prototyp der Leistungsbeurteilung

Wie bereits ausgeführt, können Leistungsfeststellungen in unterschiedlichen Formaten erfolgen, wobei grundsätzlich zwischen praktischer, mündlicher und schriftlicher Durchführung unterschieden werden kann. Betrachtet man die Studienpläne bzw. Syllabi an Universitäten und Fachhochschulen, so zeigt sich ein deutlicher Überhang von schriftlichen Formaten, die vor allem für die Feststellung im kognitiven Bereich verwendet werden. Hierbei geht es überwiegend um Wissen bzw. das Erinnern an Wissen, intellektuelle Fähigkeiten und Problemlösen (Meyer 2001, S. 145). Das Kontinuum der Bedeutung einer schriftlichen Prüfung für die Gesamtnote reicht dabei von 100 % (z. B. schriftliche Prüfung am Ende einer Lehrveranstaltung) bis zu einer Größenordnung von rund 40 %, was beispielsweise bei sogenannten Integrierten Lehrveranstaltungen (ILV) häufig vorkommt. Dabei zählen auch andere Formate, wie z. B. Präsentationen, Lernberichte etc. zur Leistungsfeststellung. Das Gros der Leistungsfeststellungen erfolgt aber – wie bereits erwähnt – schriftlich!

3.1   Gütekriterien schriftlicher Prüfungen

Grundsätzlich gelten die nachfolgenden Gütekriterien für alle Prüfungsformen, wenngleich im Rahmen dieses Artikels in komprimierter Weise lediglich auf schriftliche Prüfungen eingegangen wird.

- **Objektivität:** Im Rahmen der Durchführung, Auswertung und Interpretation der Ergebnisse sollen gleiche Bedingungen herrschen (Metzger 1997, S. 527). D. h., dass vorher definierte Maßstäbe für alle TeilnehmerInnen gelten müssen. Im Speziellen unterscheidet man weiter in:
  - **Durchführungsobjektivität**
    Die Note ist unabhängig von der Person, welche die Prüfung durchführt.
  - **Auswertungsobjektivität**
    Die Vergabe von Punkten und somit die spätere Note ist unabhängig von der Person, welche die Auswertung vornimmt.
  - **Interpretationsobjektivität**
    Die Überleitung der Punkte in eine Note ist unabhängig von der Person, welche die Note vergibt.
- **Validität:** Dieses Gütekriterium, auch als „Gültigkeit" bezeichnet, benennt im Wesentlichen die Frage, ob die Prüfung wirklich das misst, was sie zu messen vorgibt (inhaltliche Validität) (Walzik 2012, S. 44). Bei Prüfungen mit hoher prognostischer Verwendung des Ergebnisses wäre ebenfalls zu hinterfragen, ob diese Voraussagegenauigkeit auch tatsächlich vorliegt (prognostische Validität) (Sacher 2004, S. 46).
- **Reliabilität:** Die Zuverlässigkeit einer Prüfung wird im Wesentlichen dadurch determiniert, dass diese möglichst frei von Messfehlern ist, was wiederum gleichwertige Bedingungen voraussetzt. Somit müssten sich bei Wiederholungen, Parallel-Prüfungen oder Prüfungshalbierungen annähernd gleiche Ergebnisse finden.

Neben diesen drei klassischen Gütekriterien, die für alle Formen der Leistungsfeststellung gelten, nennt Walzik (2012, S. 44) auch noch das Kriterium der Ökonomie (Nutzen der Beurteilung sollte den Aufwand rechtfertigen) sowie Chancengerechtigkeit für alle Teilnehmenden. Der Anspruch an eine schriftliche Prüfung im Hochschulbereich muss also sein, die oben genannten Gütekriterien möglichst einzuhalten, wobei die größten Fehler im Bereich der Objektivität, sowie der Inhaltsvalidität gemacht werden können. Allerdings zeigen sowohl die Erfahrung als auch die Literatur, dass alle vier Kriterien niemals gleichzeitig maximiert werden können (Walzik 2012, S. 44; Sacher 2004, S. 47). Die Kunst besteht also darin,

a. sich der Wichtigkeit der Gütekriterien bewusst zu sein und

b. ein Optimum zwischen diesen vier Gütekriterien zu finden.

3.2 Das Anwendungsniveau von Prüfungen und seine Wirkung

Grundsätzlich sollte sich der Inhalt jeder Prüfung daran orientieren, was auch Kern bzw. Thema des Unterrichts war. Auskunft darüber können z. B. die beabsichtigten Lehr- und Lernziele – oft auch als Lernergebnisse bezeichnet – geben, welche festschreiben, was Lernende am Ende einer Lehrveranstaltung wissen oder können sollten. Synonym dazu wird häufig der Begriff der „Kompetenz" verwendet, wobei für den Einsatz an der Hochschule folgende Definitionen praktikabel erscheinen: „Aussagen darüber, was ein/e Lernende/r weiß, versteht und in der Lage ist zu tun, nachdem sie/er den Lernprozess abgeschlossen hat" (DAAD 2008, S. 28). Kompetenz geht somit über reines Wissen hinaus und beinhaltet eine Verständnis- sowie eine Handlungskomponente. Weinert (2001) bezeichnet Kompetenz als „die bei Individuen verfügbaren oder durch sie erlernbaren kognitiven Fähigkeiten und Fertigkeiten, um bestimmte Probleme zu lösen" und betont somit den Aspekt der Problemlösung. Lersch (2006, S. 32) weist darauf hin, dass im Kompetenzbegriff Wissen und Können zusammenfallen. Dies kann sich nur in konkreten Situationen erweisen, die im Rahmen von Prüfungen eben auch simuliert werden müssen.

Ein noch immer sehr gebräuchliches Instrument, um intendierte Lernergebnisse abzubilden, stellt die Taxonomie nach B. Bloom (1972) dar (DAAD 2008, S. 36). Dabei orientierten sich Bloom und seine Mitarbeiter vor allem am Komplexitätsgrad eines Lehrzieles im kognitiven Bereich (Keck 1983, S. 69). Beginnend mit der reinen Wissensreproduktion auf Stufe 1 folgen darüber intellektuelle Operationen. Diese können die Fähigkeit zu verstehen (Stufe 2), die Anwendung des Wissens (Stufe 3), die Analyse (Stufe 4), Synthese (Stufe 5) bis hin zur Fähigkeit zur Beurteilung (Stufe 6) als höchsten Komplexitätsgrad abbilden. Um die Gültigkeit bzw. Interpretation dieses heuristischen Modells ranken sich zahlreiche Diskussionen auf wissenschaftlicher Ebene. Trotz allem ist diese Einteilung auch in der LehrerInnen-Ausbildung sehr populär. Nimmt man die verschiedenen Definitionen des Begriffes „Kompetenz" und die darin enthaltene Forderung nach „Problemlösung" ernst, so könnte man etwa ab der Stufe des „Anwendens" von Problemlösen sprechen (Walzig 2012, S. 31; Hauer 2011, S. 10 – 5). Deutlicher argumentiert Aff (2005, S. 12), indem er hinterfragt, was es nützt, zwar etwas zu wissen, es aber nicht zu verstehen bzw. es nicht anwenden zu können. Ein erheblicher Teil der Studierenden wurde in der Vergangenheit auf das Bestehen von Prüfungen sozialisiert. Dieser Wunsch hat auch Einfluss auf den Lernstil. Somit darf man sich nicht wundern, dass Studierende vorgegebenes Wissen auswendig lernen, wenn dies ausreicht, um eine Prüfung an der Hochschule positiv bestehen zu können. Sind die Studierenden allerdings gewohnt, Inhalte zu verstehen bzw. anzuwenden und wird dies auch bei einer Leistungsfeststellung verlangt, so wird sich ihr Lernverhalten dahin gehend verändern, was aus pädagogischer Sicht im Sinne eines nachhaltigen Kompetenzerwerbes auch zu begrüßen ist.

3.3 Der Schwierigkeitsgrad von Prüfungen

Auch in der eigenen Studienzeit war zu beobachten, dass der (kolportierte) Schwierigkeitsgrad von Prüfungen einen Einfluss auf das Anstrengungsniveau, die Vorbereitungszeit und das Lernverhalten selbst ausgeübt hat. Obwohl Lehrende in den sozialen Netzwerken der heutigen Studierenden nahezu keinen Zutritt haben, werden trotzdem von Zeit zu Zeit Diskussionen öffentlich, die das Schwierigkeitsniveau von Prüfungen einzelner Lehrender zum Thema haben. Dabei reichen die Ratschläge in den Beiträgen von „Da brauchst Du nicht viel zu tun" bis hin zu „Die ist schwierig, da musst Du Dich intensiv vorbereiten". Die Festlegung und Definition eines Schwierigkeitsgrades ist vielfältig und komplex. Als Orientierungshilfe kann hierbei der § 4 (1) des Bundesgesetzes über Fachhochschul-Studiengänge (Hauser 2011) dienen, der die „Gewährleistung einer praxisbezogenen Ausbildung auf Hochschulniveau" explizit festschreibt. Prinzipiell sollte der Begriff „auf Hochschulniveau" alleine bereits einen gewissen Anspruch implizieren. Schwierigkeit kann sich somit über

- die Stoffmenge,
- das gewünschte Anwendungsniveau im Sinne Bloom's (Wissen, Verstehen, Anwenden etc.)
- die Orientierung an der Komplexität, mit welcher ein Inhalt in der Praxis vorkommt, oder auch über
- die Schwierigkeit des Inhaltes selbst (Unternehmensrecht wird z. B. von Studierenden schwieriger eingestuft als Führungsstile) definieren.

Eine mögliche Hilfe könnte die Frage sein, was denn ein Absolvent/eine Absolventin einer Hochschule können müsse, damit wir sie selbst einstellen? Periodisch wiederkehrende Erfahrungen an verschiedenen Fachhochschulen zeigen aber, dass ein erhöhtes Schwierigkeitsniveau der Prüfungen gleichzeitig mit schlechteren Noten und einer höheren Anzahl von negativen Noten einhergeht. Dies wird vonseiten der Studierenden häufig mit „Liebesentzug" bei der Evaluierung der Lehrveranstaltung gestraft, was wiederum eine antizipative Vermeidungshaltung mancher Lehrender auf den Plan ruft. Sehr häufig drängt sich dem Autor bei der Durchsicht unterschiedlicher Prüfungen das Gefühl auf, dass auf FH-Ebene plötzlich weniger schwierig geprüft wird als beispielsweise in Schulformen der Sekundarstufe II. Sowohl aus den gesetzlichen Vorgaben des FHStG als auch aus plausiblen Publizitätsgründen sollte das Anspruchsniveau bzw. die Schwierigkeit einer Prüfung doch einer Hochschule angemessen sein. Dies bedarf somit ebenfalls der Unterstützung der Studiengangsleitung, sowie des gesamten FH-Managements, um Lehrende dabei zu unterstützen, ein hochschuladäquates Niveau auch bei Prüfungen zu garantieren.

4 Problembereiche der Leistungsfeststellung aus der Perspektive der Lehrenden

Laut. § 8 (2) Zi 3 des FHStG ist der Unterricht an Fachhochschulen durch „ein wissenschaftlich, berufspraktisch und pädagogisch-didaktisch qualifiziertes Lehr- und Forschungspersonal" abzuhalten. Ohne genau darauf Bezug zu nehmen, ob und wie jede Person nun all diese Ansprüche nachweisen muss oder nicht, teilen sich die Lehrenden doch grundsätzlich in zwei verschiedene Gruppen: jene der Vollzeit-Lehrenden und jene der externen, also nebenberuflich Lehrenden. Letztere Gruppe stellt mit immerhin 78 % doch deutlich die Mehrheit (BMWF 2008, S. 85).

Aufseiten der Vollzeit-Lehrenden, welche bei den jeweiligen FH-Trägern auch angestellt sind, spielt vor allem die hohe Lehrbelastung mit bis zu 18 SWS (je nach Fachhochschule und Fachbereich unterschiedlich) eine wichtige Rolle. Darüber hinaus sieht der politische Wille eine verstärkte Forschungstätigkeit vor. Verwaltungstätigkeiten, wie z. B. Aufnahmegespräche führen, Prüfungsaufsichten halten etc., gehören ebenfalls zum Tätigkeitsgebiet, was alles in allem doch zu einer herausfordernden Arbeitsbelastung führt (vgl. dazu auch Prisching 2013, S. 111).

Für nebenberuflich Lehrende ist es charakteristisch, dass diese auch einer Hauptbeschäftigung nachgehen und somit bevorzugt in den Abendstunden oder am Wochenende an einer FH unterrichten. Das Bruttoentgelt für eine gehaltene Einheit liegt zwischen 60,- € und 80,- € und liegt somit weit unter jenen Stundensätzen, die in der Wirtschaft unter SteuerberaterInnen, RechtsanwältInnen und BeraterInnen üblich sind.

Für beide Gruppen gilt § 13 (3) des FHStG, welcher eine ausreichende Zahl von Terminen für Prüfungen und Wiederholungen von Prüfungen vorsieht, was dazu führt, dass es beispielsweise zwei Haupttermine zur Auswahl gibt, eine Wiederholungsmöglichkeit, eine kommissionelle Prüfung und ev. auch noch Antritte von Studierenden, welche zu deren Terminen aufgrund eines Auslandssemesters nicht antreten konnten. So hat sich in den letzten Semestern im Umfeld des Autors gezeigt, dass Lehrende im Rahmen einer Lehrveranstaltung bis zu fünf Klausuren planen, zusammenstellen, durchführen und bewerten mussten.

Fachhochschulen erhalten im Unterschied zu Universitäten kein Pauschalbudget, sondern werden nach der Anzahl der Studienplätze gleichsam pro-Kopf-finanziert. Dies kann unter verschiedenen Umständen dazu führen, dass FH-Erhalter mit jedem Studierenden, der/die im Rahmen einer kommissionellen Prüfung ausscheidet, auch bares Geld verlieren. Ab einer bestimmten Toleranzgrenze könnte somit der Druck seitens des Managements zunehmen, auf derartige Probleme Rücksicht zu nehmen, was sich unmittelbar in eine Vermeidung negativer Noten umwandeln könnte. Darüber hinaus ist auch zu beobachten, dass vor allem externe Lehrende – welche zu einem Gutteil die für die FHs notwendige Praxisorientierung sichern – sich speziell zu Beginn ihrer Lehr- und Prüfungstätigkeit gar nicht sicher sind, ob sie denn negative Noten vergeben dürfen. Dies hat häufig Gespräche mit der Studiengangsleitung zum Resultat, welche es folglich sprichwörtlich in der Hand hat, die Weichen der Prüfungskultur zu stellen. Verkürzt gesagt: Gibt man als Lehrende/r herausfordernde Prüfungen, so dauert die Erstellung und Korrektur in der Regel länger, schlechtere bzw. negative Noten sind wahrscheinlicher, was zu Wiederholungsterminen und Prüfungen führt. Man muss sich rechtfertigen, bekommt schlechtere Evaluierungen, wird zu Gesprächen mit der Studiengangsleitung bestellt, muss mehrere Male an die FH, und das alles schlecht oder sogar unbezahlt. Also, warum das Ganze nicht vermeiden? Ein Schelm, der gar Böses denkt!

Zusätzlich wird die Situation dadurch brisant, dass nur eine Minderheit der Lehrenden zu Beginn ihrer Lehrtätigkeit auch über eine pädagogisch-didaktische Ausbildung verfügt. Unterrichtet und geprüft wird häufig so, wie man es selbst in Schule oder Hochschule erlebt hat. Die Wichtigkeit und Tragweite einer qualitativ hochwertigen Prüfungskultur ist nicht jedem und jeder bewusst. Sohm (1999, S. 60) wies in einer breit angelegten Studie im Jahr 1999 bereits darauf hin, dass sich vor allem externe Lehrende durch hohe Fachkompetenz, aber auch durch didaktische Mängel und limitierte Zeitbudgets auszeichnen (siehe auch Kiendl-Wendner 2013, S. 191; Prisching 2013, S. 111; Berka 2013, S. 100 ff.).

5   Schlussfolgerungen und Implikationen

Nach all diesen ketzerischen Thesen stellt sich abschließend nun die Frage, ob Leistungsfeststellungen, die ja in überwiegendem Maße als schriftliche Prüfungen konzipiert sind, nun ein notwendiges Übel darstellen oder doch als Leistungsgarant fungieren. Wie häufig gibt es auch hier kein Entweder-oder, sondern ein Sowohl-als-auch:

Leistungsfeststellungen haben in der Regel den Zweck, das Erreichen von Lern-ergebnissen, Lernzielen bzw. Kompetenzen zu überprüfen. Einschränkend ist anzumerken, dass eine punktuelle Leistungsfeststellung nicht zwingend das Vorhandensein einer gewissen Kompetenz überprüft. Streng genommen wird von einer einmalig gezeigten Leistung auf das Vorhandensein einer bestimmten Kompetenz geschlossen (Sloane und Dilger 2005, o.S.). Kompetenzen sind nur Potenziale und Dispositionen, die nicht unbedingt darüber etwas aussagen, ob diese Verhaltensmöglichkeit in praktischen Situationen tatsächlich angewendet wird (Walzik 2012, S. 22). Die Prüfung als Messinstrument wird aber aussagekräftiger, wenn sie tatsächlich valide gestaltet ist, also wirklich das misst, was sie zu messen vorgibt. Nachfolgende Implikationen und Anregungen sollen dazu beitragen, den Stellenwert der Leistungsfeststellung als Leistungsgarant auszubauen:

5.1   Einhaltung eines hohen Qualitätsniveaus bei der Erstellung, Durchführung und Bewertung von Prüfungen

Die in Kap. 3.1 beschriebenen Gütekriterien der Objektivität, Validität und Reliabilität sind bestmöglich anzustreben. Darüber hinaus sollte die Prüfung auch derart gestaltet sein, dass sie in der festgelegten Zeit zu schaffen ist. Andererseits muss sie auch so beschaffen sein, dass die Mehrheit der Probanden die vorgesehene Zeit auch tatsächlich als Arbeitszeit benötigt. Es muss also verhindert werden, dass bei einer einstündigen Prüfung durchschnittliche Studierende bereits nach 30 min fertig sind. Hinsichtlich des Schwierigkeitsgrades sollte die Prüfung dem in § 3 (1) festgelegten Hochschulniveau angemessen sein.

5.2   Vorrang für Anwendung statt „Erinnern"

Im Sinne des Kompetenzbegriffes nach Weinert (2001) sollen Prüfungsaufgaben problemhaltig sein (Walzig 2012, S. 27) und Problemlöseverhalten ermöglichen (Rahn 2009, S. 384). Metzer und Nüesch (2004, S. 48) betonen, dass es nicht sinnvoll sei, bei Prüfungen an der Hochschule nur „Erinnern" abzufragen, da es eine wesentliche universitäre Anforderung darstellt, dass Wissen verarbeitet, angewandt und auf neuartige Situationen übertragen werden kann. Allein dadurch kann die Nutzung oberflächlicher Lernstrategien seitens der Studierenden vermieden werden (Kremser und Slafkovsky 2011, S. 101). Darüber hinaus wird mit der Anwendung auch einem zentralen Image der Fachhochschulen – nämlich der hohen Praxisorientierung – Rechnung getragen (Hauer 2006, S. 16–22). Denn in der Praxis reicht auswendig gelerntes Wissen eben nicht aus, um anstehende Probleme zu lösen. Die Tatsache, dass Fachhochschulen offensiv mit dieser Praxisorientierung werben, sollte die Forderung nach Anwendungsorientierung noch weiter verstärken, um dieses tatsächliche Alleinstellungsmerkmal des FH-Sektors nicht zu einem hohlen Marketing-Schlagwort verkommen zu lassen.

5.3 Förderung der Leistungsfeststellung als Informationsinstrument

Das Ergebnis einer Leistungsfeststellung kann auch dazu verwendet werden, um den Lernenden möglichst präzise Rückmeldung über deren Leistungsstand zu geben, um in der Folge die Lernenden in deren Lernprozess zu unterstützen. Dies kann beispielsweise dadurch erreicht werden, dass nach erfolgter Korrektur eine Feedback-Einheit eingeplant wird, in welcher die Lernenden kognitive Rückmeldung über ihre Fehler und ihre aktuelle Leistung erhalten. Eine derartige Feedback-Einheit könnte z. B. beim Vorhandensein schriftlicher Prüfungen zwingend eingeplant werden.

5.4 Didaktische Kompetenz der Lehrenden und der Studiengangsleitung steigern

Um die im FHStG definierten Ziele von FH-Studiengängen auch erreichen zu können, „sind ausgeklügelte pädagogisch-didaktische Arrangements" notwendig, wofür eine entsprechende Aus- und Weiterbildung der Lehrenden die Voraussetzung bildet (Sohm 1999, S. 18). Lehrende an Hochschulen sollten somit die „besten LehrerInnen" sein, und nicht nur über Fachwissen, sondern auch über ein breites pädagogisches Repertoire verfügen (Hauer 2013, S. 210). Diese Aus- und Weiterbildungen sollten keine Ad-hoc-Reaktionen auf z. B. negative Evaluierungsergebnisse darstellen, sondern sollten geplant, durchdacht und systematisch erfolgen. Als Beispiel dient die HDW (Hochschuldidaktische Weiterbildung) an der FH JOANNEUM, welche vorsieht, dass alle neu eintretenden Lehrenden diese über 2 Semester konzipierten Module absolvieren und somit eine didaktische Grundausbildung erhalten.

5.5 Sensibilisierung der Studiengangsleitung

Um sowohl bei den internen als auch bei den externen Lehrenden eine stringente didaktische Linie umsetzen zu können, ist die Sensibilisierung der Studiengangsleitung eine wesentliche Voraussetzung. Nur wenn diese den Stellenwert der Leistungsfeststellung erkennt und offensiv an die Lehrenden weitergibt, wird sich dies in einer qualitativ hochwertigen Prüfungskultur niederschlagen. Dabei können StudiengangsleiterInnen sowohl internen als auch externen Lehrenden als „moralische Stütze" und Förderer dienen. Der Stellenwert der Prüfung wird beispielsweise an der IMC FH Krems auch dadurch erhöht, dass Lehrende angehalten sind, die Prüfung vorab an die Studiengangsleitung zu übermitteln, welche diese hinsichtlich der Einhaltung der Qualität überprüft und gegebenenfalls Änderungen verlangt.

5.6 Forcierung mündlicher Prüfungen

Gewöhnlich sind mündliche Prüfungen in Summe zeitintensiver als schriftliche Prüfungen. Aufgrund der persönlichen Beobachtung des Autors hat sich gezeigt, dass Studierende im Bachelorstudium teilweise nur einmal zu einer mündlichen Prüfung antreten – und dies erfolgt am Ende im Rahmen der Bachelor-Prüfung. Mündliche Prüfungen haben zwar den Nachteil, dass sie aufgrund der geringen Stichprobe nur wenig reliabel und objektiv sind, dafür haben sie aber andere Vorteile. In der Praxis wird von AbsolventInnen vorherrschend eine optimale verbale Ausdrucksweise verlangt. Eine mündliche Prüfung bereitet darauf vor. Darüber hinaus haben die Probanden die Möglichkeit, ihren Denkweg zu erklären und ihre Gedanken auszuführen. Die Prüfenden haben die Möglichkeit, Dinge zu hinterfragen und mit den Studierenden in einen Diskurs zu treten. Bei entsprechender didaktischer Kompetenz können die mangelnde Reliabilität und Objektivität durchaus neutralisiert werden.

5.7 Kreativer Einsatz unterschiedlicher Prüfungsformen

Der Überhang schriftlicher Prüfungen ist aus unterschiedlichen Gründen an den österreichischen Hochschulen weit verbreitet, stellt aber kein verpflichtendes Dogma dar. Lehner (2009, S. 162) postuliert, dass spezifische Lernzielstufen auch spezifische Formen des Lernnachweises bzw. der Aufgabenstellung erfordern. Lehrende können durch den Einsatz von vielfältigen Prüfungsformen kreativ und flexibel die eigenen Prüfungen gestalten (Walzik 2012, S. 103), wenn sie über didaktische Kompetenz verfügen. Modifikationen hinsichtlich der Art der verlangten Leistung, der Inszenierungsform und der Beurteilung sind möglich!

Alles in allem stellen Leistungsfeststellungen nicht nur eine Belastung für Studierende und Lehrende dar, sondern bieten auch viele Chancen und Vorteile. Für die Lehrenden bieten sie die Chance, Rückmeldung über den eigenen Unterricht und dessen Wirkung zu erhalten und diesen zu verbessern. Für Studierende stellen sie eine Möglichkeit dar, ihre eigenen Stärken und Schwächen zu erkennen und geeignete Maßnahmen zu ergreifen. Da Leistungsfeststellungen vielfach erst der Anlass für eine wiederholte Beschäftigung mit der Materie sind, kann ihnen auch eine Kompetenz steigernde Wirkung zugeschrieben werden, welche sowohl der weiteren Studier-, als auch der Arbeitsmarktfähigkeit zuträglich ist. Prüfungen sorgen somit maßgeblich für die Sicherung des Qualitätsstandards einer Hochschulausbildung.

Literatur

Aff, J. (2005). Bildungsstandards vs. Leistungsstandards in der beruflichen Bildung. *Wissenplus – Österreichische Zeitschrift für Berufsbildung. Sonderausgabe Wissenschaft (5-2005/2006).* 9–18. Wien: Manz.

Berka, W., Ch. Brünner, und W. Hauser, Hrsg. 2013. *20 Jahre Fachhochschul-Recht* (Schriften zum Wissenschaftsrecht Bd. 11). Wien: Neuer Wissenschaftlicher Verlag.

Bloom, B. 1972. *Taxonomie im kognitiven Bereich, dt. Erstfassung.* Weinheim: Beltz.

Bundesministerium für Wissenschaft und Forschung (BMWF). 2008. Statistisches Taschenbuch. Wien. http://bmwf.gv.at/uploads/tx_contentbox/Statistisches_Taschenbuch_2008. pdf. Zugegriffen: 15. Okt 2013.

DAAD, Hrsg. 2008. Deutscher Akademischer Austauschdienst, *Lernergebnisse (Learning Outcomes) in der Praxis,* Bonn 2008.

Hauer, E. (2006). Universität oder Fachhochschule? Motive für die Wahl einer postsekundären Bildungsinstitution. *Netzwerk – Die Zeitschrift der Wirtschaftsbildung Schweiz* Ausgabe 2/2006:16–22.

Hauer, E. (2011). Wird dumm geprüft, wird dumm gelernt. *Magazin erwachsenenbildung.at* (Ausgabe 12.2011). http://erwachsenenbildung.at/magazin/archiv_artikel.php?mid=4517 &aid=4529. Zugegriffen: 31. Jan 2014.

Hauer, E. 2013. Implikationen des FHStG auf die Qualität der Lehre. In *20 Jahre Fachhochschul-Recht* (Schriften zum Wissenschaftsrecht Bd. 11), Hrsg. W. Berka, Ch. Brünner, und W. Hauser, 197–212. Wien: Neuer Wissenschaftlicher Verlag.

Hauser, W. 2011. *Kommentar zum Fachhochschul-Studiengesetz.* Wien: Verlag Österreich.

Jank, W., und H. Meyer. 2005. *Didaktische Modelle.* 7. Aufl. Berlin: Verlag Cornelsen.

Kiendl-Wendner, D. 2013. Die Rahmenbedingungen der FH-Pädagogik. In *20 Jahre Fachhochschul-Recht* (Schriften zum Wissenschaftsrecht Bd. 11), Hrsg., W. Berka, Ch. Brünner, und W. Hauser, 181–196. Wien: Neuer Wissenschaftlicher Verlag.

Keck, R. (1983). *Unterricht gliedern – zielorientiert lehren.* Bad Heilbrunn: Verlag Julius Klinkhardt.

Kremser, D., und E. Slafkovsky. 2011. *Lernstrategien von Studierenden an der Wirtschaftsuniversität Wien – Eine empirische Analyse.* Wien: Dissertation.

Lehner, M. 2009. *Allgemeine Didaktik.* Bern: Haupt.

Lersch, R. 2006. Unterricht zwischen Standardisierung und individueller Förderung. *Die Deutsche Schule* 98 (1): 28–40.

Metzger, Ch. 1997. Schülerbeurteilung in einer neuen Lehr-Lern-Kultur. In *25 Jahre IWP. Tagungsbeiträge: Schule in Wissenschaft, Politik und Praxis,* Hrsg. R. Dubs und R. Luzi, 519–544. St. Gallen: Institut für Wirtschaftspädagogik.

Metzger, Ch., und Ch. Nüesch. 2004. Fair prüfen. Ein Qualitätsleitfaden für Prüfende an Hochschulen. In *Hochschuldidaktische Schriften 6,* Hrsg. D. Euler und Ch. Metzger. St. Gallen: Verlag Empirische Pädagogik.

Meyer, H. 2001. *Leitfaden zur Unterrichtsvorbereitung.* 12. Aufl. Frankfurt a. M.: Cornelsen Scriptor.

Posch, P., W. Schneider, und W. Mann. 1977. *Unterrichtsplanung.* Wien: Manzsche Verlags- und Universitätsbuchhandlung.

Prisching, M. 2013. Was läuft un/rund in der Fachhochschulentwicklung? In *20 Jahre Fachhochschul-Recht* (Schriften zum Wissenschaftsrecht Bd. 11), Hrsg. W. Berka, Ch. Brünner, und W. Hauser, 105–114. Wien: Neuer Wissenschaftlicher verlag.

Rahn, H.-J. 2009. Bearbeitungsaufgaben zur Lösung von Klausuraufgaben für Studierende. *WiSt – Wirtschaftswissenschaftliches Studium* 7:384–388.

Sacher, W. 2004. *Leistungen entwickeln, überprüfen und beurteilen.* Bad Heilbrunn: Verlag Julius Klinkhardt.

Sohm, K. 1999. *Praxisbezogene Ausbildung auf Hochschulniveau – Eine pädagogisch-didaktische Herausforderung.* Wien: WUV-Universitätsverlag.

Sloane, P., und B. Dilger. 2005. The competence clash – Dilemmata bei der Übertragung des ‚Konzepts der nationalen Bildungsstandards‘ auf die berufliche Bildung. Berufs- und Wirtschaftspädagogik – online 8(2005). http://www.bwpat.de/ausgabe8/sloane_dilger_bwpat8.shtml. Zugegriffen: 15. Okt 2013.

Walzik, S. 2012. *Kompetenzorientiert prüfen – Leistungsbewertung in der Hochschule in Theorie und Praxis.* Opladen: Verlag Barbara Budrich.

Weinert, F. E. 1996. „Der gute Lehrer", „die gute Lehrerin" im Spiegel der Wissenschaft. *Beiträge zur Lehrerbildung* 14:141–151

Weinert, F. E. 2001. Vergleichende Leistungsmessung in Schulen – eine umstrittene Selbstverständlichkeit. In *Leistungsmessungen in Schulen,* Hrsg. F. E. Weinert, 17–31. Weinheim: Beltz.

Professionalisierte Profilbildung des Lehr- und Forschungspersonals im Fachhochschul-Bereich

Werner Hauser

Zusammenfassung

Im gegenständlichen Beitrag werden Einschätzungen und Hinweise zur professionalisierten Profilbildung des Lehr- und Forschungspersonals an Fachhochschulen geboten; dabei wird zunächst an die diesbezüglichen gesetzlichen Vorgaben angeknüpft, um in weiterer Folge die Dimensionen der wissenschaftlichen Qualifikation, der berufspraktischen Erfahrung sowie der pädagogisch-didaktischen Qualität des Lehr- und Forschungspersonals zu thematisieren. Dabei soll dem zuletzt genannten Qualifikationselement unter Berücksichtigung der gewonnenen Erfahrungen des an der FH JOANNEUM angebotenen Lehrganges „Grundlagen der Hochschuldidaktik" besonders Rechnung getragen werden.

1 Qualifikationserfordernisse des Lehr- und Forschungspersonals

Die wesentlichen Zielsetzungen, welche beim Betrieb von Fachhochschul-Studiengängen zu verfolgen sind, bestehen in der Gewährleistung einer praxisbezogenen Ausbildung auf Hochschulniveau sowie u. a. in der Vermittlung der Fähigkeit, die Aufgaben des jeweiligen Berufsfeldes dem Stand der Wissenschaft

W. Hauser (✉)
Fachbereichskoordinator Recht, FH JOANNEUM,
Eggenberger Allee 11, 8020 Graz, Österreich
E-Mail: Werner.Hauser@fh-joanneum.at

R. Egger et al. (Hrsg.), *Hochschuldidaktische Weiterbildung an Fachhochschulen*, Lernweltforschung 12,
DOI 10.1007/978-3-658-01497-1_7, © Springer Fachmedien Wiesbaden 2014

und den aktuellen und zukünftigen Anforderungen der Praxis entsprechend lösen zu können (§ 3 Abs 1 Z 1 und Z 2 FHStG). Mit dieser wichtigen Zieldimension korrespondiert eine der wesentlichen inhaltlichen Voraussetzungen für die Akkreditierung von Fachhochschul-Studiengängen, welche darin besteht, dass der „Unterricht durch ein wissenschaftlich, berufspraktisch und pädagogisch-didaktisch qualifiziertes Lehr- und Forschungspersonal abgehalten wird" (§ 8 Abs 3 Z 3 FHStG). Diese Zielsetzungsdimension kann nicht genug gewürdigt werden, stellt sie doch eine wesentliche Grundlage dafür dar, jenen An- und Einsichten eine deutliche Absage zu erteilen, welche dem Fachhochschul-Sektor lediglich eine Aufgabenstellung im Bereich des (flächendeckenden) Angebotes von berufsfeldorientierten Bachelorstudien zuweisen wollen.

Da in der zitierten gesetzlichen Formulierung vom „Lehr- und Forschungspersonal" die Rede ist, kann davon ausgegangen werden, dass bei der Beurteilung des Vorhandenseins der erforderlichen Voraussetzungen an eine Gesamtbetrachtung anzuknüpfen ist. Es ist daher nicht erforderlich, dass jedes einzelne Mitglied des Lehr- und Forschungspersonals allen drei Qualifikationserfordernissen im selben Ausmaß entspricht. Dessen ungeachtet wird jeder Erhalter von Fachhochschul-Studiengängen bzw. Fachhochschulen, der an einer ernsthaften und nachhaltigen qualitativen (Aus-)Bildung der bei ihm inskribierten ordentlichen bzw. außerordentlichen Studierenden interessiert ist, umfassende Strategien zu entwickeln haben, damit jedes einzelne Mitglied des bei ihm tätigen Lehr- und Forschungspersonals allen drei genannten gesetzlichen Qualifikationserfordernissen in möglichst umfassendem Sinne entspricht.

Im Folgenden sollen einige kurze Hinweise Anregungen zur Umsetzung der gesetzlichen Qualifikationsdimension bieten, wobei insbesondere betreffend die Ausführungen zur pädagogisch-didaktischen Qualifikationsdimension die im Rahmen der Teilnahme des Autors am von der FH JOANNEUM GmbH etablierten Lehrgang „Grundlagen der Hochschuldidaktik" gewonnenen Einschätzungen einfließen werden.

2   Wissenschaftliche Qualifikationsdimension

Alle, die – sei es im Rahmen ihrer Studien, sei es im Rahmen der Teilnahme an einschlägigen (angewandten) Forschungsprojekten – wissenschaftliche Forschung betrieben haben oder betreiben, wissen um das derselben innewohnende Element des vertiefenden Erkenntnisgewinns: Es macht einen erheblichen Unterschied, ob (vorhandenes) Wissen für die eigene Lehrtätigkeit (rezitativ) aufbereitet oder durch eigenständiges Forschungsbemühen selbsttätig generiert wird. Ja, bereits die selbst-ständige Erarbeitung eines einschlägigen Lehrbuches und die darauf basierende Lehre stellen sich als dem Grunde nach völlig anders dar, als wenn bereits vorhan-denes „Lehrbuch-Material" für eine einschlägige Lehrveranstaltung Verwendung findet. Wenngleich nicht verkannt werden soll, dass es insbesondere in der Wissens-gesellschaft des 21. Jahrhunderts als denkunmöglich erscheinen muss, dass alle Detailbereiche einer einschlägigen Lehrveranstaltung von der bzw. dem Lehrenden eigenständig erforscht bzw. forschend aufbereitet werden können, sollte dennoch nach Kräften danach getrachtet werden, dass im Rahmen der betreuten Lehrveran-staltungen zumindest in Teilbereichen auch Themen einfließen (können), zu denen die bzw. der Lehrende im zeitlichen Vor- oder Umfeld eigenständige Forschungen betrieben hat.

Die besondere Bedeutung der eigenständigen Forschung für eine qualitativ hochwertige Lehre erkennt auch der Gesetzgeber, indem er als eine weitere Ak-kreditierungsvoraussetzung in § 8 Abs 3 Z 4 FHStG normiert hat, dass durch die Mitglieder des Lehr- und Forschungspersonals „die zur Erreichung der Ziele und zur Sicherung der Grundsätze des Fachhochschul-Studiums erforderlichen anwen-dungsbezogenen Forschungs- und Entwicklungsarbeiten durchgeführt werden".

Namentlich, da sich der österreichische Fachhochschul-Sektor nach einer nun-mehr bereits 20-jährigen Aufbau- und Entwicklungsphase in einer Konsolidie-rungsphase befindet, erscheint es nahezu wie von selbst auf der Hand zu liegen, diese „ruhigere Phase" dafür zu nutzen, um Strategien zur Qualifikation von eigen-ständigen Forschungsleistungen der Mitglieder des Lehr- und Forschungspersonals zu entwickeln.

So könnte beispielsweise daran gedacht werden, die Kooperation zu anderen nationalen bzw. internationalen universitären und außeruniversitären Einrich-tungen zu forcieren, um dadurch gleichzeitig die Forschungsprofessionalität der einzelnen Persönlichkeiten Hand in Hand mit dem Gewinn eines zusätzlichen „Forschungsstatus" der jeweiligen fachhochschulischen Einrichtung generieren zu können. Des Weiteren wäre es als nachhaltig sinnvoll anzusehen, wenn sich an den einzelnen Erhaltern fachbezogene sowie fachübergreifende Zirkel bilden, wel-che dem Austausch von Forschungstechniken sowie von Forschungsergebnissen bzw. überhaupt der Anregung zu neuen Forschungsaktivitäten dienen. Ich selbst übe an der FH JOANNEUM GmbH die (Stabsstellen-)Funktion eines sogenannten „Fachbereichskoordinators für Recht" aus und biete im Rahmen dieser Funktion allen haupt- und nebenberuflich Lehrenden sowohl in Form von wiederkehrenden (institutionalisierten) Zusammenkünften als auch in Form von individualisier-ten Besprechungen u. a. an, Forschungsaktivitäten bzw. Forschungstechniken zu besprechen oder einschlägige Publikationsplattformen zu finden.

3 Berufspraktische Qualifikationsdimension

Ebenso wie ein völliges Fehlen von wissenschaftszentrierten Lehraktivitäten wird in der Regel auch die generelle Absenz von berufspraktischen Zugängen im Rahmen von hochschulischer Lehre als problematisch einzuschätzen sein.

Namentlich in den ersten Jahren nach den Gründungen der österreichischen Fachhochschul-Erhalter war es regelmäßig relativ einfach, Kolleginnen und Kollegen aus der einschlägigen Berufspraxis für die Lehre im Fachhochschul-Bereich zu gewinnen. In vielen Fällen bedienen sich die Erhalter von Fachhochschul-Studiengängen und Fachhochschulen nach wie vor eines entsprechenden Pools von nebenberuflichen Lehrenden (Lektorinnen bzw. Lektoren), die im Hauptberuf in der Berufspraxis aktiv sind, um den Studierenden möglichst umfassend praxisnahe Ausbildungsinhalte vermitteln zu können.

Neben dieser Strategie erscheint es ebenso wichtig zu sein, den hauptberuflich tätigen Lehrenden ausreichend Frei- bzw. Spielraum dafür zu bieten, ihre berufspraktischen Fertigkeiten und Kenntnisse durch entsprechende nebenberufliche Aktivitäten zu erweitern, weiterzuführen und zu verbessern. Abhängig von den jeweiligen thematischen Fachzugängen kann etwa an eine Tätigkeit als Gutachterin bzw. Gutachter, als (Unternehmens-)Beraterin bzw. (Unternehmens-)Berater oder etwa auch als Mitglied in einschlägigen Aufsichtsgremien oder Beiräten gedacht werden. Des Weiteren können zur Erhaltung und Forcierung von berufspraktischen Qualifikationen auch fachhochschulinterne Funktionen, etwa im Bereich der Organisation, sowie die Betreuung von einschlägig praxisrelevanten Themenbereichen bei Projekten der angewandten Forschung und Entwicklung fruchtbar gemacht werden.

4 Pädagogisch-didaktische Qualifikationsdimension

Da in vielen Fällen in der Errichtungsphase des österreichischen Fachhochschul-Sektors Lehrende entweder aus dem Kreis von (jungen) Wissenschafterinnen bzw. Wissenschaftern (z. B. Universitätsassistentinnen bzw. Universitätsassistenten) oder der Berufspraxis rekrutiert wurden, war es von Anfang an wichtig, durch entsprechende pädagogisch-didaktische Konzepte und deren Vermittlung für eine Qualifizierung auf diesem Gebiet zu sorgen, welche den eingangs unter Punkt 1 erwähnten Zielbestimmungen des FHStG umfassend gerecht werden konnten. Vor diesem Hintergrund ist es nicht weiter überraschend, dass bereits sehr frühzeitig die seinerzeitige Akkreditierungsbehörde „Fachhochschulrat" gemeinsam mit der Erhaltervertretung „Fachhochschul-Konferenz" für die Etablierung einschlägiger Seminarangebote etwa im Bereich von Kommunikation, Lehrtechniken etc. gesorgt hat.

In konsequenter Weiterentwicklung dieses wichtigen Ansatzes hat sich die FH JOANNEUM GmbH dazu entschlossen, für alle an ihr tätigen Mitglieder des Lehr- und Forschungspersonals einen eigenen Lehrgang, welcher den Titel „Grundlagen der Hochschuldidaktik" trägt, zur Verfügung zu stellen. Die Bedeutung dieser Initiative kann gar nicht hoch genug eingeschätzt werden, trägt sie doch wesentlich dazu bei, dass fachübergreifend bzw. interdisziplinär angeleitete Reflexionen zu den pädagogisch-didaktischen Grundsätzen der fachhochschulischen Lehre vermittelt bzw. erarbeitet werden.

Die dabei adressierten Themenstellungen sind als ebenso vielschichtig wie interessant anzusprechen; so vermittelt etwa die Lehrgangsarchitektur, welche aus Präsenzeinheiten, Selbststudiumseinheiten und „E-Learning-Phasen" besteht, nahezu wie von selbst ein Erfassen der wichtigsten „technischen Zugänge" zur zuletzt genannten Dimension des E-Learnings. Des Weiteren stehen im Rahmen des gegenständlichen Lehrgangs insbesondere zentrale Praktiken zur Strukturierung des Lern- und Lehrprozesses auf der Tagesordnung, wobei dabei Grundlagen ebenso extrapoliert wie auch konkrete Einzelfälle durchexerziert werden. Neben zahlreichen anderen bedeutsamen Themenstellungen wird weiters besonderer Wert darauf gelegt, das einschlägige Prüfungsgeschehen in eine (selbst-)kritische Analyse zu ziehen; dabei sind u. a. die wichtigsten Kategorien von Prüfungsfragen und Fragetypen vorgestellt und insbesondere im Rahmen von konkreten Aufgabenstellungen in der Klein- bzw. der Gesamtgruppe erprobt und diskutiert worden.

Besonders „spannend" ist des Weiteren insbesondere das Tätigwerden von qualifizierten Vortragenden, welche aus unterschiedlichen Berufssparten stammen. So wurden etwa gewisse Themenstellungen (in vermeintlicher Redundanz) durch unterschiedliche Lehrende auch entsprechend unterschiedlich akzentuiert und damit allen Lehrveranstaltungsteilnehmerinnen und Lehrveranstaltungsteilnehmern vor Augen geführt, dass es nicht die „eine" pädagogisch-didaktische Zugänglichkeit gibt, sondern dass – abhängig vom jeweiligen Blickwinkel und wohl auch Fachzugang – Differenzierung nicht nur zulässig, sondern vielmehr geboten ist.

Neben diesen und zahlreichen anderen erfreulichen und wichtigen Erkenntnisbereicherungen, welche im Rahmen des angesprochenen Lehrgangs vermittelt werden, sei noch auf den gewissermaßen „positiven Nebeneffekt" verwiesen, der darin gelegen ist, dass vor allem die heterogene (fachliche) Zusammensetzung des Kursteilnehmerkreises als äußerst bereichernd einzuschätzen ist; dies nicht nur vor dem Hintergrund einer fachlichen Dimension, sondern darüber hinausgehend auch auf der Ebene des „Kennenlernens" von sympathischen und kompetenten Kolleginnen und Kollegen.

„Didaktik? Ja, aber…" Ein Erfahrungsbericht über die Umsetzung einer verpflichtenden hochschuldidaktischen Weiterbildung

Martin Pöllinger

Zusammenfassung

Qualitätssicherung ist ein weitverbreitetes Schlagwort. Nicht nur die Industrie hat ihre eigenen Maßstäbe dafür entwickelt, auch für Hochschulen hat der Begriff in den letzten Jahren immer mehr an Bedeutung gewonnen, sodass es seit März 2012 sogar ein eigenes Hochschul-Qualitätssicherungsgesetz gibt.

Von der Qualität, die es an Hochschulen zu sichern gilt, sind natürlich die Kernkompetenzen am meisten betroffen. Also Forschung und Entwicklung, Weiterbildung und an allererster Stelle die wichtigste Kompetenz, nämlich die Lehre. Um die Qualität von Lehre zu entwickeln, zu verbessern und zu fördern braucht es neben optimalen Ressourcen und Rahmenbedingungen jedenfalls motivierte und fachlich kompetente Lehrende, die es verstehen, ihr Fachwissen an die Studierenden so weiterzugeben, dass sie es aufnehmen können. Also müssen Lehrende auch didaktische Fähigkeiten besitzen, um wirklich guten und in jeder Hinsicht „qualitätsvollen" Unterricht zu machen. In der Auswahl und Förderung von Lehrpersonal wird zu Recht ein starkes Augenmerk auf die fachlichen Kompetenzen gelegt. Aber was nützt es letzten Endes, wenn jemand ein gefragter und hoch kompetenter Wissenschafter ist, dem aber im schlimmsten Fall jegliche didaktische Fähigkeit fehlt? Und woher soll er diese auch haben, wenn von allen Hochschullehrern ganz einfach nur erwartet wird, dass sie unterrichten können, und wenn es keine verpflichtende Ausbildung gibt für den

M. Pöllinger (✉)
Weiterbildung und Studierendenadministration, FH JOANNEUM,
Eggenberger Allee 11, 8020 Graz, Österreich
E-Mail: Martin.Poellinger@fh-joanneum.at

R. Egger et al. (Hrsg.), *Hochschuldidaktische Weiterbildung an Fachhochschulen*, Lernweltforschung 12,
DOI 10.1007/978-3-658-01497-1_8, © Springer Fachmedien Wiesbaden 2014

optimalen „Transport" des eigenen Wissens – oder zumindest eines Teils davon – in die Gehirne junger wissbegieriger Menschen. „Ich unterrichte jetzt schon zehn Jahre an Unis, aber keiner hat mir bisher gezeigt, wie es geht". Diese markante Aussage eines Teilnehmers der Hochschuldidaktischen Weiterbildung an der FH JOANNEUM umreißt das Dilemma um die nur spärlich vorhandenen Qualifizierungsmöglichkeiten in Sachen Didaktik für Hochschullehrende. Freiwillige Angebote zur didaktischen Weiterbildung werden von denen sehr gerne angenommen, die sich für Didaktik interessieren, die Neues ausprobieren wollen und selbst durchaus gute DidaktikerInnen sind. Diejenigen, die es wirklich notwendig haben, erreicht man damit nicht. Somit wird auch ganz klar das Ziel einer Qualitätssicherung der Lehre verfehlt. Was liegt also näher, als eine für alle Lehrenden verpflichtende hochschuldidaktische Weiterbildung einzuführen und anzubieten? Wer weiß, wie Hochschulen „ticken", hat auf diese Frage sicher sofort eine Antwort parat: dass nämlich so etwas utopisch, weil nicht machbar sei.

Der folgende Beitrag beschäftigt sich mit den Erfahrungen, die wir bei der Umsetzung dieses „utopischen" Vorhabens gemacht haben, ebenso wie mit den Grenzen, an die wir dabei gestoßen sind, und schließlich mit den Lehren, die wir daraus gezogen haben.

1   Einleitung

Unbestritten ist die Hauptaufgabe jeder Hochschule die Lehre, also die Ausbildung ihrer Studierenden in den jeweils angebotenen Fächern. Um diesen Zweck erfüllen zu können, braucht es Lehrende, also Menschen, die die Fähigkeiten besitzen, das erforderliche Wissen und Können an die Studierenden so weiterzugeben, dass diese in der Lage sind, ihr Studium erfolgreich abzuschließen. Diese Wissensvermittlung kann in unterschiedlicher Qualität erfolgen, wobei evident ist, dass Qualität in diesem Kontext ganz sicher nicht einfach feststellbar bzw. messbar ist. Die österreichischen Fachhochschulen wurden im Zuge der jüngsten Novellierung des Fachhochschulstudiengesetzes dazu ermächtigt bzw. verpflichtet, ein eigenes Qualitätssicherungssystem einzurichten (vgl. § 3 Abs 2 FHStG). Dieses interne Qualitätsmanagementsystem wird wiederum einer externen Prüfung in Form eines Audits unterzogen. Im Wege eines derartigen Audits erfolgt eine auf maximal sieben Jahre befristete Zertifizierung des Qualitätsmanagementsystems. In § 22 Abs 2 HS-QSG (Hochschul-Qualitätssicherungsgesetz) sind die Prüfbereiche aufgezählt, die im Rahmen des Audits einer Prüfung unterzogen werden und die in einem Qualitätssicherungssystem bzw. in einem Qualitätsmanagementsystem geregelt werden müssen. Die Konkretisierung dieser Prüfbereiche erfolgt durch einschlägige Richt-

linien des Boards der Agentur für Qualitätssicherung Austria (AQA, vgl. § 18 ff.
HS-QSG) und umfasst unter anderem *„Strukturen und Verfahren der Qualitätssicherung in den Bereichen Studien und Lehre, Forschung oder Entwicklung und
der Erschließung der Künste oder Angewandte Forschung und Entwicklung, Organisation und Administration und Personal".* Im § 3 Abs 2 FHStG werden die
Grundsätze für die Gestaltung von Fachhochschul-Studiengängen aufgezählt, wobei in Ziffer 8 der Grundsatz *„die Lehrveranstaltungen sind ihrer Aufgabenstellung
und dem Ausbildungsstand der Studierenden entsprechend didaktisch zu gestalten"*
und in Ziffer 9 der Grundsatz *„die Lehrveranstaltungen sind einer Bewertung durch
die Studierenden zu unterziehen; die Bewertungsergebnisse dienen der Qualitätssicherung und sind für die pädagogisch didaktische Weiterbildung der Lehrenden
heranzuziehen"* manifestiert ist. Daraus ist zu schließen, dass die jeweilige Fachhochschule verpflichtet ist, entsprechende Weiterbildungsangebote zu ermöglichen
oder selbst anzubieten (vgl. Hauser 2011, S. 82, Anm. 60). Ein weiterer Hinweis
auf die Notwendigkeit einer pädagogisch-didaktischen Qualifizierung des Lehr-
personals findet sich im § 8 FHStG, in dem die Akkreditierungsvoraussetzungen
definiert werden und wo in Abs 2 Z 3 festgehalten wird, dass eine Akkreditierung als Fachhochschul-Studiengang voraussetzt, dass *„der Unterricht durch ein
wissenschaftlich, berufspraktisch und pädagogisch didaktisch qualifiziertes Lehr- und
Forschungspersonal abgehalten wird".* Aus den erwähnten gesetzlichen Vorgaben im
Fachhochschul-Studiengesetz und im Hochschul-Qualitätssicherungsgesetz lässt
sich somit eindeutig ein Auftrag an die Fachhochschulen ableiten, dafür zu sorgen,
dass das Lehrpersonal über entsprechende pädagogisch didaktische Fähigkeiten
verfügt bzw. die Möglichkeit hat, sich diese Fähigkeiten durch geeignete Weiterbildungen anzueignen. Der vorliegende Beitrag hat das Ziel, einerseits evident
zu machen, dass sich das Erfordernis einer hochschuldidaktischen Weiterbildung
nicht nur auf gesetzliche Direktiven zurückführen lässt, sondern auch und vor allem einer realen Notwendigkeit geschuldet ist, und andererseits am Beispiel der
Hochschuldidaktischen Weiterbildung der FH JOANNEUM einen Einblick in die
praktischen Erfahrungen bei der Entwicklung und Durchführung einer derartigen
Weiterbildung, vor allem aus organisatorischer Sicht, zu werfen.

2   Erhebungen zur pädagogisch-didaktischen Weiterbildung im Fachhochschulsektor

Im noch jungen Fachhochschulsektor hat man sich schon sehr früh mit der Frage
der pädagogisch-didaktischen Weiterbildung für Lehrende auseinandergesetzt. Im
Jahr 1996 wurde im Auftrag des Fachhochschulrates eine Studie in Auftrag gegeben,

die die „Erhebung und Anregung von Maßnahmen zur pädagogisch-didaktischen
Weiterbildung im FH-Bereich" zum Ziel hatte und im Oktober 1997 präsentiert
wurde (vgl. FHR-Info 1997). Mithilfe von problemzentrierten Interviews wur-
den insgesamt elf Studiengangsleiter im damals 34 Studiengänge umfassenden
Fachhochschul-Sektor interviewt. Insgesamt 14 Studiengangsleiter kamen für die
Auswahl als Interviewpartner nicht infrage, da sie zum Zeitpunkt der Durchführung der Interviews noch nicht einmal ein volles Studienjahr absolviert hatten.
Also ist davon auszugehen, dass mit den 11 interviewten Studiengangsleitern zum
damaligen Zeitpunkt das Spektrum der sach- und fachkundigen Meinungen und
Erfahrungen zum Thema fachhochschuldidaktische Weiterbildung durchaus gut
abgedeckt war und die Studie als aussagekräftig und repräsentativ zu betrachten ist.

Die Auswertung der Interviews hat Folgendes ergeben:

• Als wichtige Zielsetzung der FH-Studiengänge wird genannt, die Studierenden so zu entlassen, dass sie den Eintritt in den Beruf nicht als „Sprung
  ins Unbekannte", sondern aufgrund praxisgerechter Ausbildung vollziehen zu
  können. Das Ziel der bildungsökonomischen Frage der möglichst optimalen
  Inbeziehungsetzung von Ausbildungswesen und Beschäftigungssystem scheint
  im Bewusstsein der FH-Studiengänge also fest verwurzelt zu sein.

• Das dieser zentralen bildungsökonomischen Fragestellung zugrunde liegende
  Problem lässt sich auf einem hohen Abstraktionsgrad folgendermaßen präzisieren: Wie lässt sich die Kluft zwischen Bildungsinstitutionen einerseits, die Zeit
  binden und Lehr-/Lernprozesse didaktisieren können, und den Anforderungen
  der beruflichen Praxis andererseits überbrücken? Es wird betont, dass gerade
  in diesem bildungsökonomischen Zusammenhang die pädagogisch-didaktische
  Weiterbildung der Lehrenden relevant sei.

• Der fachhochschuldidaktischen Weiterbildung der Lehrenden wird im Hinblick
  auf die künftige Entwicklung des Fachhochschulbereichs ein hoher Stellenwert
  beigemessen. Ein besonders ausgeklügelter pädagogisch-didaktischer Lehrbetrieb gehört zum Leitbild der FH-Studiengänge. Die Konzentration auf die Lehre
  wird im Zusammenhang mit der studentischen Lehrevaluation, der Qualitätssicherung und der pädagogisch-didaktischen Weiterbildung der Lehrenden als
  Chance gesehen, den Fachhochschulbereich gegenüber den Universitäten zu
  profilieren und attraktiver zu machen.

• Die Grundstruktur jeder didaktischen Situation, die triadische Beziehung Lehrer
  – Schüler – Thema, scheint im Kontext des fachhochschulischen Lehrens und
  Lernens in einen äußerst eng bemessenen Zeithorizont eingebunden zu sein.
  Die fachhochschuldidaktische Weiterbildung der Lehrenden wird insofern auch

mit der Erwartung verknüpft, den Bildungsauftrag unter limitierten zeitlichen Voraussetzungen besser erfüllen zu können.

- Nur zwei FH-Studiengänge haben bereits den Versuch einer systematischen und kontinuierlichen Planung und Entwicklung der pädagogisch-didaktischen Weiterbildung initiiert.

- Die Aktivitäten der übrigen Studiengänge beschränken sich vorwiegend auf studiengangsinterne Ad-hoc-Reaktionen auf die Ergebnisse der studentischen Lehrveranstaltungsevaluierung in Form von Gesprächen innerhalb des Lehrkörpers und zwischen Lehrenden und Studierenden sowie auf die sporadische Inanspruchnahme von externen Weiterbildungsveranstaltungen.

- Diese Diskrepanz zwischen der rhetorischen Bekundung der hohen Wertschätzung der pädagogisch-didaktischen Qualifikation und den realisierten Maßnahmen ist sicherlich nicht nur einzelnen Personen anzulasten, sondern hat auch mit den strukturellen Schwierigkeiten in der Umsetzung fachhochschuldidaktischer Weiterbildungsmaßnahmen zu tun.

- Ein wichtiger Grund für die mangelnde Umsetzung wird im Fehlen von Informationen über das bestehende Angebot im Bereich der pädagogisch-didaktischen Weiterbildung gesehen.

- Das Instrument der Lehrveranstaltungsevaluierung wird nicht, dem gesetzlichen Auftrag folgend, zur Bindung an Maßnahmen der pädagogisch-didaktischen Weiterbildung, sondern vorwiegend als Teil des internen Rückkoppelungsprozesses in Form von Gesprächen zwischen Lehrenden und Studierenden verwendet.

- Die vorwiegend informellen hochschuldidaktischen Aktivitäten können nicht in dem geforderten und wünschenswerten Ausmaß zur Aufrechterhaltung und Qualitätssicherung bzw. Qualitätsverbesserung beitragen, weil sie zu keiner systematischen Qualitäts-Diskussion herausfordern oder eine solche leisten.

- Da bei der studentischen Lehrveranstaltungsevaluierung der gesetzlich vorgesehene Konnex zur systematischen pädagogisch-didaktischen Weiterbildung der Lehrenden verloren zu gehen droht, erscheint es sinnvoll, die Maßnahmen zur fachhochschuldidaktischen Weiterbildung der Lehrenden auch aus dem übergeordneten gesetzlichen Bildungsauftrag abzuleiten und zu entwickeln.

- Den persönlichkeitsbildenden Aspekten im Sinne von „Managementtraining" wird im Zusammenhang des fachhochschulischen Lehrens und Lernens ein hoher Stellenwert eingeräumt; sie werden direkt mit der Vermittlung von Schlüsselqualifikationen in Zusammenhang gebracht. Demnach werden zunehmend Bildungsinhalte als relevant erachtet, die auf einen hohen Allgemeinheitsgrad Ihrer Verwertungsmöglichkeiten im Sinne von Transferierbarkeit des Wissens hindeuten.

- Als Ziele bzw. leitende Grundsätze schreibt das Fachhochschulstudiengesetz vor, dass die AbsolventInnen in der Lage sein sollen, die Aufgaben des jeweiligen Berufsfeldes dem Stand der Wissenschaft und den Anforderungen der Praxis entsprechend zu lösen (vgl. § 3 Abs 1 Z 2 FHStG). Das erhobene Datenmaterial lässt allerdings die Schlussfolgerung zu, dass die gleichzeitige Gewährleistung von akademischen Standards und praxisorientierter Berufsausbildung unter zeitlicher Knappheit äußerst schwierig sein dürfte. Insbesondere die Frage, was „Hochschulniveau" im Kontext der fachhochschulischen Berufsausbildung sein kann, bleibt unbeantwortet. Zur Bewältigung dieses Theorie-Praxis-Problems wird festgehalten, dass hier auch über geeignete pädagogisch didaktische Maßnahmen zur Weiterbildung der Lehrenden korrigierend bzw. unterstützend eingegriffen werden kann.

- Aus dem vorliegenden Interviewmaterial lassen sich fünf typische Begründungszusammenhänge herausarbeiten, mittels derer diese hohe Wertschätzung der pädagogisch-didaktischen Weiterbildung explizit und/oder implizit argumentiert wird:

  1. *Das Regelstudienzeit-Argument:* Gemeint ist damit der Wunsch, durch pädagogisch didaktische Weiterbildung eine Hilfestellung zu bieten, den Ausbildungsauftrag unter begrenzt zu Verfügung stehenden zeitlichen Bedingungen besser erfüllen zu können.

  2. *Das Lehrer-Ethos-Argument:* Der Impuls für einen Lehrenden, eine pädagogisch-didaktische Weiterbildung zu machen, müsse unter dem Aspekt „Ich muss besser werden" von innen kommen und nicht nur, „weil es vorgeschrieben ist". Es besteht ein ethischer Anspruch an Lehrende, ihren Auftrag, ihre Verpflichtung, jungen Leuten zu vermitteln, was sie (die Lehrenden) von ihnen erwarten bzw. was die Wirtschaft von den AbsolventInnen erwartet, bestmöglich zu erfüllen.

  3. *Das Qualifikations-Argument.* Dieses Argument basiert auf der Annahme, dass die Lehrenden zwar meistens über Lehrerfahrung an Universitäten verfügen und fachlich entsprechend kompetent sind, aber keine pädagogisch-didaktische Ausbildung genossen haben.

  4. *Das bildungsökonomische Qualitäts-Argument:* Dieses Argument steht im Zusammenhang mit den typischen Charakteristika der Fachhochschulausbildung, die eine möglichst optimale Verbindung von Ausbildungswesen und Beschäftigungssystem ermöglichen sollen. Die Qualität einer Ausbildung wird nicht daran gemessen, über welches Wissen die Lehrenden verfügen, sondern vielmehr daran, mit welchem Wissen die AbsolventInnen ausgestattet sind und, darüber hinaus, wie sie es eigentlich anwenden können. Die Abhängigkeit der Anerkennung eines FH-Studienganges von

den Ergebnissen einer Bedarfs- und Akzeptanzerhebung, der berufsfeldorientierte Aufbau der Studiengänge, die Einbeziehung von Berufspraktikern
in den Lehrbetrieb, die Durchführung eines Praxissemesters etc. deuten darauf hin, dass die Verwertbarkeit des angeeigneten Wissens und Könnens
in der beruflichen Praxis im Zentrum der fachhochschulischen Ausbildung steht. Fachhochschulen werden nicht daran gemessen, über welches
Wissen die hier Lehrenden verfügen, sondern mit welchem Wissen die
AbsolventInnen ausgestattet sind und wie sie es anwenden können. In
die pädagogisch-didaktische Weiterbildung wird also auch die Erwartung
gesetzt, die Studierenden möglichst effizient mit jenen Qualifikationen auszustatten, die die mannigfaltigen Herausforderungen in der beruflichen
Praxis bestehen lassen.

5. *Das organisationstheoretische Leitbild-Argument:* Im Unterschied zur Universität, wo die Forschung im Vordergrund stehe, sei für den Fachhochschulbereich die Lehre, die dann natürlich besonders gut sein soll, wichtiger.
Damit wird den FH-Studiengängen gegenüber den Universitäten, wo die
Hochschuldidaktik traditionellerweise einen geringeren Stellenwert hat und
sich erst langsam durchzusetzen beginnt, eher die Chance eingeräumt, in
der Entwicklung und Erprobung innovativer Lehr- und Lernformen aktiv
zu sein. Ein besonders ausgeklügelter pädagogisch-didaktischer Lehrbetrieb
gehört somit auch zum Leitbild der FH-Studiengänge (Sohm 1999, S. 46 ff.,
vgl. Hauser et al. 1999, S. 167 f.).

3   Die Hochschuldidaktische Weiterbildung (HDW) der FH JOANNEUM

Nach zahlreichen internen Diskussionen und häufig geäußerten Wünschen nach
einer „Didaktikweiterbildung" im Haus fand im Juli 2009 die konstituierende
Sitzung der „Entwicklungsgruppe Didaktik" statt, die den Auftrag der Geschäftsführung und des Kollegiums zu erfüllen hatte, „spezifische Weiterbildungsmodule
im Bereich Didaktik für Lehrende der FH JOANNEUM zu entwickeln" (siehe
FH JOANNEUM 2009, Protokoll der konstituierenden Sitzung). In dieser Entwicklungsgruppe waren StudiengangsleiterInnen ebenso wie Lehrende aus allen
Fachbereichen, E-Learning-ExpertInnen und der spätere wissenschaftliche Leiter
der Hochschuldidaktischen Weiterbildung, Univ.-Prof Rudolf Egger, als externer
Experte vertreten. In zahlreichen Treffen wurde ein Grobcurriculum für einen
aus 6 Modulen bestehenden „Master of Education" mit insgesamt 120 ECTS

erarbeitet. Das erste Modul davon wurde schließlich im Auftrag der Hochschulleitung im Detail ausgearbeitet und sollte allen Lehrenden des Hauses als unterstützende Weiterbildung angeboten werden. Dieses erste Modul mit dem Titel „Grundlagen der Hochschuldidaktik" wurde in drei Teile zu je 6 ECTS gegliedert, und zwar „Planung und Entwicklung von Lehrveranstaltungen", „Lebenswelten von Studierenden/Betreuung und Beurteilung der Studierenden an der FH/Konfliktmediation" und „Methodik und Didaktik". Jeder dieser drei Teile umfasste 150 Übungseinheiten (UE), wovon lediglich 30 in Präsenzveranstaltungen abgehalten wurden. Der überwiegende Anteil von 120 UE wurde online durch E-Learning-Unterstützung abgewickelt. Um allen Interessierten möglichst umgehend die Möglichkeit bieten zu können, diese Weiterbildung abzuschließen, wurde jedes Semester, beginnend mit dem Wintersemester 2010, ein neuer Lehrgang gestartet. Für die Umsetzung und praktische Durchführung der HDW wurde ein eigenes Konzept erstellt, dem folgende Motive für die Einrichtung der HDW zu entnehmen sind:

• Vermittlung einer fundierten hochschuladäquaten didaktischen Ausbildung für alle Lehrenden.
• Qualitätssicherung in der Lehre.
• Schaffung einer gemeinsamen Basis an didaktischen Fähigkeiten und Fertigkeiten in der Lehre sowohl für neue als auch für länger tätige Lehrende.
• Einfachere und vermehrte Integration von bestehenden Angeboten im Bereich E-Learning in die Lehre.
• Heranführen von Lehrenden an die Reflexion ihrer eigenen sowie an neue Lehrmethoden.
• Profitieren vom Wissen und der Erfahrung von anderen Lehrenden und Lehrenden anderer Fachbereiche.
• Steigerung der Attraktivität der FH JOANNEUM als Arbeitgeberin für neue Lehrende. (FH JOANNEUM 2010, Konzept, S. 4).

3.1 Unterschiedliche Lehr- und Lernwelten

Ein durchaus gewünschter Aspekt, der in vielen Berichten und Abschlussarbeiten von TeilnehmerInnen der HDW thematisiert wurde, betrifft den intensiven Erfahrungsaustausch, der sich durch die heterogene Durchmischung von TeilnehmerInnen der einzelnen Lehrgangsgruppen ergibt (siehe dazu auch den Beitrag von Werner Hauser in diesem Bd.). Einerseits werden an Jahren junge KollegInnen mit älteren KollegInnen ebenso wie neu im Haus, zum Teil überhaupt neu an Fachhochschulen unterrichtende KollegInnen mit teilweise schon sehr lange an der FH JOANNEUM Lehrenden gemischt. Andererseits ergibt sich auch durch die

Mischung der Geschlechter, die teilweise Teilnahme von StudiengangsleiterInnen, aber vor allem durch die Zugehörigkeit zu den unterschiedlichen Fachbereichen eine unglaubliche Vielfalt an Problemstellungen, Fragen und Herangehensweisen bei den Aufgaben, die ein Hochschullehrender zu bewältigen hat. So trifft etwa die „Welt" der Hebammen oder PhysiotherapeutInnen auf jene von FahrzeugtechnikerInnen oder DesignerInnen, WirtschafterInnen oder SozialarbeiterInnen. Von besonderem Interesse ist in diesem Zusammenhang auch die in der HDW integrierte Hospitation von Lehrveranstaltungen eines anderen Teilnehmers oder einer anderen Teilnehmerin. Dabei ist es immer wieder zu erstaunlichen Erfahrungen und Erkenntnissen gekommen, vor allem wenn man dabei in eine inhaltlich völlig „fremde Welt" eingetaucht ist (siehe dazu auch den Beitrag von Harald Burgsteiner in diesem Band).

Häufig herrschte hier zunächst große Skepsis vor, und es überwog die Angst und Unsicherheit, im Unterricht von einem/einer anderen Lehrenden beobachtet und darüber hinaus sogar bewertet zu werden. Nach Durchführung der Hospitationen erkannten jedoch ausnahmslos alle TeilnehmerInnen den Vorteil dieser Methode und stellten fest, dass diese Art der Reflexion und Rückmeldung eines Kollegen oder einer Kollegin ungeheuer hilfreich für die Entwicklung der eigenen Lehre ist (vgl. Felbinger 2012; Egger und Merkt 2012).

3.2 Der verpflichtende Charakter der HDW

Eine weitreichende und viel diskutierte Festlegung wurde bei der Entwicklung und Einführung der HDW getroffen, nämlich dass diese Weiterbildung für alle fix angestellten Lehrenden im Haus verpflichtend zu absolvieren ist. Demnach bekommen zunächst alle neu ins Haus kommenden Lehrenden automatisch einen Fixplatz und können damit sofort mit der hochschuldidaktischen Weiterbildung beginnen. Die restlichen Plätze sind für alle anderen hauptberuflich Lehrenden reserviert. Erst wenn dann noch Plätze frei sind, dürfen wissenschaftliche MitarbeiterInnen in der Lehre an der HDW teilnehmen. Diese Regelung führte anfangs dazu, dass sich auf den Wartelistenplätzen gereihte wissenschaftliche MitarbeiterInnen benachteiligt gefühlt haben, die zudem mit dem Argument, dass sie als die jüngsten und damit meist unerfahrensten Lehrenden im Haus eigentlich die ersten AdressatInnen für eine derartige Weiterbildung wären, ihre Forderung untermauerten. Trotz dieser vermeintlichen Benachteiligung ist es auch am Anfang gelungen, allen didaktikaffinen und interessierten KollegInnen einen Platz in der HDW anzubieten. Nach diesen ersten drei bis vier Durchführungen wurde deutlich spürbar, dass alle Lehrenden des Hauses, die sich bewusst und aktiv mit aktuellen didaktischen Fragen und Problemen auseinandergesetzt haben und an einer derartigen Weiterbildung aus dieser Motivation heraus interessiert waren, bereits zu AbsolventInnen bzw.

TeilnehmerInnen der HDW geworden waren. Um pro Semester die erforderliche Zahl an TeilnehmerInnen für die Durchführung zu erreichen, war nun viel mehr an Überzeugungsarbeit zu leisten. So sehr der verpflichtende Charakter der HDW für alle hauptberuflich Lehrenden des Hauses als Garant für eine kontinuierliche Buchung erschien, zeigte sich im Laufe der Zeit, dass er auch den großen Nachteil hatte, dass keine Konsequenzen damit verbunden waren, wenn die Verpflichtung einfach ignoriert wurde. Das hat immer mehr dazu geführt, dass jene StudiengangsleiterInnen des Hauses, die bei der Thematik aus unterschiedlichen Gründen immer schon „zurückhaltend" waren, nunmehr keine weitere Veranlassung sahen, ihre Lehrenden zu einer Teilnahme an der HDW zu motivieren und manchmal auch Lehrende eines Studienganges die Teilnahme an der HDW unter Verweis auf die hohe zeitliche Belastung verweigerten bzw. Lehrende, die das Angebot der HDW eher als (zeitliche) Belastung denn als Unterstützung sahen, von einer Anmeldung Abstand nahmen.

3.3   Das Zeitproblem

Immer wieder wurde, vor allem von Lehrenden und jenen StudiengangsleiterInnen des Hauses, die der Unterstützung durch eine verpflichtende didaktische Weiterbildung neutral bis ablehnend gegenüberstanden, darauf hingewiesen, dass es unmöglich sei, den Lehrenden des jeweiligen Studienganges den Besuch der HDW zu erlauben, da die damit verbundene zusätzliche zeitliche Belastung von 150 UE pro Semester für die mit Lehre, Forschung und allerlei sonstigen Aufgaben bereits mehr als ausgelasteten Lehrenden nicht mehr zu bewältigen sei. Daher würde man zwar die HDW als für das Haus sehr wichtige Initiative begrüßen und unterstützen, aber eben nicht durch die Teilnahme der eigenen Lehrenden. Dieses Phänomen ist im Titel dieses Beitrages mit „Didaktik, ja, aber..." angesprochen. Immer wieder war auch der Hinweis zu hören, dass eine solche Weiterbildung keinesfalls verpflichtend vorgeschrieben werden soll und nach Möglichkeit modulartig aufgebaut und so organisiert sein möge, dass Lehrende dann, wenn sie gerade Zeit hätten, ein bestimmtes Modul ihrer Interessen besuchen könnten.

Natürlich wäre ein flexibles, modulartig aufgebautes Angebot, auf das man freiwillig und nach Bedarf zugreifen kann, aus „Konsumentensicht" optimal. Problematisch ist eine derartige Variante allerdings im Hinblick auf die organisatorische Durchführung, konkret, wenn es um die zu erreichende erforderliche Teilnehmeranzahl bei den einzelnen Modulen geht. Die langjährige Erfahrung in der Entwicklung und Durchführung von Weiterbildungsangeboten hat mir immer wieder gezeigt, dass jegliches unterstützende Weiterbildungsangebot, das auf freiwilliger Basis in Anspruch genommen werden kann, lediglich von der meist eher kleinen Gruppe der wirklich am jeweiligen Thema Interessierten tatsächlich genutzt wird. Diese Gruppe wurde mehr oder weniger auch in der HDW mit den ersten drei bis vier Durchführungen abgeschöpft, sodass ab diesem Zeitpunkt für den Fall, dass die HDW nicht verpflichtend zu absolvieren wäre, äußerst wenige Anmeldungen zu verzeichnen gewesen wären und das Weiterbildungsangebot somit ausgelaufen wäre. Natürlich ist der zeitliche Aufwand ernst zu nehmen und kritisch zu betrachten. Analysiert man allerdings die Erfahrungen von AbsolventInnen und TeilnehmerInnen der HDW zu dieser Frage, so stellt sich heraus, dass sogar für jene Lehrenden, die nur mit einer halben Verpflichtung im Haus angestellt sind und teilweise noch einem zweiten Beruf nachgehen oder mit Kinderbetreuung und privaten Verpflichtungen zeitlich angespannt sind, eine erfolgreiche Teilnahme möglich war. Voraussetzung dafür ist natürlich neben der vollen Unterstützung durch den Vorgesetzten vor allem die positive Einstellung zum Thema Didaktikweiterbildung und die Reihung eben dieses Themas mit einer hohen Priorität in der Aktivitätenskala eines und einer jeden Lehrenden. Wenn man davon ausgeht, dass die Hauptaufgabe von Lehrenden eben die Lehre ist (siehe Einleitung) und daher ein individuelles Bestreben, diese Hauptaufgabe möglichst gut und immer besser zu machen, jedem und jeder engagierten Lehrenden unterstellt werden muss, so ist daraus zu schließen, dass das Angebot einer unterstützenden Weiterbildung zur Erreichung dieses Ziels mit großer Dankbarkeit angenommen und bei der Planung der zeitlichen Ressourcen mit oberster Priorität versehen sein müsste. Die in der Einleitung dargestellten gesetzlichen Notwendigkeiten für eine derartige Weiterbildung sollten hier meines Erachtens höchstens als sachliche Untermauerung der angeführten These dienen.

Da die Weiterbildung mit verpflichtendem Charakter versehen ist und damit quasi vom Arbeitgeber als verordnet gilt, haben alle TeilnehmerInnen das Recht, die pro Semester vorgesehenen 150 UE in der Dienstzeit zu verbringen bzw. sich als Dienstzeit anrechnen zu lassen. Auch wenn man davon ausgehen kann, dass durch die – durch den hohen Anteil von E-Learning-Anteilen von 120 UE – zeitlich und räumlich äußerst flexible Gestaltungsmöglichkeit Lehrende durchaus auch zu Hause Beiträge in jenen Zeiten leisten, die nicht der Dienstzeit zugeordnet werden, werden einige Lehrende immer wieder darauf bestehen, die gesamte verwendete Zeit als Dienstzeit anrechnen zu lassen. Hier kann ein Vergleich mit der Vorbereitung einer Lehrveranstaltung gezogen werden, die ja auch immer wieder am heimischen Arbeitsplatz passiert, ohne dass damit Dienstzeit in Anspruch genommen wird. Der Vergleich ist auch aus dem Grund passend, da im ersten Modul der HDW die Vorbereitung einer eigenen Lehrveranstaltung Teil der Weiterbildung ist und somit eine Tätigkeit, die ohnehin vorzunehmen ist, mit professioneller Unterstützung und Begleitung mit dem Besuch der Weiterbildung erledigt werden kann, wodurch auch Zeit eingespart wird.

3.4 Die Anerkennungsregelung

Eine weitere Möglichkeit Zeit zu sparen, ist durch die Anerkennung bereits absolvierter einschlägiger didaktischer Weiterbildungen gegeben (siehe Homepage
der FH JOANNEUM). Anerkannt werden kann nach einem sehr klar definierten
Modus neben dem Besuch einschlägiger hochschuldidaktischer Weiterbildungen
auch die Abhaltung von entsprechenden facheinschlägigen Workshops und Seminaren bzw. das Abhalten von Vorträgen, wobei Letzteres mit einem Faktor 2
und das Anbieten von Workshops oder Seminaren mit einem Faktor 3 gerechnet
wird. Dabei ergibt sich in Summe eine Nettozeit, sodass bei Erreichen der pro
Semester geforderten 150 UE bzw. 19 Tage ein Modul angerechnet werden kann.
Eine Anerkennung der gesamten Weiterbildung ist nicht möglich, es können maximal die ersten beiden Module angerechnet werden. Natürlich werden auch keine
Lehrleistungen angerechnet, und es ist auch nicht möglich ein Studium (etwa ein
Pädagogikstudium) anerkannt zu bekommen. Es wird ein direkter Vergleich der
anzuerkennenden Weiterbildung ermöglicht, der mit den erwähnten großzügi-
gen Faktoren ergänzt ist, wenn sich jemand durch Vorträge oder Abhaltung von
Seminaren und Workshops bereits intensiv mit der Thematik beschäftigt hat.

3.5 Evaluierung und daraus folgende Weiterentwicklung

Die Evaluierung der Hochschuldidaktischen Weiterbildung folgt einer sehr intensiven und „feinmaschigen" Systematik, die im Laufe der Jahre bereits zu einigen
Änderungen geführt hat. Diese Änderungen werden weiter unten angeführt,
zunächst möchte ich auf die Evaluierungsmethoden eingehen:
    Am Beginn steht die klassische schriftliche Evaluierung durch alle Teilnehme-
rInnen mit einem sehr umfangreichen Fragebogen, der anonym und elektronisch
auszufüllen ist. Darüber hinaus werden die TeilnehmerInnen zu mündlichem Feedback aufgefordert und immer wieder auch direkt befragt. Enger Kontakt der Leitung
der HDW besteht natürlich auch mit den ReferentInnen, die, gemeinsam mit
den Kolleginnen vom ZML – innovative Lernszenarien, dem für die Abwicklung des begleitenden E-Learning-Anteils verantwortlichen Kompetenzzentrum,
in regelmäßigen Abständen in Kollegiumssitzungen ausführliche Evaluierungs-
und Abstimmungsgespräche führen. Ein besonders guter Eindruck, vor allem für
die Leitung der HDW, lässt sich jedoch durch die Abschlusspräsentationen der
TeilnehmerInnen gewinnen. Zu diesen Abschlusspräsentationen, die als Teil der
Weiterbildung einen vollen Tag in Anspruch nehmen, werden alle interessierten
Kollegen aus dem Haus eingeladen. In vielen Diskussionen und Gesprächen kann

sich die für den Inhalt und die Weiterentwicklung verantwortliche Leitung der HDW hier neben den Präsentationen der TeilnehmerInnen einen sehr intensiven Eindruck von der Weiterbildung machen. „Ich unterrichte seit mehr als 10 Jahren an Hochschulen, aber wie man das wirklich macht, hat mir bisher noch keiner gesagt" war eine der prägnantesten Aussagen, die der Autor bei einem der Feedbackgespräche zu hören bekam.

Die laufende Qualitätskontrolle durch die begleitenden Evaluierungsmaßnahmen und viele mit Vertretern des Hauses darüber hinaus geführte Gespräche haben zu zahlreichen Adaptierungs- und Entwicklungsschritten in Organisation, Abwicklung und Inhalt der HDW geführt:

- Zunächst wurde dem Argument der hohen zeitlichen Beanspruchung Rechnung getragen und die Weiterbildung von drei auf zwei Teile gekürzt, sodass 2 Semester zu je 150 UE und 12 ECTS geblieben sind. Das zweite Modul „Lebenswelten von Studierenden/Betreuung und Beurteilung der Studierenden an der FH/Konfliktmediation" wurde herausgenommen, wobei auch ein Teil der Inhalte aus diesem Modul auf die beiden anderen verbliebenen Module aufgeteilt wurde (z. B. der Teil „Beurteilung von Studierenden an der FH"). Weiters wurde durch eine Initiative des Betriebsrates die Möglichkeit für alle TeilnehmerInnen an der HDW geschaffen, die Lehrbelastung um eine Stunde zu reduzieren.
- Die Durchführung erfolgt nicht mehr mit einem neuen Jahrgang pro Semester. Die HDW startet nur mehr einmal pro Jahr, jeweils im Wintersemester.
- Der verpflichtende Charakter der Weiterbildung wurde durch die Aufnahme in einem Personalentwicklungskonzept für Lehr- und Führungskräfte verankert und die Hochschuldidaktische Weiterbildung damit nachhaltig institutionalisiert: In diesem neu geschaffenen Karrieremodell ist ein Aufstieg in höhere Levels nur mehr nach erfolgreichem Abschluss der HDW möglich (FH JOANNEUM 2013a). Da ein derartiger Aufstieg einerseits mit Prestige und andererseits mit gehaltlichen Verbesserungen verbunden ist, wird die Absolvierung der HDW für alle Lehrenden ein anzustrebendes Ziel sein und in der Reihung der Priorität von zu erledigenden Aufgaben entsprechend weit vorne platziert werden, zumal eine Absolvierung der HDW innerhalb von 18 Monaten vorgesehen ist. Somit ist mit der persönlichen Entwicklung entlang eines „Karrierepfades" für die letzten drei Schritte dieses Pfades, also bei der endgültigen Professionalisierung der Lehre, die Beschäftigung mit Hochschuldidaktik im Ausmaß von 300 UE ein selbstverständlicher Bestandteil geworden. Aus meiner Sicht wäre eine effektivere Konsequenz des verpflichtenden Charakters der HDW gar nicht möglich gewesen. Bei der praktischen Ausführung dieser neuen Regelung wird insbesondere auf die Abwicklung der Anerkennung bereits

absolvierter Ausbildungen ein Augenmerk zu legen sein, um hier kein Schlupf-
loch für all jene zu schaffen, die sich die HDW ersparen wollen. Dies scheint
auch deshalb wichtig, da in der diesbezüglichen Formulierung der „Nachweis
einer hochschuldidaktischen Ausbildung (Sic!, hier ist von Ausbildung, nicht
von Weiterbildung die Rede) oder Absolvierung der HDW innerhalb von 18
Monaten die Rede ist (FH JOANNEUM 2013a, S. 11).

- Bei der Umsetzung dieser neuen Personalentwicklungsmaßnahme wird die Erlangung des Titels „FH- Professor" mit der Verpflichtung zur Absolvierung der
HDW, und damit mit dem verpflichtenden Nachweis einer didaktischen Weiterbildung verknüpft, was den Anreiz zur Absolvierung der HDW auch ohne
echte Verpflichtung deutlich erhöht.

- Da es immer wieder zu Anfragen von Lehrenden anderer Hochschulen kam,
wurde die HDW gegen Bezahlung eines entsprechenden Beitrages in recht geringer Höhe auch für Lehrende anderer Hochschulen geöffnet (nach Maßgabe
freier Plätze). Aus unserer Sicht ist es für eine didaktische Weiterbildung in
jedem Fall eine Bereicherung, wenn nicht nur Lehrende unterschiedlicher Fachbereiche einer Hochschule, sondern auch Lehrende verschiedener Hochschulen
an einer derartigen Weiterbildung teilnehmen.

- Darüber hinaus wurden die Anerkennungsregeln angepasst, ein Formular
„Schriftliche Rückstellung" samt Begründung und Unterschrift des vorgesetzten Studiengangsleiters bzw. der vorgesetzten Studiengangsleiterin für den Fall
der Abmeldung eines neu im Haus beginnenden Lehrenden eingeführt, die Ab-
schlussarbeit im letzten Modul gestrichen, die Beteiligung der Lehrenden an den
Online-Aktivitäten erhöht und im Laufe der Zeit immer wieder verschiedene
organisatorische und teilweise inhaltliche Anpassungen durchgeführt.

4   Fazit

Betrachtet man die seit der Entwicklung und Einführung der verpflichtenden, ur-
sprünglich dreisemestrigen Weiterbildung für Lehrende gemachten Erfahrungen
und Erlebnisse, so lässt sich mit einigem Stolz und durchaus großer Zufriedenheit
sagen, dass es sich um die erfolgreiche Umsetzung eines Modells zur pädagogischen
Professionalisierung von Hochschullehrenden handelt. Trotz einiger Skepsis und
teilweise offener Widerstände ist es mit entsprechender Beharrlichkeit und dem
Willen zur Veränderung gelungen, einen wesentlichen Beitrag für die Qualitätssicherung und Qualitätsverbesserung bei der Ausübung der eindeutig wichtigsten
Aufgabe der Fachhochschule FH JOANNEUM zu leisten. Aus meiner Sicht liegt

die besondere Herausforderung in unmittelbarer Zukunft darin, jene TeilnehmerInnen an der HDW, die nicht mit der Begeisterung wie die ersten drei bis vier Kohorten zugange sind, die ihre Motivation zur Teilnahme vielleicht aus der dem neuen Karrieremodell abgeleiteten Verpflichtung zur Absolvierung dieser Weiterbildung ableiten, dennoch so weit zu motivieren, oder noch besser: zu begeistern, dass sie in ihrer Zukunft als Lehrende stets offen für didaktische Initiativen bleiben.

Durch die Verankerung im hauseigenen Karrieremodell für das Lehr- und Forschungspersonal und die damit verbundene Institutionalisierung ist der langfristige Bestand der HDW gesichert. Nachdem beinahe die Hälfte der hauptberuflich Lehrenden und StudiengangsleiterInnen bereits zu den TeilnehmerInnen oder AbsolventInnen gehören und sich schon sehr intensiv herumgesprochen hat, welchen Nutzen die HDW für die Entwicklung der eigenen Lehre hat, sind auch die skeptischen und gegnerischen Stimmen verstummt. Umso mehr, nachdem auch die zeitliche Problematik entschärft wurde und alle ernst zu nehmenden Argumente gegen den Besuch dieser Weiterbildung entkräftet sind. Somit hat sich auch ein willkommener Anlass geboten, ein wenig innezuhalten und das Projekt HDW zu reflektieren und nochmals gründlich zu analysieren, was nicht zuletzt durch das vorliegende Buch beabsichtigt und hoffentlich auch gelungen ist.

Literatur

Egger, Rudolf, und Marianne Merkt, Hrsg. 2012. Lernwelt Universität. Entwicklung von Lehrkompetenz in der Hochschullehre. Lernweltforschung Bd. 9. Wiesbaden: Springer.
Felbinger, Andrea. 2012. Hochschuldidaktische Weiterbildung an der Fachhochschule JOANNEUM: Einblicke in ein erfolgreiches Modell zur pädagogischen Professionalisierung von Lehrenden. In Lernwelt Universität. Entwicklung von Lehrkompetenz in der Hochschullehre Lernweltforschung Bd. 9, Hrsg. Rudolf Egger und Merkt Marianne. Wiesbaden: Springer.
FH JOANNEUM. 2010. Konzept für das Modul A „Grundlagen der Hochschuldidaktik" des geplanten Lehrgangs zur Weiterbildung nach § 14a FHStG „Anwendungsorientierte Hochschuldidaktik" zur didaktischen Weiterbildung der Lehrenden an der FH JOANNEUM. Graz. Unveröffentlichtes Konzept.
FH JOANNEUM. 2009. Protokoll der konstituierenden Sitzung der „Entwicklungsgruppe für Weiterbildung im Bereich Didaktik" der FH JOANNEUM (13.07. 2009). Graz. Unveröffentlichtes Protokoll.
FH JOANNEUM. 2013a. Projekt MuT – Motivation und Transparenz, Funktionsstruktur L & F, Anforderungsprofile & Qualifikationserfordernisse. Graz, Oktober 2013, Präsentation für Führungskräfte und Betriebsrat, S. 11. Unveröffentlichte Präsentation.
FH JOANNEUM. 2013b. http://www.fh-joanneum.at/aw/home/Weiterbildung/hdw/Angebot/Grundlagen_HDW/~cdav/Anrechnung_HDW/?lan=dehttp. Zugegriffen: 26. Nov 2013.

FHR-INFO. 1997. Mitteilungen, Verordnungen, Beschlüsse des Fachhochschulrates, Nr. 10.

Hauser, Werner. 2011. *Fachhochschul-Studiengesetz. Kommentar* 6. Aufl., Wien: Verlag Österreich.

Hauser, Werner, Helfrid Maresch, und Peter, Reininghaus. 1999. Voraussetzungen für den optimierten Betrieb von Fachhochschul-Studiengängen. In *Schriften zum Bildungsrecht und zur Bildungspolitik* Hrsg. Manfred Prisching, Werner Lenz, und Werner Hauser, 167–169. Wien: Verlag Österreich (2012).

Sohm, Kurt. 1999. *Praxisbezogene Ausbildung auf Hochschulniveau,* 46–49. WUV Universitätsverlag.

Die Hochschuldidaktische Weiterbildung der FH JOANNEUM als Best Practice-Beispiel für eine didaktisch-pädagogische Professionalisierung des Lehrpersonals?

Eine Befragung zu den Erfahrungen Teilnehmender mit der HDW

Eva Maria Calvi

Zusammenfassung

Das Weiterbildungsprogramm „Hochschuldidaktische Weiterbildung" wird seit dem Jahr 2010 an der FH JOANNEUM für alle neu eingestellten hauptberuflich Lehrenden verpflichtend angeboten und erstreckt sich in seiner ursprünglichen Konzeption mit einem Workload von insgesamt 18 ECTS (European Credit Transfer System) über drei Semester. Es bietet dem Lehr- und Forschungspersonal durch eine Kombination von Präsenz-, Online- und Selbstlernphasen, Dokumentation der Praxis und Hospitationen die Möglichkeit, gemeinsam, voneinander und übereinander zu lernen, das eigene Tun zu reflektieren und auf diese Weise zur Qualitätssicherung der Lehre an der Fachhochschule beizutragen. Gegenstand des vorliegenden Beitrages ist die systematische Darstellung der Erfahrungen Teilnehmender der ersten vier Jahrgänge der HDW. Mittels einer quantitativen Untersuchung wird unter anderem der Frage nachgegangen, inwiefern diese strategische Weiterbildungsmaßnahme zur didaktisch-pädagogischen Professionalisierung und im weiteren Sinne zur Personalentwicklung beiträgt. Abschließend werden die Ergebnisse der Befragung im Hinblick auf die Weiterentwicklung der HDW diskutiert.

E. M. Calvi (✉)
Weiterbildung und Studierendenadministration, FH JOANNEUM,
Alte Poststraße 152, 8020 Graz, Österreich
E-Mail: eva.calvi@gmx.at

R. Egger et al. (Hrsg.), *Hochschuldidaktische Weiterbildung*
an Fachhochschulen, Lernweltforschung 12,
DOI 10.1007/978-3-658-01497-1_9, © Springer Fachmedien Wiesbaden 2014

Hintergrund

Lebenslanges Lernen erweist sich im Zeitalter der Wissensgesellschaft als unabdingbar und ist auch für das bereits hoch qualifizierte Lehrpersonal im tertiären Bildungsbereich ein unerlässlicher Bestandteil der täglichen Arbeit. Mit dem seit 2010 an der FH JOANNEUM verpflichtenden Weiterbildungsangebot „Hochschuldidaktische Weiterbildung" wird allen hauptberuflich Lehrenden die Möglichkeit geboten, ihre didaktischen Fähigkeiten und Fertigkeiten zu vertiefen und zu ExpertInnen in der Gestaltung und Durchführung von Lernprozessen zu werden. Der vorliegende Beitrag erhebt die Einstellungen und Erfahrungen der TeilnehmerInnen und AbsolventInnen der ersten vier Jahrgänge und wirft die Frage auf, ob diese Form der didaktisch-pädagogischen Professionalisierung das Potenzial zu einem Best Practice-Beispiel hat.

Methode

Eine Befragung mittels eines aus 40 geschlossenen Fragen und vierstufigen Likertskalen sowie drei offenen Fragen bestehenden Fragebogens wurde über einen Zeitraum von vier Wochen an der FH JOANNEUM mit Teilnehmenden und AbsolventInnen der HDW ($N = 40$) durchgeführt.

Ergebnisse

Es können neben der Erhebung der TeilnehmerInnendaten fünf Hauptkategorien identifiziert werden: i) Einschätzung des persönlichen Nutzens, ii) Einschätzung des Transfererfolges (gegliedert nach besuchten Teilen der HDW), iii) Einschätzung der Nachhaltigkeit, iv) Resonanz durch das soziale Umfeld und v) Anregungen zur Weiterentwicklung. Zwar wird der Nutzen der HDW grundsätzlich als positiv für die tägliche Arbeit bewertet, doch lässt insbesondere die Auswertung der offenen Fragen auch Platz für Interpretationen zur Weiterentwicklung der HDW.

Conclusio

In der vorliegenden Studie wird anhand der systematischen Darstellung der Erfahrungen Teilnehmender die Wichtigkeit einer didaktischen Professionalisierung für den Hochschulbereich thematisiert, und unter Berücksichtigung der gängigen Evaluierungen werden neue Erkenntnisse für die Organisation gewonnen. Basierend auf den Ergebnissen dieser Studie ist eine Weiterentwicklung und Verbesserung der didaktischen Weiterbildung im Sinne der Qualitätssicherung der Lehre möglich.

1 Einleitung

Nur durch eine hochwertige Lehre können unsere Hochschul- und Berufsbildungs-
systeme gewährleisten, dass sich die Studierenden den Kompetenzmix aneignen, den
sie für ihre persönliche und berufliche Entwicklung brauchen.
(Vassiliou Androulla, EU-Kommissarin für Bildung, Kultur, Mehrsprachigkeit und
Jugend)[1]

„Weiterbildung wird [in unserer Wissensgesellschaft generell] als notwendige,
selbstverständliche Begleitung und Ergänzung nach der Erstausbildung angesehen"
(Lenz 2005, S. 49) und gewinnt, bedingt durch Globalisierung, Strukturwandel und
rasante technische Entwicklungen in sämtlichen Bereichen zunehmend an Bedeutung (vgl. Klüber 2006, S. 7; OECD 2005, zit. n. Brinker 2012, S. 247). Besonders
„[i]m Kontext des Bologna-Prozesses präzisierten die europäischen Bildungsmini-
ster und -ministerinnen [...] ihre Vorstellungen zum Lifelong Learning. So sollen
Hochschulen Strategien für das lebensbegleitende und lebenslange Lernen entwickeln [...]" (Prag Kommuniqué 2001, S. 7, zit. n. AQA 2012, S. 15). Demzufolge
erweist es sich auch für das bereits hoch qualifizierte Lehr- und Forschungspersonal an Fachhochschulen, das selbst unmittelbar in der Wissensvermittlung tätig
ist und sich zudem durch heterogene Biografien und unterschiedliche Praxiserfah-
rungen auszeichnet, als unabdingbar, sich durch lebensbegleitende Weiterbildung
stets auf dem neuesten Wissensstand zu halten und sich der Lehrkompetenzentwicklung, welche sich nach Heiner (2012) vor allem in „einer Mischung von
informellen, selbstsorgenden und formellen, weiterbildungsgestützten Prozessen"
(Heiner 2012, S. 189) entfaltet, anzunehmen (vgl. hierzu ebd. 2012, S. 167). Lehrende an Fachhochschulen tragen Verantwortung, Studierende und AbsolventInnen
mit wesentlichen Schlüsselkompetenzen,[2] die nicht bloß vermittelt, sondern in einem geeigneten Lernraum erfahren und erlebt werden müssen, auszustatten, sie

---

[1] Europäische Kommission (2013).

[2] Unter Schlüsselqualifikationen bzw. -kompetenzen, welche durch den sehr praxisorientier-
ten Bildungsprozess an der Fachhochschule vermittelt werden sollen, werden überfachliche
(Zusatz-)Qualifikationen, also „Kompetenzen, die zusätzlich zum Fachwissen erworben
bzw. weiterentwickelt werden", verstanden (vgl. Brinker 2012, S. 244 f.). Nach Mertens
(1974) lassen sich diese Schlüsselqualifikationen neben der Sachkompetenz in drei weitere Dimensionen, nämlich in Methoden-, Sozial- und Selbstkompetenz (vgl. ebd., S. 245)
gliedern, während die Kommission der Europäischen Gemeinschaft im Jahr 2005 folgende
für das lebenslange Lernen relevante Schlüsselkompetenzen formulierte: Muttersprachli-
che, fremdsprachliche, mathematische bzw. naturwissenschaftlich-technische, Computer-,
Lern-, interpersonelle, unternehmerische und kulturelle Kompetenz (vgl. ebd., S. 246). Die
Förderung dieser Schlüsselkompetenzen erfordert es, dass Lehrende mehr und mehr zu
LernberaterInnen oder zu einem Coach der Lernenden werden (vgl. ebd., S. 249).

zu selbstständigen LerngestalterInnen werden zu lassen und somit optimal auf das Berufsleben vorzubereiten (vgl. Brinker 2012, S. 249). Ihre Aufgabe ist es – im Sinne von Bildung als „public good" – Studierende zu bilden, zu qualifizieren und zu vernetzen[3] (vgl. Chisholm et al. 2009, S. 12). Um gemäß der Bologna-Reform „Learning Outcomes" erzielen zu können, wird ein Perspektivenwechsel – weg von der Lehrendenzentrierung hin zur Studierendenzentrierung – notwendig (vgl. Felbinger 2012, S. 209). Damit der Lern- und Transfererfolg gelingt, zählt nicht nur *was*, sondern vor allem *wie* etwas vermittelt und Lernenden transportiert wird, womit das aktive Lernen der Studierenden in den Mittelpunkt pädagogischer Bemühungen rückt und die Anwendung innovativer didaktischer Konzepte sowie eine umfangreiche und fundierte didaktische Weiterbildung der Lehrenden unter besonderer Berücksichtigung der Selbstreflexion und des reflexiven Didaktikwissens (vgl. Heiner 2012, S. 190; Felbinger 2012, S. 209 f.) erforderlich werden.

2 Theoretischer Hintergrund – Hochschuldidaktische Weiterbildung an der FH JOANNEUM

Das Konzept des Lebenslangen Lernens wird zunehmend unter anderem durch die für alle neu eingestellten hauptberuflich Lehrenden verpflichtende Weiterbildungsmaßnahme *Grundlagen der Hochschuldidaktik*, die im Jahr 2010 gestartet wurde, im Bewusstsein der an der Fachhochschule tätigen hauptberuflich Lehrenden und wissenschaftlichen MitarbeiterInnen mit Lehrverpflichtung verankert (vgl. Felbinger 2012, S. 210; Pauschenwein und Lind 2012, S. 225; FH JOANNEUM 2010). Dabei handelt es sich um das detailliert ausgearbeitete Modul A des von der Entwicklungsgruppe „Didaktik" im Jahr 2010 grob konzipierten Lehrganges zur Weiterbildung gem. § 14a FHStG – seit 2012 § 9 FHStG – „Anwendungsorientierte Hochschuldidaktik". In drei Modulen zu je 6 ECTS („Planung und Entwicklung von Lehrveranstaltungen", „Begleitung von Studierenden, Konfliktmediation und Bewertung von Lernergebnissen (Vertiefung)" und „Methodik & Didaktik") sollen

---

[3] Gemäß dem „neuen Bildungskonzept", welches sich nach Chisholm et al. (2009) aufgrund der zunehmenden Bedeutung von Bildung als öffentliches Gut entwickeln muss, sollen Individuen bei der Gestaltung ihres Lebens unterstützt und dazu angeregt werden, ihr Potenzial bestmöglich zu entfalten. Dieses neue Bildungskonzept sieht zudem ein Vernetzen im Sinne des sozialen Lernens vor: „Soziales Lernen geschieht in Gruppen und Organisationen; [...] diese müssen sich lernend verändern; Teamarbeit, Konfliktmanagement sowie neue Situationen zu bewältigen sind Beispiele für kollektive Aufgaben in der globalisierten und internationalisierten Gesellschaft" (Chisholm et al. 2009, S. 12).

die TeilnehmerInnen über einen Zeitraum von drei Semestern[4] bestmöglich in ihrer Lehre unterstützt und dazu angeregt werden, diese unter professioneller Begleitung von FachexpertInnen und E-Moderatorinnen zu optimieren sowie durch den Einsatz neuer didaktischer Methoden zu erweitern und sich vertieft mit der (Neu-) Gestaltung von Lernumgebungen und Lernprozessen auseinanderzusetzen (vgl. Felbinger 2012, S. 2010 f.; Pauschenwein und Lind 2012, S. 226 f.). Dies geschieht in Form von Präsenz- und E-Learning-Phasen nach dem kompetenzorientierten Trainingskonzept des Kompetenzzentrums „ZML – Innovative Lernszenarien", welches auf dem Fünfstufenmodell für Gruppen im virtuellen Raum der sogenannten „Queen der E-Moderation", Gilly Salmon[5] von der Swinburne University of Technology in Melbourne, basiert (vgl. Pauschenwein und Lind 2012, S. 227). Die TeilnehmerInnen und AbsolventInnen der *Hochschuldidaktischen Weiterbildung* (HDW) der ersten vier Jahrgänge, die im Zeitraum von September 2010 bis Jänner 2014 das Weiterbildungsprogramm durchliefen (HDW01: WS2010 – WS2011, HDW02: SS2011 – SS2012, HDW03: SS2012 – SS2013 und HDW04: WS2012 – WS2013) und deren Erfahrungen im vorliegenden Text behandelt werden, haben dieses Angebot, das zur nachhaltigen Qualitätssicherung der Lehre und akademischen Personalentwicklung an der FH JOANNEUM beitragen soll, genutzt und neben ihrer praktischen Erfahrung und z. T. bereits pädagogisch qualifizierten Ausbildung[6] ihre didaktischen Fertigkeiten und Fähigkeiten weiter vertieft.

Gegenstand des vorliegenden Beitrages ist die durch empirische Untersuchung gewonnene systematische Darstellung der Erfahrungen, die Teilnehmende im Rahmen der Weiterbildung sammeln konnten und die hiermit, zur Veranschaulichung der Wirksamkeit und Sinnhaftigkeit einer entsprechenden didaktischen Weiterbildung (vgl. Götz 2001, S. 17), der LeserInnenschaft zugänglich gemacht werden sollen. Darüber hinaus kann die Bestandsaufnahme der Einstellungen der vorliegenden Zielgruppe sowie der Zufriedenheit der an der HDW Teilnehmen-

---

[4] Kürzung der HDW auf zwei Semester durch Beschluss des Entwicklungsteams mit Wirkung ab dem Wintersemester 2013/14 (ab HDW06).

[5] Nach dem Konzept von Gilly Salmon durchlaufen die TeilnehmerInnen fünf Stufen im virtuellen Raum: „Ankommen, Sozialisierung in der Gruppe, Wissensaustausch, gemeinsame Generierung neuen Wissens sowie Weiterentwicklung" (Pauschenwein und Lind 2012, S. 227). Siehe hierzu auch: https://www.fh-joanneum.at/aw/home/Forschung_und_ Entwicklung/zml/Kurse_Veranstaltungen/zml_kurse/training_und_lebenslanges_lernen/ ~bhdm/eModeration/?key=zml&lan=de. Zugegriffen: 17. April 2013.

[6] 49 % der 40 Personen, die sich an der Befragung beteiligten, haben sich didaktisches Knowhow in Form von einschlägigen Weiterbildungen angeeignet, 19 % verfügen darüber hinaus über ein einschlägiges Studium, während 33 % der Befragten vor dem Besuch der HDW keine formelle pädagogisch-didaktische Vorbildung besaßen.

den mit dem Weiterbildungsprogramm einen weiteren Beitrag zu den bislang gängigen Qualitätssicherungsbemühungen zur Wirksamkeit von didaktischen Erkenntnissen, die sich primär auf die Erhebung des Kriteriums „Zufriedenheit" beschränken (Erhebung der Zufriedenheit in Form von Evaluierungsbögen am Ende der Veranstaltung), liefern (vgl. ebd. 2001, S. 25; vgl. Bretz et al. 1997, S. 421).

Ziel der systematischen Erhebung von Einstellungen und Erfahrungen der an der HDW Teilnehmenden ist zum einen, neben der gängigen Evaluation, die Bewertung und Korrektur von Lernprozessen (vgl. Götz 2001, S. 25): „Durch die Reflexion der Lernsituation sollten die Beteiligten in die Lage versetzt werden, Aussagen über die Wirksamkeit des kooperativen Lernarrangements zu machen und gegebenenfalls revidieren zu können" (Schratz 1991, S. 95). Andererseits ist es die Erfassung des Zufriedenheitserfolges (Beurteilung der Maßnahme), des Lernerfolges (Erreichung der Lernziele) sowie des Verhaltenserfolges (Umsetzung des erworbenen Wissens im Arbeitsalltag) (vgl. Bachmeier et al. o. J., S. 10). Darüber hinaus soll der vorliegende Beitrag darüber informieren, welche Erkenntnisse sich in Bezug auf die Nachhaltigkeit der HDW ergeben und wie sich dieses Lernsetting sowie der Lerntransfer an der FH JOANNEUM gestalten, um daraus einen Anhaltspunkt für weiterführende Erkenntnisse zur HDW als Best Practice-Beispiel hinsichtlich der pädagogisch-didaktischen Qualifizierung des Lehr- und Forschungspersonals im Hochschulraum zu bieten.

3   Methodik der empirischen Untersuchung

Eine Befragung mittels eines aus 40 geschlossenen Fakt-, Meinungs- bzw. Verhaltensfragen sowie aus vierstufigen Likertskalen (vgl. Kirchhoff et al. 2010, S. 20 ff.) und – zugunsten der Vollständigkeit – drei offenen (bzw. Fragen mit Ergänzungsoptionen) bestehenden Fragebogens wurde über einen Zeitraum von vier Wochen, vom 14.01. bis 11.02.2013, an der FH JOANNEUM durchgeführt. Hierzu wurde, nach Durchführung eines Pretests (mit drei zufällig ausgewählten ProbandInnen mit soziologisch-pädagogischem, kommunikationswissenschaftlichem und gesundheitswissenschaftlichem Hintergrund), bei dem sämtliche Formulierungen des Fragebogenentwurfs auf ihre Adäquanz, Verständlichkeit, Stimmigkeit und Suggestibilität überprüft und in weiterer Folge überarbeitet wurden (vgl. ebd. 2010, S. 24), der Link, über den man zum dafür konzipierten Onlinefragebogen über die Online-Umfrage-Applikation *fgben.de* gelangte, an die AbsolventInnen und TeilnehmerInnen der *Hochschuldidaktischen Weiterbildung* (Jahrgang 01–04) per E-Mail ausgesendet. Diese Nachricht enthielt auch den Verweis auf das Forschungs-

und Verwertungsinteresse der Befragung sowie das Verwertungsziel, die Begründung für die Auswahl sowie die Zusicherung der Anonymität und den Termin für das Befragungsende (vgl. Kirchhoff et al. 2010, S. 29). Die inhaltliche Gestaltung der Kriterien des Fragebogens orientierte sich insbesondere an den Lernzielen der Weiterbildung, weshalb der Fragebogen vollständig neu konstruiert wurde. Aufgrund der Vielfältigkeit der in der Weiterbildung behandelten Themenbereiche und damit verbundenen Lernziele beziehen sich die einzelnen Items auf sehr unterschiedliche Aspekte der HDW und wurden, um die Messgenauigkeit zu erhöhen, mit homogenen Skalen versehen (vgl. Bretz et al. 1997, S. 425). Der Fragebogen wurde in nachfolgende Themenbereiche, die im weiteren Verlauf detailliert behandelt werden, gegliedert: TeilnehmerInnendaten, Einschätzung des persönlichen Nutzens, Einschätzung des Transfererfolges (gegliedert nach besuchten Teilen der HDW), Einschätzung der Nachhaltigkeit, Resonanz durch das soziale Umfeld sowie Anregungen zur Weiterentwicklung. Von den 56 Eingeladenen nahmen schlussendlich 40 Personen an der Befragung teil, was einer Rücklaufquote von etwa 71 % der Grundgesamtheit der Teilnehmenden der ersten vier Jahrgänge entspricht. Um die Rücklaufquote zu erhöhen, wurde ein erster Reminder nach zwei Wochen ausgesendet und eine zweite Erinnerungsaktion nach drei Wochen durchgeführt. Regelmäßige Stichproben (in Form des Einsehens des bisherigen TeilnehmerInnenstandes) und deren Aufzeichnungen belegen, dass diese Erinnerungsstützen den Rücklauf durchwegs positiv beeinflussten.

Die Auswertung fand schließlich von Februar 2013 bis März 2013 statt und erfolgte durch eine einfache quantitative Analyse, um Aussagen über den Zufriedenheitserfolg der Weiterbildung, den Lernerfolg, den Einstellungserfolg (mit dem Ziel der Einstellungsänderung) und den Verhaltenserfolg (mit dem Ziel der Verhaltensänderung) treffen zu können (vgl. Jahn und Hofstetter 2008, S. 23, zit. n. Bachmeier et al. o. J., S. 7).

4 Ergebnisse der Befragung

4.1 TeilnehmerInnendaten

Unter den 40 Personen, die sich an der Umfrage beteiligten, waren 21 weiblichen und 17 männlichen Geschlechts, zwei Personen machten diesbezüglich keine Angaben. Die größte Gruppe in der Altersverteilung bildeten mit 44,74 % die 31- bis 40- Jährigen. Die Altersverteilung (Abb. 1) und HDW-Jahrgangszugehörigkeit

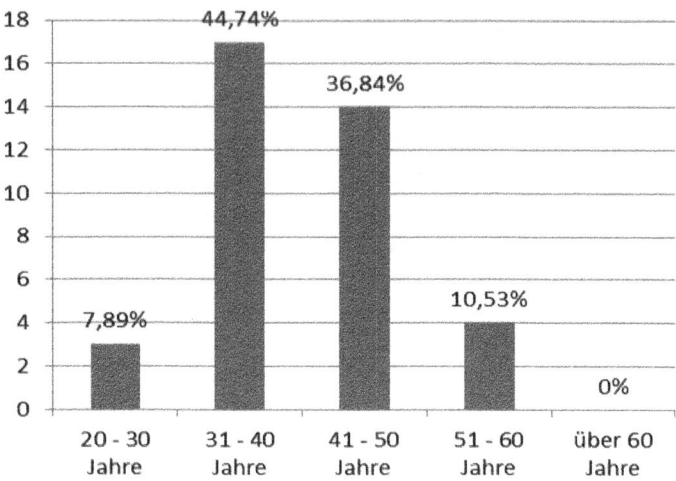

Abb. 1 Altersverteilung der an der Befragung Teilgenommenen

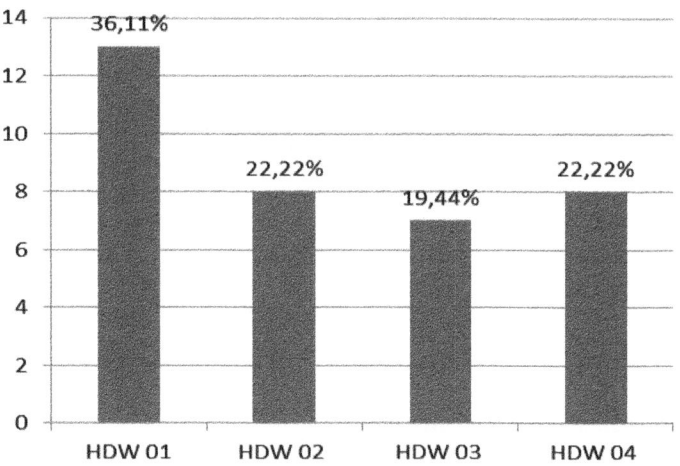

Abb. 2 Verteilung nach HDW-Jahrgangszugehörigkeit

(Abb. 2) der Befragten lässt sich mit folgenden Balkendiagrammen veranschaulichen:

Aus Abb. 2 ist ersichtlich, dass die AbsolventInnen der HDW01 mit 36,11 % die größte Gruppe der an der Befragung Teilgenommenen bilden. Die auswertbaren

Rückmeldungen verteilen sich wie folgt auf die vier Fachbereiche[7] der FH JOANNE-UM: 34 % der TeilnehmerInnen sind im Fachbereich „Gesundheitswissenschaften" tätig, 22 % im Fachbereich „International Business", 28 % im Fachbereich „Information, Design & Technologien" und 16 % im Fachbereich „Leben, Bauen, Umwelt". Die Ergebnisse in Bezug auf die Lehrerfahrungen zeigen, dass 44,74 % der Befragten seit mehr als fünf Jahren einer Lehrtätigkeit an der FH JOANNEUM nachgehen, während 63,89 % aller an der Befragung Teilgenommenen auf eine mehr als fünf-jährige gesamte (auch außerhalb der FH gesammelte) Lehrerfahrung verweisen können. Die Gruppe der Befragten, die weniger als ein Jahr Lehrerfahrung zum Be-fragungszeitpunkt aufwies, bildete mit 2,78 % die kleinste. 18,92 % verfügten bereits vor dem Besuch der HDW über eine einschlägige didaktische Ausbildung.

4.2 Einschätzung des persönlichen Nutzens

Ziel der Hochschuldidaktischen Weiterbildung ist es unter anderem, Lehrende zur Reflexion der eigenen Lehre anzuregen, E-Learning verstärkt in die Lehre zu integrieren und aufgrund der heterogenen Zusammensetzung der TeilnehmerIn-nen aus verschiedenen Fachbereichen bzw. aus mehreren der 40 FH-Studiengänge einen regen Austausch und Kompetenzaufbau zu gewährleisten (vgl. Felbinger 2012, S. 212 ff. und FH JOANNEUM o. A.). Für die Einschätzung des persönlichen Nutzens, der durch den Besuch der HDW entsteht, wurde als Bewertungsform eine vierstufige Likertskala mit den Antwortmöglichkeiten „trifft zu – trifft eher zu – trifft eher nicht zu – trifft nicht zu" gewählt. So zeigt sich, dass für die Mehrheit (54,05 %: „trifft zu", 43,24 %: „trifft eher zu") der Teilnehmenden das in der HDW erworbene Wissen von Nutzen für die Lehrpraxis ist (Abb. 3) und rund 80 % auch den persönlichen Nutzen als positiv bewerten. 52,78 % stimmen zudem der Aussage, dass das in der HDW erworbene Wissen auf typische Situa-tionen in der Praxis angewendet werden kann, gänzlich zu, weitere 38,89 % zeigen sich diesbezüglich ebenfalls positiv eingestellt, während 8,33 % nicht zustimmen. 66,67 % der HDW-TeilnehmerInnen geben an, durch den Besuch des Weiterbil-dungsprogramms neue Erkenntnisse für ihre Lehre gewonnen zu haben, weitere 27,78 % bewerten dies ebenfalls als positiv, während 5,56 % dem eher nicht zustim-men. Der Großteil der Befragten (63,89 %: „trifft zu", 27,78 %: „trifft eher zu"),

---

[7] Im März 2013 erfolgte die Umstellung der vier Fachbereiche auf sechs Departments mit insgesamt 25 Instituten: „Angewandte Informatik", „Bauen, Energie & Gesellschaft", „Engineering", „Gesundheitsstudien", „Medien und Design" und „Management" (Siehe auch: http://www.fh-joanneum.at. Zugegriffen: März 2013).

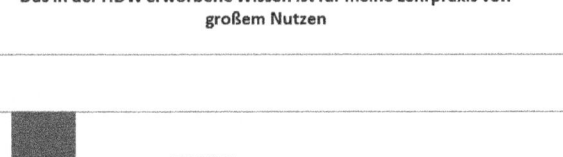

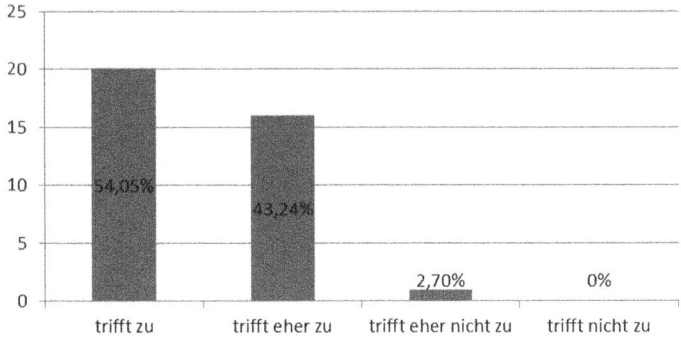

Abb. 3 Praxisnutzen der HDW

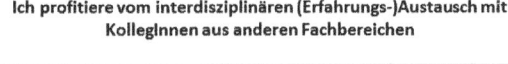

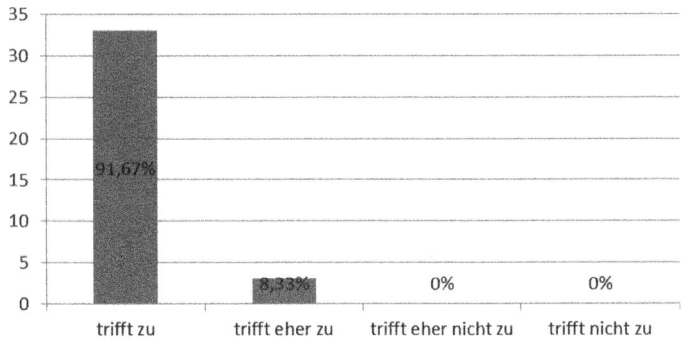

Abb. 4 Nutzen des interdisziplinären Erfahrungsaustausches

erlebt/e die Hochschuldidaktische Weiterbildung zudem als hilfreiche Begleitung der Lehre. Gänzlich positiv beurteilt wurde darüber hinaus der interdisziplinäre (Erfahrungs-)Austausch mit Kollegen und Kolleginnen aus anderen Fachbereichen (Abb. 4).

Die Aussage „Ich profitiere vom Erfahrungswissen der FachexpertInnen aus unterschiedlichen Disziplinen" hingegen bewerten ca. 86 % der Befragten mit „trifft zu" bis „trifft eher zu", während 13,89 % diese Aussage als eher nicht zutreffend empfinden.

4.3 Einschätzung des Transfererfolges (gegliedert nach besuchten Teilen der HDW)

Die HDW gliedert sich, wie bereits an anderer Stelle erwähnt, in drei Teile, wobei ein und/oder zwei Teile (Teil A/Teil B) durch vorangegangene, bereits absolvierte didaktische Weiterbildungen angerechnet werden können. Teil C, „Methodik & Didaktik", ist hingegen in jedem Fall zu absolvieren (vgl. Felbinger 2012, S. 211 und FH JOANNEUM, o. A.). Zum Befragungszeitpunkt haben die AbsolventInnen der HDW01 und HDW02 bereits alle Teile der HDW abgeschlossen, während die TeilnehmerInnen der HDW03 Teil A und Teil B und die TeilnehmerInnen der HDW04 Teil A absolviert hatten. Aus diesem Grund wurde die zusätzliche Antwortmöglichkeit „... (noch) nicht besucht" hinzugefügt und den Befragten damit die Möglichkeit eingeräumt, nur jene Teile zu bewerten, die sie bereits abgelegt hatten.

4.3.1 Teil A: Planung und Entwicklung von Lehrveranstaltungen

Teil A der HDW widmet sich unter anderem der Reflexion und Formulierung von Lehr- und Lernzielen, der Reflexion der eigenen Rolle als Lehrende/r, der Auswahl adäquater Lerninhalte sowie der Auseinandersetzung mit der Bewertung von Lernergebnissen; somit der Steuerung und Planung eines (geschlechtersensiblen) Lehr- und Lernsettings (vgl. FH JOANNEUM, o. A.).

Knapp 83 % jener Befragten, die sich über den Lernerfolg von Teil A äußerten ($N = 35$), bewerten die Frage nach der Aneignung eines effizienteren Zeitmanagements in der Planung und Entwicklung von Lehrveranstaltungen durch den Besuch der HDW als sehr zutreffend bis zutreffend, während rund 17 % angeben, sich durch den Besuch kein effizienteres Zeitmanagement angeeignet zu haben.

Hinsichtlich der Vermittlung eines einschlägigen Know-hows zur geschlechtergerechten Planung von Lehrveranstaltungen stimmen nur 5,88 % der Befragten ($N = 34$) zu, dies im Rahmen des Teils A der HDW erlernt zu haben. 38,24 % der Befragten entscheiden sich für die Antwortmöglichkeit „trifft eher zu", während die Mehrheit (rund 56 %) die Behandlung der geschlechtersensiblen Didaktik als mangelhaft einschätzt.

Rund 97 % der Befragten ($N = 36$) beurteilen hingegen die Aussage „Im Rahmen der Hochschuldidaktischen Weiterbildung konnte ich die Formulierung von Lehr- und Lernzielen kritisch reflektieren" als sehr zutreffend bis zutreffend. Rund 92 % der Befragten fühlen sich durch den Besuch der HDW zudem sicherer in der Formulierung von Lehr- und Lernzielen.

Zusammenfassend lässt sich sagen, dass Teil A der HDW für die Mehrheit der daran Teilgenommenen dazu dient, sich ein effizienteres Zeitmanagement zurechtzulegen und sie sich bei der Formulierung von Lehr- und Lernzielen sowie bei der Planung und Entwicklung von Lehrveranstaltungen sicherer fühlt. Als eher mangelhaft wurde allerdings die Behandlung einer geschlechtersensiblen Didaktik bewertet.

Bereits anhand der Evaluierungsergebnisse (zur Bewertung wurde eine dreistufige Likertskala eingesetzt: „stimmt", „stimmt teilweise", „stimmt gar nicht") der HDW01–04 zeigte sich, dass die Inhalte des Teils A die Mehrheit der TeilnehmerInnen in der Praxis unterstützen können (HDW01/N^8 = 14: 85,71 % „stimmt", 14,28 % „stimmt teilweise", 0 % „stimmt gar nicht"; HDW02/N = 13: 76,92 % „stimmt", 23,08 % „stimmt teilweise", 0 % „stimmt gar nicht"; HDW03/N = 14: 64,29 % „stimmt", 35,71 % „stimmt teilweise", 0 % „stimmt gar nicht"; HDW04/N = 12: 66,67 % „stimmt", 33,34 % „stimmt teilweise", 0 % „stimmt gar nicht") und sie sich durch den Besuch der Weiterbildung in ihrer Lehre kompetenter fühlt (HDW01: 57,14 % „stimmt", 42,86 % „stimmt teilweise", 0 % „stimmt gar nicht"; HDW02: 61,54 % „stimmt", 38,46 % „stimmt teilweise", 0 % „stimmt gar nicht"; HDW03: 71,43 % „stimmt", 21,43 % „stimmt teilweise", 7,14 % „stimmt gar nicht"; HDW04: 58,33 % „stimmt", 33,33 % „stimmt teilweise", 8,33 % „stimmt gar nicht") (vgl. unveröffentlichte Auswertung der HDW-Evaluierungsergebnisse 2010–2012).

4.3.2 Teil B: Begleitung von Studierenden, Konfliktmediation und Bewertung von Lernergebnissen (Vertiefung)

Teil B der HDW zielt u. a. auf die Auseinandersetzung mit den Funktionen und Formen der Leistungsbeurteilung ab, behandelt die Themen Kommunikation und Konfliktmediation und gestattet einen Einblick in die Biografien Studierender (vgl. FH JOANNEUM, o. A.).

Die Hälfte jener Befragten (50 %), die sich über den Lernerfolg des Teils B äußerten (N = 30), geben an, durch den Besuch der HDW einen besseren Einblick in die Lebenswelt der Studierenden erhalten zu haben, während ebenfalls 50 % dem nicht zustimmen.

Auch die Aussage „Durch den Besuch der HDW fühle ich mich sicherer im Umgang mit Studierenden" bewerten ca. 48 % der Befragten (N = 29) mit zutreffend bis sehr zutreffend und knapp 52 % als (eher) nicht zutreffend.

Rund 77 % der Befragten (N = 30) geben an, im Rahmen der HDW neue Formen der Leistungsbeurteilung kennengelernt zu haben, wovon 57 % (N = 28) diese neuen Formen auch in ihrer Lehrveranstaltung anwenden und wiederum knapp

---

[8] N bezieht sich im Folgenden auf die Gesamtheit der an der Evaluierung Teilgenommen und muss nicht mit der tatsächlichen TeilnehmerInnenanzahl übereinstimmen.

62 % der Befragten ($N = 29$) sich in der Beurteilung der Leistungen Studierender durch den Besuch der HDW sicherer fühlen. Die Aussage „Im Rahmen der HDW habe ich neue Kategorien von Prüfungsfragen für meine Lehre kennengelernt" bewerten 74 % der Befragten ($N = 27$) als zutreffend bis sehr zutreffend, während rund 26 % dem nicht gänzlich zustimmen.

Zusammenfassend lässt sich sagen, dass Teil B der HDW im Vergleich zu Teil A weniger positiv von den daran Teilgenommenen (zum Befragungszeitpunkt haben die TeilnehmerInnen der HDW01 bis HDW03 Teil B abgeschlossen) bewertet wurde. Die Hälfte der dazu Befragten gibt an, durch den Besuch des Teils B einen besseren Einblick in die Lebenswelt Studierender erhalten zu haben und sich dadurch im Umgang mit Studierenden sicherer zu fühlen. Die Mehrheit hat zwar neue Formen der Leistungsbeurteilung und neue Prüfungsmodalitäten kennengelernt, doch nur etwa die Hälfte der Befragten wendet diese in der eigenen Lehre auch an und fühlt sich zudem durch den Besuch des Teils B sicherer in der Bewertung der Lernergebnisse Studierender.

Verglichen mit den Evaluierungsergebnissen der HDW01–HDW03 zeigt sich ein ähnliches Stimmungsbild. Die Aussage „Die Inhalte können meine Praxis unterstützen" wurde wie folgt bewertet: HDW01/$N = 11$: 54,55 % „stimmt", 45,45 % „stimmt teilweise", 0 % „stimmt gar nicht"; HDW02/$N = 11$: 81,82 % „stimmt", Rest ohne Angabe; HDW03/$N = 13$: 53,85 % „stimmt", 46,15 % „stimmt teilweise", 0 % „stimmt gar nicht". Durch die Absolvierung des Teils B fühlt sich aber der Großteil der an der Evaluierung Teilgenommenen kompetenter: HDW01: 54,55 % „stimmt", 45,45 % „stimmt teilweise", 0 % „stimmt gar nicht"; HDW02: 63,64 % „stimmt", 36,36 % „stimmt teilweise", 0 % „stimmt gar nicht"; HDW03: 30,77 % „stimmt", 69,23 % „stimmt teilweise", 0 % „stimmt gar nicht".

4.3.3 Teil C: Methodik & Didaktik

Teil C der HDW widmet sich der reflexiven Methodenwahl und dem Einsatz neuer didaktischer Tools, welche neben der Sozial- und Selbstkompetenz „zur Herstellung eines sinnvollen Lehrauftritts und zur Sicherstellung des Lernerfolgs der Studierenden" (Egger 2012, S. 131) für eine gute Lehre unabdingbar sind.[9] Im Rahmen der Hospitationen, welche bereits im vorangegangen Semester geplant und z. T. durchgeführt wurden, können der Lehr- und Lernprozess unter neuem Gesichtspunkt und die Theorie in der Praxis erlebt werden, bevor innovative didaktische Konzepte schließlich im Rahmen der Abschlussveranstaltung der Hochschuldidaktischen Weiterbildung präsentiert und Interessierten nähergebracht werden (vgl. FH JOANNEUM, o. A.).

---

[9] Siehe hierzu Interviews zum Lebenslangen Lernen in der Universität (Egger 2012).

Von 22 Personen, die sich über den Lernerfolg von Teil C äußerten, bewerte-te die Gesamtzahl (100 %) der Befragten die Aussage „Ich habe im Rahmen der HDW vielseitige neue didaktische Methoden kennengelernt" als zutreffend. Ähn-lich verhält es sich mit der Aussage „Ich verfüge durch den Besuch der HDW über ein vielfältigeres Methodenrepertoire": Dieser stimmen 95 % zu, während 100 % die in der HDW kennengelernten didaktischen Methoden bereits in der eigenen Lehre angewendet und ausprobiert haben. 95,45 % der Befragten geben an, sich durch den Besuch der HDW zudem sicherer in der Anwendung didaktischer Me-thoden zu fühlen und 90,91 % meinen, sich durch die HDW in der Lage zu fühlen, selbstständig innovative didaktische Methoden entwickeln zu können.

Zusammenfassend lässt sich sagen, dass Teil C grundsätzlich sehr positiv bewer-tet wird (zum Befragungszeitpunkt haben die TeilnehmerInnen der HDW01 und HDW02 Teil C abgeschlossen). Die Mehrheit der Befragten gibt an, durch den Be-such des Teils C vielfältige neue Methoden kennengelernt und diese in der eigenen Lehre bereits eingesetzt zu haben. Mehr als die Hälfte der AbsolventInnen fühlt sich durch den Besuch des Teils C zudem sicherer in der Anwendung didaktischer Tools und dazu fähig, innovative Methoden für die Lehre zu entwickeln.

Ein positives Stimmungsbild zeichnet sich auch an den Evaluierungsergebnissen der HDW01 und HDW02 ab: Alle an der Evaluierung des Teils C teilgenomme-nen HDW01-AbsolventInnen/$N = 12$ fühlen sich durch die Inhalte dieses Teils in ihrer Praxis unterstützt (100 % „stimmt") sowie durch den Besuch der Weiterbil-dung kompetenter in ihrer Lehre (91,67 % „stimmt", 8,33 % „stimmt teilweise", 0 % „stimmt gar nicht"). Die AbsolventInnen der HDW02 bewerteten die Unterstüt-zung in der Praxis durch die Inhalte des Teils C wie folgt ($N = 7$): 85,71 % „stimmt", 14,29 % „stimmt teilweise", 0 % „stimmt gar nicht". Durch die Weiterbildung fühlt sich ebenso die Mehrheit der an der Evaluierung Teilgenommenen (71,43 % „stimmt", 28,57 % „stimmt teilweise", 0 % „stimmt gar nicht") kompetenter in der Lehre (vgl. unveröffentlichte Auswertung der HDW-Evaluierungsergebnisse 2011–2012).

4.4 Einschätzung der Nachhaltigkeit

Knapp 92 % der Befragten stimmen der Aussage zu, durch den Besuch der Hoch-schuldidaktischen Weiterbildung ihre Lehrformen erweitert zu haben (Abb. 5). 36,11 % der an der Befragung Teilgenommenen geben außerdem an, sich weiter-führend und/oder auch außerhalb der HDW sehr intensiv und 38,89 % intensiv mit den didaktischen Inhalten der Weiterbildung zu beschäftigen; auf 25 % hingegen trifft dies (eher) nicht zu. Rund 89 % der befragten Personen konnten durch den

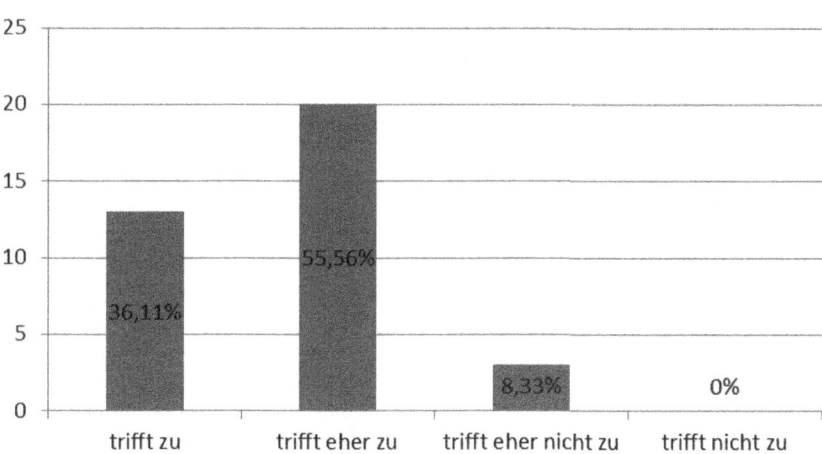

Abb. 5 Erweiterung der Lehrformen durch Besuch der HDW

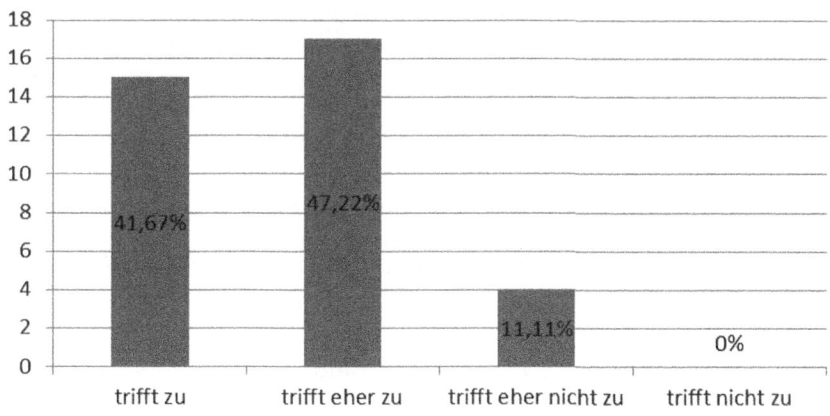

Abb. 6 Verbesserung der Lehrkompetenz durch Besuch der HDW

Besuch der HDW ihres Erachtens eine Verbesserung der Lehrkompetenz erzielen (Abb. 6).

Das grundlegende Ziel der Hochschuldidaktischen Weiterbildung, die eigene Lehrphilosophie zu reflektieren, wurde für 92 % der Befragten erreicht (Abb. 7:

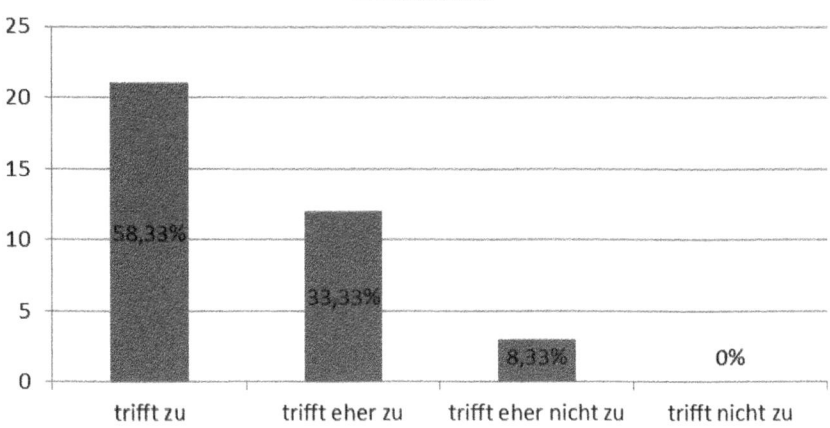

Abb. 7 Reflexion der Lehrphilosophie durch Besuch der HDW

58,33 %: „trifft zu", 33,33 % „trifft eher zu"). Durch die Kombination von Präsenz-
und Selbstlernphasen im Rahmen der HDW geben 67 % (30,56 %: „trifft zu",
36,11 %: „trifft eher zu") der Befragten an, in der Anwendung von E-Learning
Tools versiert geworden zu sein, während dies für 33 % nicht bis gar nicht zutrifft
(Abb. 8). 71 % der Befragten wurden zudem dazu angeregt, Neue Medien verstärkt
in ihre Lehre zu integrieren (für 23,53 % trifft dies eher nicht und für 5,88 % nicht
zu). Hinsichtlich der Frage nach dem Interesse an weiterführenden Vernetzungsak-
tivitäten (z. B. Workshops, Hospitationsbörse etc.) bekunden rund 86 % der an der
Befragung Teilgenommenen ein derartiges Interesse und zeigen sich offen gegenüber weiterführenden Angeboten, die vom Kompetenzzentrum „ZML – Innovative
Lernszenarien" organisiert werden, während 13,89 % kein Interesse daran zeigen.

4.5 Resonanz durch das soziale Umfeld

94 % der Befragten geben an, dass der Besuch der HDW vom/von der Vorgesetzten (sehr) positiv gesehen wurde (73,53 %: „trifft zu", 20,59 %: „trifft eher zu"),
ebenso antworteten 91 %, dass auch die Kollegen und Kolleginnen den Besuch der
Weiterbildung als positiv wahrnehmen. 97 % der Befragten empfehlen die Absolvierung der Hochschuldidaktischen Weiterbildung anderen Lehrenden an der FH
JOANNEUM weiter (Abb. 9).

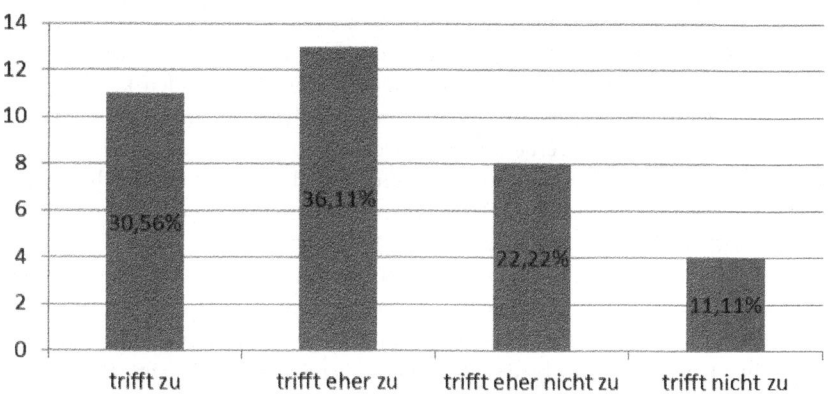

Abb. 8 Versierte Anwendung von E-Learning-Tools durch Besuch der HDW

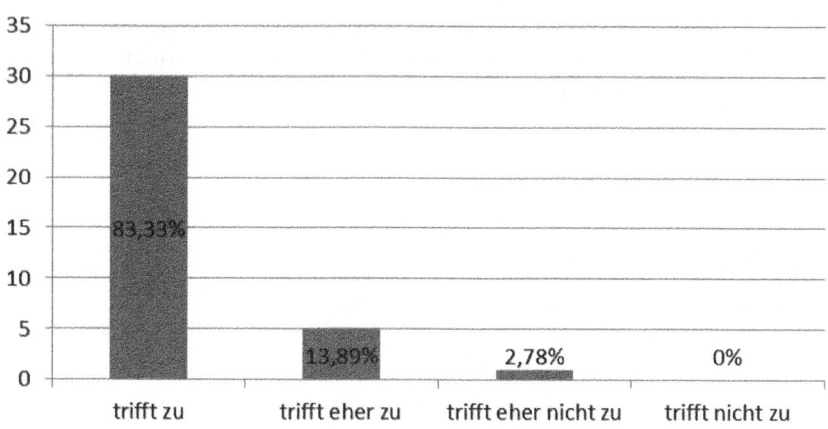

Abb. 9 Weiterempfehlung der HDW an andere Lehrende

4.6   Anregungen zur Weiterentwicklung

Im letzten Teil des Fragebogens wurde den TeilnehmerInnen die Möglichkeit geboten, Anregungen und Ergänzungswünsche in Form offener Fragegruppen zu
hinterlassen, welche bei der Interpretation der Daten wichtige Hinweise und ein
genaueres Stimmungsbild liefern und „blinde Flecken" vermeiden können (vgl.
u. a. Diener o. J.). Einige Personen nutzten diese Möglichkeit, um ihre Meinung zur
HDW frei zu äußern und Verbesserungsvorschläge zu hinterlassen. Die Prozentangaben, die bei den erstellten Kategorien angeführt sind, beziehen sich auf die Anzahl
der Nennungen bei der jeweiligen Frage unter Berücksichtigung der Gesamtzahl an
Personen, die sich zu der jeweiligen offenen Frage geäußert hat. Bei der systematischen Auswertung in Form einer qualitativen Inhaltsanalyse wurden die Antworten
thematisch und nach Häufigkeit geclustert. Dazu wurden die Aussagen sortiert, mit
Schlagwörtern gekennzeichnet und in weiterer Folge, unter Berücksichtigung von
Ähnlichkeiten und Unterschieden, Kategorien gebildet (vgl. Mayring 2003, S. 60,
zit. n. Göppel-Klein und Königstorfer 2007, S. 626). Im Folgenden werden die am
häufigsten genannten Aspekte zusammenfassend vorgestellt.

Die Möglichkeit zu freien Textangaben zur offenen Frage „Folgende Aspekte
und Themen sollten in Zukunft im Rahmen der Hochschuldidaktischen Weiterbildung (verstärkt) berücksichtigt und behandelt werden" wurde von insgesamt
$N = 21$ Personen (dies entspricht rund 53 % der an der Befragung Teilgenommenen) genutzt. Die Antworten lassen sich in folgende Kategorien zusammenfassen
und durch nachfolgende beispielhafte Zitate untermauern:

- **Aufzeigen neuer Lernsettings** (8 Nennungen, 40 %)
    - *„Lehren und Lernen in Großgruppen"*
    - *„Umgang mit Regeln und I-Phones, social media (facebook während der LV...)*
      – technische Möglichkeiten, um diese zu integrieren oder zu verhindern"
- **Input durch FachexpertInnen** (6 Nennungen, 30 %)
    - *„Mehr Input bezüglich Moderationstechnik, Präsentation"*
    - *„Konfliktgespräche, Mediation, Feedback an Studierende"*
    - *„Was mir auffällt, ist, dass der Input eher gering ausgefallen ist und die Auf-*
      gaben wohl eher formalen Charakter haben, als wirklich herausfordernd zu
      sein."
- **Aufbau und Organisation der HDW** (6 Nennungen, 30 %)
    - *„Zeitproblem der HDW [...]"*
    - *„Ich hatte den Eindruck, dass Inhalte mehrfach gebracht wurden – eine engere*
      Abstimmung der Vortragenden untereinander wäre wichtig."
    - *„Abstimmung von Lehrzielen und Lehrkonzepten mit dem bestehenden*
      Studienplan eines

- *Fachbereiches; stärkere thematische Vernetzung zwischen den Präsenztagen und Vortragenden und E-Learning bzw. Online-Arbeit"*
- **Diversity und Vielfalt / Gender in der Lehre** (3 Nennungen, 15 %)
  - *"Lebenswelten der Studierenden unzureichend kennengelernt (Masterstudierende sind nicht mit Erstsemestrigen im Bachelorstudium vergleichbar!)"*
  - *"Das Gender-Thema ist im Modul A kaum behandelt worden, jedenfalls für meinen bereits vorhandenen Wissensstand kein Nutzen"*
- **Umsetzung der Theorie in die Praxis** (3 Nennungen, 15 %)
  - *"Mehr konkretes Anwendungswissen, weniger Theorie"*
- **Feedback & Reflexion** (3 Nennungen, 15 %)
  - *"Mehr Fremdreflexion (kritisches individuelles Feedback zur Lehre und Didaktik durch ExpertInnen)"*
  - *"Konkrete individuelle Stärken-/Schwächenanalyse"*
- **Rhetorik und Stimme** (2 Nennungen, 10 %)
- **Effektivität von Methoden** (1 Nennung, 5 %)
  - *"Didaktische Methoden und deren Sinnhaftigkeit bezogen auf die Effektivität des Lernens der Studierenden, und dies gestützt durch die Erkenntnisse/Ergebnisse, z. B. aus der Hirnforschung. Konkret: Warum lernt man anhand dieser Methode besser? Welche Lernsequenzen sind nötig, um das Wissen zu festigen...?"*
- **Fachdidaktik** (1 Nennung, 5 %)

Zusammenfassend lässt sich sagen, dass sich 40 % der Teilnehmenden besonders mit neuen Lernsettings auseinandersetzen möchten und dass neue Methoden der Unterrichtsgestaltung im Rahmen der HDW in Zukunft (verstärkt) berücksichtigt werden sollten. Diese Lernsettings sollten kleine und große Lerngruppen sowie den jeweiligen Entwicklungs- und Ausbildungsstand der Studierenden gleichermaßen berücksichtigen. Auf Herausforderungen, die sehr große Gruppen mit sich bringen können (Frontalunterricht im Hörsaal), sollte besonders eingegangen werden. Da sich insbesondere Teil C mit Methodik und Didaktik befasst, kann daraus geschlossen werden, dass sich die TeilnehmerInnen bereits zu einem früheren Zeitpunkt der HDW eine vertiefte Auseinandersetzung mit der Methodenwahl und den Einsatz vielfältiger Methoden wünschen. Teils ergeben sich Widersprüche, wenn 30 % mehr Input durch die FachexpertInnen erhalten möchten, so beispielsweise zu Themen wie Erstellung von Prüfungsfragen (Multiple Choice), Moderation und Präsentationstechniken, Konfliktgespräche und Mediation sowie Feedback an Studierende, während sich 15 % konkreteres Anwendungswissen und „weniger Theorie" wünschen, um das in der HDW Erlernte besser in die Praxis umsetzen zu können. In Bezug auf die Organisation der Weiterbildung, welche durch die Kombination von

Online- und Präsenzphasen so konzipiert ist, dass sie während der Dienstzeit der Lehrenden absolviert werden kann, merken rund 30 % den sehr hohen zeitlichen Arbeitsaufwand durch die HDW an und wünschen sich eine gezieltere Abstimmung der einzelnen Teile, um Redundanzen zu vermeiden sowie eine striktere thematische Verknüpfung der Präsenz- und Onlinephasen. Um das Gelingen einer Verbindung von Präsenztagen und Online-Anteil der HDW sicherzustellen, wurde das Konzept des ZML in den letzten Jahren bereits „insofern weiterentwickelt, dass auch der[/die] Fachexperte[/in] online aktiv" werden soll (Pauschenwein und Lind 2012, S. 238). Die FachexpertInnen erhielten schließlich den expliziten Auftrag, online mitzuwirken, während die E-Moderatorinnen auch bei den Präsenzphasen anwesend sind (vgl. ebd. 2012, S. 238).

Zwar beschäftigt sich Teil B der HDW explizit mit der Lebenswelt der Studierenden, doch scheint für 15 % der Befragten das Thema Vielfalt in der Lehre (z. B. heterogene Vorbildung/Situation und Lebenswelt der Studierenden) eine sehr wichtige Rolle zu spielen und sollte ebenso wie eine geschlechtersensible Didaktik verstärkt behandelt werden. 15 % der Befragten geben darüber hinaus an, dass ein kritisches, individuelles Feedback zur Lehre sowie eine kritische Reflexion der eigenen Arbeit durch die FachexpertInnen wünschenswert wäre, um eigene Stärken und Schwächen kennenlernen und reflektieren zu können, was immerhin einen wichtigen Teil der HDW darstellt. 10 % wünschen sich außerdem eine vertiefte Auseinandersetzung mit den Themen Stimme und Rhetorik. Nur eine Person möchte sich verstärkt mit Fachdidaktik (z. B. Informatik) auseinandersetzen.

Die Möglichkeit zu freien Textangaben zur zweiten offenen Frage „*Folgende Aspekte und Themen haben sich für mich nicht als nützlich erwiesen*" wurde von insgesamt $N = 20$ Personen (dies entspricht 50 % der an der Befragung Teilgenommenen) genutzt. Bei der Auswertung der Ergebnisse fiel allerdings auf, dass einige Personen das Wort „nicht" in der Fragestellung überlesen haben dürften, da einzelne Antworten das an der HDW Nützliche hervorheben und einige nicht eindeutig zuordenbar sind. Jene Aussagen, die sich jedoch eindeutig auf die oben genannte Frage beziehen, sind zum größten Teil Einzelaussagen und können daher nicht in Kategorien eingeteilt werden. Sie lassen sich lediglich durch folgende Schlüsselwörter darstellen und durch nachfolgende beispielhafte Zitate untermauern:

- **Fehlender Input** (2 Nennungen, 10 %)
- **Diskussionen** (1 Nennung, 5 %)
  - *„Langatmige Diskussionen, die durch Moderatorinnen nicht gestoppt werden"*

- **E-Reflexion** (1 Nennung, 5 %)
  - *„Die HDW beruht zum größten Teil auf E-Learning-Komponenten mit einem zu ausgeprägten Ansatz der wechselseitigen Reflexion der TeilnehmerInnen untereinander bzw. der Selbstreflexion, an sich ja durchaus begrüßenswert, aber in dem konzipierten Umfang deutlich überzogen."*
- **Organisation Lernportfolio** (1 Nennung, 5 %)
  - *„Die geringe Zeitspanne zwischen der Erstellung der beiden Lernportfolios [. . .] erschließt sich mir nicht ganz. Das zweite LP würde ich am Ende vom 2. Sem. oder am Beginn des 3. machen (damit hat man entsprechend Feedback von den Studierenden erhalten – zumindest ein Mal)"*
- **Methodenauswahl** (1 Nennung, 5 %)
  - *„Lehrmethoden für kleine Gruppen – in kleinen Gruppen waren mir alle Lehrmethoden bekannt"*
- **Zeitaufwand** (1 Nennung, 5 %)
  - *„Fehlende Akzeptanz für die Aufwendungen beim HDW, gerade bei Teilzeitkräften"*

Zusammenfassend lässt sich sagen, dass sich auch bei dieser offenen Fragestellung zeigt, dass mehr und vor allem neuer Input durch die FachexpertInnen gewünscht wird. Die Diskussionen werden ferner als zu „langatmig" und die Reflexion über die Plattform Moodle als „überzogen" beschrieben. Überdies zeigt sich auch hier, dass hinsichtlich der Auseinandersetzung mit den Methoden große Lerngruppen verstärkt berücksichtigt werden sollten. An dieser Stelle sei jedoch nochmals darauf hingewiesen, dass es sich aufgrund der möglichen Fehlerquelle in der Fragestellung größtenteils um Einzel- und somit nicht, im Sinne einer quantitativen Analyse, um repräsentative Aussagen handelt (vgl. Mayring 2010, S. 20).

Knapp 89 % aller an der Befragung Teilgenommenen geben an, Interesse an einer weiterführenden Vertiefungsmöglichkeit in Form einer auf der HDW aufbauenden Weiterbildung zu haben, während dies für 11,11 % eher nicht zutrifft (Abb. 10).

Die Möglichkeit zu freien Textangaben zur dritten offenen Frage „Meine Anregungen und Wünsche für weiterführende Austauschmöglichkeiten" wurde von insgesamt $N = 14$ Personen (dies entspricht rund 35 % der an der Befragung Teilgenommenen) genutzt. Bei der Auswertung konnten zudem nur neun Antworten berücksichtigt werden, da sich vier nicht auf die gestellte Frage bezogen. Diese Antworten lassen sich in folgende Kategorien zusammenfassen und durch nachfolgende beispielhafte Zitate untermauern:

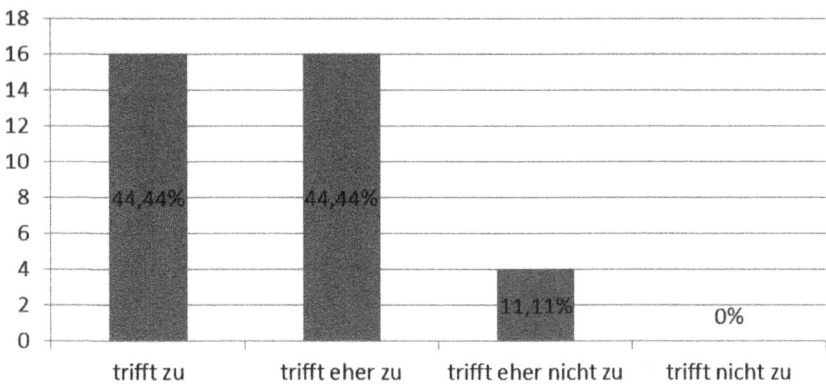

Abb. 10 Interesse an weiterführender fachspezifischer Weiterbildung

- **Wissensmanagement** (3 Nennungen, 33 %)
  - *„Um zu verhindern, dass Veränderungen nur den jeweiligen HDW-TeilnehmerInnenkreis betreffen, sollte kontinuierlicher Wissenstransfer der einzelnen HDW-Gruppen ins gesamte Haus erfolgen [. . .]"*
  - *„Plattform, auf der man Methoden sammeln und austauschen kann, auf der man interessante Artikel hochladen kann, auf der man eine Literaturliste mit Empfehlungen finden kann, [. . .]"*
- **Didaktik-Kurse/Hospitation** (3 Nennungen, 33 %)
- **Moodle** (2 Nennungen, 22 %)
  - *„[. . .] Erhalt der Moodle-Plattform für alle HDW-AbsolventInnen"*
- **HDW-Jahrestag** (1 Nennung, 11 %)

Zusammenfassend lässt sich sagen, dass grundsätzlich der Wunsch nach einem Wissenstransfer nach außen besteht. Dies könnte beispielsweise in Form einer Wissensdatenbank auf der Homepage oder über die bestehende Plattform Moodle sowie in Form eines Transfers des Erfahrungswissens in die einzelnen Studiengänge im Rahmen der Jours fixes o. ä. erfolgen. Als weitere denkbare Austauschmöglichkeiten werden zudem verpflichtende Hospitationen, weiterführende Didaktik-Kurse sowie die Einführung eines HDW-Jahrestages (vergleichbar mit einem Klassentreffen) genannt.

5 Eine Zusammenschau der Ergebnisse im Hinblick auf die Weiterentwicklung der HDW

Die Zusammensetzung des Lehrkörpers einer Fachhochschule lässt sich durch eine starke Heterogenität hinsichtlich absolvierter Vor-, Aus- und Weiterbildung, praktischer Erfahrungen in diversen Fachbereichen und Unternehmen, Dauer der Lehrerfahrung und pädagogisch-didaktischer Vorkenntnisse charakterisieren. Lehrende an Fachhochschulen „werden aus der Praxis berufen. [. . .] [Sie] haben zwar zum Zeitpunkt ihrer Berufung wenig Lehrerfahrung [. . .], aber sie bringen [. . .] durch ihre oft mehr als fünfjährige Berufstätigkeit [. . .] vielfältige Erfahrungen [. . .] mit" (Brinker 2012, S. 250). Diese heterogene Zusammensetzung des Lehr- und Forschungspersonals bringt befruchtende Elemente mit sich, so zum Beispiel, wenn es darum geht, voneinander lernen zu können. Der Austausch zwischen neuen und bereits länger tätigen Lehrenden sowie die Entwicklung einer gemeinsamen Basis an didaktischem Know-how sind erklärte Ziele der Hochschuldidaktischen Weiterbildung der FH JOANNEUM (vgl. FH JOANNEUM o. J.). Lehrende aus unterschiedlichen Fachrichtungen, mit unterschiedlichen Biografien und beruflichen Vorerfahrungen bringen zahlreiche (Schlüssel-)Kompetenzen mit. Nach Brinker (2012) muss eine hochschuldidaktische Weiterbildung daher „nicht komplett neu beginnen, sondern auf diesen bereits vorhandenen (Schlüssel-)Kompetenzen aufsetzen und transparent machen, wo und wie die bereits vorhandenen Kompetenzen auf die Hochschulsituation übertragen werden und in der Lehre sinnvoll angewendet werden können" (ebd. 2012, S. 250). Mittels der Hochschuldidaktischen Weiterbildung wird neben der (Weiter-)Entwicklung der Lehrkompetenz, welche nach Webler (2003) eine Kombination aus „Wissen, Ethik, Handlungsfähigkeit und Praxisentwicklung" (vgl. Webler 2003, zit. n. Brinker 2012, S. 252) darstellt, die Möglichkeit geboten, die eigene Lehrphilosophie zu reflektieren, um eine „gute" Lehre gewährleisten zu können. Diese ist laut HRK (2008) eine studierendenzentrierte Lehre, welche das eigenständige Lernen Studierender unterstützt und ermöglicht (vgl. ebd. 2012, S. 251). Lehren, Lernen, Beraten, Betreuen, Prüfen, Umsetzen innovativer Lernkonzepte, Einsetzen aktivierender Methoden – dies u. v. m. zählt zum Anforderungsprofil von Hochschullehrkräften (vgl. auch Chisholm et al. 2009, S. 17). Die HDW bietet einen kompetenzorientierten Raum, in dem sich Lehrende fachlich, methodisch und persönlich austauschen und somit dem Anspruch der pädagogischen Professionalisierung, welcher nach Chisholm et al. (2009)[10] ein hoher Stellenwert einzuräumen ist, gerecht werden können. Im

---

[10] Im Rahmen eines Professionalisierungskontinuums müssen nach Chisholm et al. (2009) Weiterbildungen für alle pädagogischen Berufe „in weit größerem Ausmaß als bisher

vorliegenden Beitrag wurden dazu spezifische Erfahrungen der Teilnehmenden erhoben. Die Ergebnisse der Befragung werden im Folgenden zusammengefasst und vor dem Hintergrund der Weiterentwicklung des Programmes dargestellt.

5.1 Resümee und Ausblick

Im Hinblick auf die stetige Weiterentwicklung der Qualität des Programmes, zu welchem Zweck laufend 100 % der Weiterbildung (Präsenz- und Onlinephasen) evaluiert werden (vgl. unveröffentlichtes Konzept, S. 9), kann festgehalten werden, dass sich folgende, von den TeilnehmerInnen der HDW01–04 sowohl in den Evaluierungsbögen als auch in der gegenständlichen Befragung genannte Punkte als positiv und für die Lehrpraxis hilfreich bewerten lassen:

• *Interdisziplinäre Zusammensetzung der Gruppe*: Sowohl anhand der Evaluierungsergebnisse der Weiterbildung als auch anhand der Befragungsergebnisse zeigt sich, dass die TeilnehmerInnen von der heterogenen Gruppenzusammensetzung aus unterschiedlichen Fachbereichen profitieren.

• *Erfahrungsaustausch mit KollegInnen*: Aufgrund der Tatsache, dass neu eingestellte, bereits länger tätige und bereits sehr lange tätige Lehrende die HDW gemeinsam besuchen, kann sich eine gemeinsame Basis an Fertigkeiten entwickeln.

Als für die Zukunft wünschenswert werden folgende Themen und Aspekte erwähnt:

• *Mehr Anwendungswissen und Input (z. B. zu Lernsettings)*: Die TeilnehmerInnen scheinen sich eine genaue Praxisanleitung im Sinne des mit einer scherzhaften Bezeichnung als „Nürnberger Trichter"[11] bekannten Modells des Lehrens und Lernens und eine/n Vortragende/n, der/die „alle Richtlinien guter Hochschuldidaktik selbst umsetz[t]" (Pauschenwein und Lind 2012, S. 239), zu erwarten. Eine erwachsenengerechte Weiterbildung muss Lernen jedoch erleb- und erfahrbar machen. Ziel der HDW ist zudem der Reflexionsprozess des/der Einzelnen, der im Zuge eines Frontalunterrichts zu kurz käme.

---

verpflichtend sein. In besonderem Maß sind Teamfortbildungen erforderlich, um [...] (lehr-)systemseitig die Kompetenzentwicklung zu befördern" (Chisholm et al. 2009, S. 21).
[11] Vgl. http://franken-wiki.de/index.php/N%C3%BCrnberger_Trichter. Zugegriffen: 19. April 2013.

• *Gezielte Vernetzung zwischen Online- und Präsenzphasen*

Im Rahmen der HDW müssen die TeilnehmerInnen 70 % Anwesenheit in den Präsenzveranstaltungen sowie 60 % Online-Aktivität erbringen. Darüber hinaus wird die Praxis durch Lehrportfolios dokumentiert, Literatur im Selbststudium und in Form von Endberichten erarbeitet sowie bei KollegInnen hospitiert. Um eine gezielte Verbindung zwischen Präsenz- und Online-Teil zu schaffen, ist die E-Moderatorin auch während der Präsenztage anwesend und verfasst zudem ein Protokoll über die Präsenztage (nachzulesen auf der Plattform) sowie über die Onlineaktivitäten. Nach einer vorangegangenen Entwicklungsphase wurde festgelegt, dass auch der Fachexperte / die Fachexpertin online aktiv sein soll. Die Rollen wurden dabei definiert und verteilt. Welche Probleme und Benefits der Online-Teil der HDW mit sich bringt, welche Bedeutung dieser aus Sicht der E-Moderatorinnen hat und welche Entwicklungspotenziale gegeben sind, zeigt der Beitrag von Pauschenwein et al. in diesem Band auf.

• *Präsentationstechniken, Rhetorik und Stimme*

Einige TeilnehmerInnen geben sowohl in den Evaluierungen als auch in der Befragung an, an den Themen Rhetorik und Stimme bzw. an Präsentationstechniken interessiert zu sein. Ein maßgeschneidertes Angebot liefert hierzu z. B. die SUMMER BUSINESS SCHOOL der FH JOANNEUM, die jährlich im Herbst angeboten wird und Seminare im Bereich „Kommunikation, Präsentation und Rhetorik" forciert.[12] Dieses Angebot kann als Begleitung zur HDW von jedem/jeder Interessenten/Interessentin genutzt werden.

• *Geschlechtersensible Pädagogik*

Die Berücksichtigung von Diversity in der Lehre sowie einer geschlechtersensiblen Gestaltung des Lehr- und Lernsettings scheint für einige TeilnehmerInnen, wie aus der Befragung ersichtlich, zu kurz gekommen zu sein, zumal Teil B („Lebenswelten der Studierenden") als tendenziell mangelhaft bewertet wurde.

Aus Gründen der Arbeitsüberlastung, welche auch von einigen Teilnehmenden bemängelt wurde, und des Umstandes, dass die Behandlung und Auseinandersetzung mit der Biografie Studierender sehr komplex ist, besonders sensibler Auseinandersetzung bedarf und über die verfügbare Zeit hinausgehen würde,

---

[12] Siehe hierzu auch www.fh-joanneum.at/sbs.

wie auch die Evaluierungs- und Befragungsergebnisse vermuten lassen, wurde im Sommersemester 2013 vom Entwicklungsteam der Hochschuldidaktischen Weiterbildung die Kürzung der HDW und die damit einhergehende inhaltliche Streichung des Teils B beschlossen. Damit wird die Weiterbildung ab dem Wintersemester 2013/14 zweisemestrig (12 ECTS) weitergeführt. Dass eine hochschuldidaktische Weiterbildung jedoch unabdingbar ist, zeigt auch die *Hochrangige Gruppe zur Modernisierung der Hochschulbildung* mittels ihrer *Empfehlungen zur Verbesserung der Qualität von Lehre und Lernen* auf: „Bis 2020 sollten alle Lehrkräfte an Hochschuleinrichtungen eine zertifizierte pädagogische Ausbildung erhalten haben. Die fortlaufende Weiterbildung für Lehrkräfte sollte für Dozent[Inn]en im Hochschulsektor zur Pflicht werden" (Empfehlung 4, Europäische Kommission 2013, S. 4). Auch der Empfehlung 11 der *Hochrangigen Gruppe* kommt die FH JOANNEUM nach: „Hochschuleinrichtungen sollten [. . .] ihren Lehrkräften dabei helfen, Fähigkeiten im Bereich Online-Lehre und anderen durch das Internet entstandenen Lehr- und Lernformen zu entwickeln, und sollten die Möglichkeiten nutzen, die die Technologie zur Verbesserung der Qualität von Lehre und Lernen bietet" (ebd. 2013, S. 5).

> Damit die Hochschullehrkräfte hervorragende Arbeit leisten können, müssen sie die notwendige Ausbildung und Unterstützung erhalten. (McAleese zit. n. Europäische Kommission 2013, S. 1)

Literatur

Österreichische Qualitätssicherungsagentur, AQA. 2012. *Qualitätsentwicklung der Weiterbildung an Hochschulen*. Wien: Facultas.

Bachmeier, Katharina, Christina Botros, Nele Fischer, Sarah Fischer, Carolin Gottwalt, Thomas Martlbauer, Bettina Möller, Elisabeth Schubach, und Franziska Seidel. (o. J.). Entwicklung eines Instruments zur Evaluation von Personalentwicklung. Studienprojekt Personalentwicklung Gruppe „Evaluation" unter Leitung von Prof. Dr. R. Trimpop. Friedrich-Schiller-Universität Jena. http://www.uni-jena.de/unijenamedia/Bilder/einrichtungen/dez5/PEP/Projektbericht_+Evaluation.pdf. Zugegriffen: 13. Feb. 2013.

Bretz, Elke, Norbert Richter, Franz Petermann, und Hans-Christian Waldmann. 1997. Entwicklung und Anwendung eines Fragebogens zur Evaluation einer Erzieherinnenfortbildung zum Thema sexueller Mißbrauch (!). *Praxis der Kinderpsychologie und Kinderpsychiatrie. Ergebnisse aus Psychoanalyse, Psychologie und Familientherapie* 46:420–434.

Brinker, Tobina. 2012. Schlüsselkompetenzen aus Perspektive der Fachhochschulen. In *Lernwelt Universität. Entwicklung von Lehrkompetenz in der Hochschule(Lernweltforschung)*. Bd. 9, Hrsg. Rudolf Egger und Marianne Merkt, 243–262. Wiesbaden: Springer VS.

Chisholm, Lynne, Lorenz Lassnigg, Martin Lehner, Werner Lenz, und Rudolf Tippelt. 2009. Wissen – Chancen – Kompetenzen. Strategie zur Umsetzung des lebensbegleitenden Lernens in Österreich. ExpertInnenbericht zum Konsultationsprozess. http:// erwachsenenbildung.at/downloads/service/LLL-Strategie_ExpertInnenbericht.pdf. Zugegriffen: 25. Okt. 2013.

Diener, Uwe. (o. J.). M 03.10 Anleitung zur Auswertung der freien bzw. offenen Fragen. http://www.bpb.de/lernen/unterrichten/grafstat/46378/m-03-10-auswertung-offener-fragen. Zugegriffen: 26. März 2013.

Egger, R. 2012. Lebenslanges Lernen in der Universität. Wie funktioniert gute Hochschullehre und wie lernen Hochschullehrende ihren Beruf (Lernweltforschung). Bd. 8. Wiesbaden: Springer VS.

Europäische Kommission. 2013. Pressemitteilung. Hochrangige Gruppe der EU empfiehlt pädagogische Ausbildung für Hochschullehrkräfte. Brüssel. 18. Juni 2013. http://europa.eu/rapid/press-release_IP-13-554_de.htm. Zugegriffen: 18. Juni 2013.

Felbinger, Andrea. 2012. Hochschuldidaktische Weiterbildung an der FH Joanneum: Einblicke in ein erfolgreiches Modell zur pädagogischen Professionalisierung von Lehrenden. In Lernwelt Universität. Entwicklung von Lehrkompetenz in der Hochschule (Lernweltforschung). Bd. 9, Hrsg. Rudolf Egger und Marianne Merkt, 209–224. Wiesbaden: Springer VS.

FH JOANNEUM. (o. J.). http://www.fh-joanneum.at/hdw. Zugegriffen: 20. Feb. 2013.

FH JOANNEUM. 2010. Konzept für das Modul A „Grundlagen der Hochschuldidaktik" des geplanten Lehrgangs zur Weiterbildung nach § 14a FHStG „Anwendungsorientierte Hochschuldidaktik" zur didaktischen Weiterbildung der Lehrenden an der FH JOANNEUM. Graz: unveröffentlichtes Konzept.

Göppel-Klein, Andrea, und Jörg Königstorfer. 2007. Der Pro-Veränderungsbias in der Akzeptanzforschung technologischer Innovationen – eine Erklärungsgröße für Fehlprognosen? In Theoretische Fundierung und praktische Relevanz der Handelsforschung, Hrsg. Marcus Schuckel und Waldemar Toporowksi, 619–641. Wiesbaden: Deutscher Universitäts-Verlag.

Götz, Klaus. 2001. Zur Evaluierung betrieblicher Weiterbildung. Bd. 1. Theoretische Grundlagen. 4. verbesserte Aufl. München: Rainer Hampp.

Heiner, Matthias. 2012. Referenzpunkte für die Modellierung der Kompetenzentwicklung in der Lehre – Impulse für die hochschuldidaktische Weiterbildung. In Lernwelt Universität. Entwicklung von Lehrkompetenz in der Hochschule (Lernweltforschung). Bd. 9, Hrsg. Rudolf Egger und Marianne Merkt, 167–192. Wiesbaden: Springer VS.

HRK Hochschulrektorenkonferenz (2008). Für eine Reform der Lehre in den Hochschulen. 3. Mitgliederversammlung der HRK am 22.4.2008. http://www.hrk.de/ uploads/tx_szconvention/Reform_in_der_Lehre_-_Beschluss_22-4-08.pdf. Zugegriffen: 10. Juli 2014.

Jahn, Robert W. und Katrin Hofstetter. 2008. Lerntransfermessung im Rahmen betrieblicher Weiterbildung. Jenaer Arbeiten zur Wirtschaftspädagogik: Reihe A, Kleine Schriften. Heft 37. Jena: Friedrich Schiller-Universität. S. 23.

Kirchhoff, Sabine, Sonja Kuhnt, Peter Lipp, und Siegfried Schlawin. 2010. Der Fragebogen. Datenbasis, Konstruktion und Auswertung. 5. Aufl. Wiesbaden: VS Verlag für Sozialwissenschaften GWV Fachverlage.

Klüber, Katrin. 2006. *Qualitätsmanagement und Zertifizierung in Bildungsorganisationen auf der Basis des internationalen Standards DIN EN ISO 9001:2000 (Grundlagen der Weiterbildung)*. 2. überarb. Aufl. Augsburg: ZIEL – Zentrum für interdisziplinäres erfahrungsorientiertes Lernen GmbH.

Lenz, Werner. 2005. *Porträt Weiterbildung Österreich*. 2. akt. Aufl. Bielefeld: W. Bertelsmann.

Mayring, Philipp. 2003. Qualitative Inhaltsanalyse. Grundlagen und Techniken. Weinheim: Beltz.

Mayring, Philipp. 2010. Qualitative Inhaltsanalyse. In *Qualitative Forschung. Ein Handbuch*, Hrsg. Uwe Flick, Ernst von Kardorff, und Ines Steinke. Reinbek: Rowohlt Taschenbuch.

Mertens, Dieter (1974). Schlüsselqualifikationen. Thesen zur Schulung für eine moderne Gesellschaft. Mitteilungen aus der Arbeitsmarkt- und Berufsforschung 7, S. 36–43.

OECD (2005). Definition und Auswahl von Schlüsselkompetenzen. Zusammenfassung. http://www.oecd.org/dataoecd/36/56/35693281.pdf. Zugegriffen: 12 Aug 2011.

Pauschenwein, Jutta, und Regina Lind. 2012. Welche Rolle spielt die virtuelle Lernwelt in der Hochschuldidaktischen Weiterbildung? In *Lernwelt Universität. Entwicklung von Lehrkompetenz in der Hochschule (Lernweltforschung)*, Hrsg. Rudolf Egger und Marianne Merkt. Bd. 9, 225–242. Wiesbaden: Springer VS.

Prag Kommuniqué (2001). Auf dem Wege zum europäischen Hochschulraum. Kommuniqué des Treffens der europäischen Hochschulministerinnen und Hochschulminister am 19. Mai 2001 in Prag. http://www.bologna-berlin2003.de/pdf/prager_kommunique.pdf. Zugegriffen: 1 Sept 2011.

Schratz, Michael. 1991. Bildung für ein unbekanntes Morgen. Auf der Suche nach einer neuen Lernkultur. München: Profil.

Webler, Wolff-Dietrich (2003). Lehrkompetenz – Über eine komplexe Kombination aus Wissen, Ethik, Handlungsfähigkeit und Praxisentwicklung. In Hochschuldidaktische Aus- und Weiterbildung (Blickpunkt Hochschuldidaktik). Hrsg. Ulrich Welbers. Bd. 110, 53–82. Bielefeld: Wilhelm Bertelsmann.

Analyse der Forumsbeiträge in der Hochschuldidaktischen Weiterbildung

Jutta Pauschenwein, Erika Pernold, Eva Goldgruber
und Anastasia Sfiri

Zusammenfassung

Die Hochschuldidaktische Weiterbildung an der FH JOANNEUM (HDW) basiert auf einem „Blended Learning"-Konzept. (Unter „Blended Learning" versteht man die Kombination aus Präsenzunterricht und Online-Lernphasen.) Fachexpertinnen und Fachexperten gestalten die wenigen Präsenztermine, E-Moderatorinnen begleiten die Gruppen in ihrem Online-Lernprozess. Die E-Learning-Aufgaben zielen auf Austausch, Kooperation und Reflexion in der virtuellen Gruppe ab. Die TeilnehmerInnen sind herausgefordert, gemeinsam neues Wissen zu entwickeln und eine selbstverantwortliche Lerngruppe im virtuellen Raum zu bilden.

Im folgenden Artikel werden die Erfahrungen und Wahrnehmungen der E-Moderatorinnen diskutiert. Die Analyse der Online-Beiträge von drei Gruppen führt zu einem genaueren Verständnis der Bedeutung des Online-Teils der HDW. Um die Diskussionsbeiträge systematisch einordnen zu können,

J. Pauschenwein (✉) · E. Pernold · E. Goldgruber · A. Sfiri
ZML – Innovative Lernszenarien, FH JOANNEUM,
Eggenberger Allee 11, 8020 Graz, Österreich
E-Mail: Jutta.Pauschenwein@fh-joanneum.at;

E. Pernold
Erika.Pernold@fh-joanneum.at;

E. Goldgruber
Eva.Goldgruber@fh-joanneum.at;

A. Sfiri
Anastasia.Sfiri@fh-joanneum.at

R. Egger et al. (Hrsg.), *Hochschuldidaktische Weiterbildung*
an Fachhochschulen, Lernweltforschung 12,
DOI 10.1007/978-3-658-01497-1_10, © Springer Fachmedien Wiesbaden 2014

wird ein Modell der Online-Kommunikation angewandt. Drei Gruppen wurden hinsichtlich Sozialer Präsenz, Kognitiver Präsenz, Lehrpräsenz-Moderation und Lehrpräsenz-Instruktion zugeordnet. Die Analyse ermöglicht, das Online-Kommunikationsverhalten der TeilnehmerInnen und seine Auswirkung auf Online-Lernprozesse sichtbar zu machen.

1 Einleitung

Seit 2010 gibt es an der FH JOANNEUM das Angebot einer Hochschuldidaktischen Weiterbildung[1]. Neue Lehrende sind verpflichtet diese Weiterbildung möglichst bald zu absolvieren, Lehrende, die bereits länger an der FH JOANNEUM lehren, sind ebenfalls angehalten, ihre didaktischen Kompetenzen aufzufrischen bzw. zu erweitern.

Von Wintersemester 2010 bis Sommersemester 2012 schlossen drei Gruppen die Hochschuldidaktische Weiterbildung an der FH JOANNEUM (HDW) ab, zwei Gruppen befanden sich im Sommersemester 2012 in unterschiedlich fortgeschrittenen Semestern. Die HDW wurde für diese fünf Gruppen dreisemestrig angeboten, insgesamt absolvierten die TeilnehmerInnen 18 ECTS[2]. Pro Semester war ein Fachexperte bzw. eine Fachexpertin für die Gestaltung der Präsenztage verantwortlich[3]. Die Autorinnen dieses Artikels begleiteten als E-Moderatorinnen die Gruppen an den Präsenztagen sowie im virtuellen Raum. Eine gute Abstimmung zwischen den E-Moderatorinnen, die an den Präsenztagen für das Protokoll zuständig sind und punktuell aktiv werden, und den FachexpertInnen, die online zumindest bei einer Aktivität FachexpertInnen-Feedback geben, ist eine wesentliche Basis für den Erfolg der HDW.

Die Anforderungen an den virtuellen Raum ergeben sich aus den Leistungsvorgaben für die Hochschuldidaktische Weiterbildung (HDW), in der E-Learning einen wesentlichen Teil der gesamten Weiterbildung darstellt. Die TeilnehmerInnen der HDW treffen in einem Semester nur vier Mal zu einem Präsenztag

---

[1] Beschreibung der HDW auf der Homepage der FH JOANNEUM http://www.fh-joanneum.at/hdw.

[2] Ab Gruppe HDW06 und Wintersemester 2013 wird die Hochschuldidaktische Weiterbildung zweisemestrig angeboten.

[3] Erste Erfahrungen mit der HDW wurden von Felbinger (2011) und Pauschenwein und Lind (2011) beschrieben.

zusammen, der Rest der Lernleistung erfolgt im Selbststudium bzw. im Online-Austausch. Das Design des virtuellen Raums gliedert sich in die vier Bereiche: Anbindung zum Präsenztag, E-Learning-Austausch in der virtuellen Gruppe, Dokumentation der Praxis und Literaturstudium. Auf diese Weise spiegelt es das grundlegende Schema der HDW wieder.

Das didaktische Konzept für den Online-Teil der HDW wurde im Sommer 2010 entwickelt. Die E-Moderation orientierte sich damals stark an dem Konzept von Gilly Salmon zur Entwicklung von virtuellen Gruppen (Salmon 2002, 2004). Nach Gilly Salmon folgen auf die Anfangsphase „Zugang zum virtuellen Raum" drei Phasen der Gruppenbildung, nämlich „Online-Sozialisierung", „Wissensaustausch" und „Gemeinsame Wissenskonstruktion". Hat sich eine Gruppe online sozialisiert und dadurch eine Vertrauensbasis geschaffen, ist sie bereit, ihre Erfahrungen und Kenntnisse mit den anderen zu teilen und basierend darauf neues Wissen zu entwickeln. Die fünfte Phase „Weiterentwicklung" schließt diesen Prozess ab, in dieser Phase ist die Gruppe selbstständig und braucht keine externe Moderation mehr. Im Rahmen der HDW wird Wert auf eine intensive „Online-Sozialisierung" gelegt, um Lernprozesse im virtuellen Raum zu erleichtern. Das didaktische Konzept wird seither kontinuierlich reflektiert und weiterentwickelt.

Im Rahmen der Online-Phasen werden seitens der TeilnehmerInnen Aktivitäten im Ausmaß von circa eineinhalb bis drei Stunden pro Woche erwartet. Eine Einschätzung, welche Tätigkeiten im Einzelnen innerhalb dieses Aufwands zu erledigen sind, ist nicht einfach.

1.1   Der virtuelle Raum der HDW

Zur Unterstützung eines kontinuierlichen Lernprozesses kommt die Lernplattform Moodle zum Einsatz. Alle drei Semester der HDW werden in Moodle abgebildet, gegliedert in vier Bereiche:

• Verbindung zum Präsenztag: Hier finden die TeilnehmerInnen Dokumente und Links der FachexpertInnen vor, sowie das beliebte, ausführliche, mit vielen Fotos bestückte Protokoll der Präsenztage.

• E-Learning: In diesem Bereich steuern die E-ModeratorInnen den Austausch in der virtuellen Gruppe mittels gezielter, inhaltlicher Fragen und Reflexionsaufgaben.

• Dokumentation der Praxis: Hier gibt es Raum für die Abgabe der von ExpertInnen und E-ModeratorInnen gemeinsam entwickelten Aufgaben.

• Der Bereich Literaturstudium enthält eine Literaturliste und Links im Rahmen eines Literatur-Wiki.

Die Lernplattform wird transparent eingesetzt, alle Diskussionen und Abgaben sind für alle sichtbar und bilden den Anreiz zu einer vertieften Auseinandersetzung. Die Online-Aufgaben, die sogenannten E-Tivities zielen darauf ab, dass die TeilnehmerInnen Informationen austauschen, neues gemeinsames Wissen konstruieren und als Gruppe selbständig werden.

Das erste Semester beginnt mit einer Reihe von E-Tivities, die der Gruppenbildung dienen. Dabei werden zweierlei Ziele verfolgt: Zum einen sollen Hemmungen gegenüber der Online-Kooperation abgebaut werden und zum anderen sollen sich die TeilnehmerInnen als Gruppe im virtuellen Raum formieren.

1.2 Online-Kooperation

TeilnehmerInnen an Online-Prozessen fühlen sich im virtuellen Raum möglicherweise allein, wenn sie beitragen sollen und keine Antworten bekommen. Die Online-Teilnahme erscheint ihnen dann sinnlos. Hier hilft schon eine kurze bestätigende Antwort, die sichtbar macht, dass ein Beitrag auch gelesen wurde.

Viele TeilnehmerInnen der HDW beobachten genau, was im virtuellen Raum passiert, lesen viele Beiträge und zeigen in den Präsenzphasen, dass sie genau über die online dokumentierten Aktivitäten der anderen Bescheid wissen und sich durchaus viele Gedanken machen. Für ihre KollegInnen sind sie jedoch im virtuellen Raum nicht sichtbar und werden deshalb als „abwesend" wahrgenommen.

In der Online-Kooperation kann grundsätzlich zwischen „worker", „lurker" und „shirker" (Taylor 2002) unterschieden werden, wobei nach Taylor „Worker" regelmäßig online sind und überdurchschnittliche viele Beiträge verfassen, während „Lurker" eher passiv im virtuellen Raum teilnehmen und weniger Beiträge schreiben. „Shirker" als letzte Gruppe können als Verweigerer gesehen werden, die den Online-Raum unterdurchschnittlich oft aufsuchen und deutlich weniger Beiträge als die anderen posten.

Ein/e TeilnehmerIn der HDW hält diesen Gedanken in einem Beitrag fest (siehe Abb. 1).

In der zweiten Hälfte des ersten Semesters sowie in den Folgesemestern sind die Gruppen immer mehr gefordert, sich selbst zu organisieren, gemeinsam Inhalte und Abgaben zu diskutieren und sich gegenseitig in den Lernprozessen zu

Liebe Moderatorin,
ich kann aus Erfahrung berichten. Man lernt und profitiert auch als Beobachter sehr viel. Zweifelsohne
profitiert die ganze Gruppe mehr, wenn man sich aktiv beteiligt.
liebe Grüße, X

Abb. 1 Zitat aus der Gruppe HDW05

unterstützen. Sie tauschen sich fachlich aus, interagieren miteinander, fördern die Gruppenbildung und unterstützen das Gefühl der Gemeinsamkeit.

1.3 Online-Aktivitäten

Die Online-Aktivität von Lernenden im virtuellen Raum ist nicht per se messbar. Weder lässt sie sich technisch abbilden, noch ist sie von den E-Moderatorinnen überprüfbar. Wie die Erfahrung zeigt, liegt das an verschiedenen Ursachen.

Online-Lernende brauchen Zeit, um sich zu orientieren. Besonders zu Beginn verwirrt die Struktur des virtuellen Raums einen Teil der Lernenden. Daher benötigen sie diese Zeit, um sich mit dem online abgebildeten Lerndesign vertraut zu machen. Je seltener man einsteigt, desto mehr Zeit braucht diese Orientierungsphase. Auch die Verfolgung komplexer, manchmal redundanter Diskussionsprozesse, die in unterschiedlichen Strängen nebeneinander abgebildet sind, muss gelernt werden. Manche Lernende brauchen viel Zeit, um die Diskussionen zu verfolgen und zu reflektieren, bevor sie den Mut haben, einen eigenen Beitrag zu verfassen. Personen, die im Internet beruflich und persönlich aktiv sind, fällt es leichter online beizutragen.

Die E-Moderatorinnen können zwar durch gewisse Statistiken, die die Lernplattform zur Verfügung stellt, einschätzen, wer sich häufig im virtuellen Raum bewegt. Allerdings kann nicht nachvollzogen werden, wer welche Beiträge liest und sich mit ihnen inhaltlich auseinandersetzt. Darüber hinaus bietet die Plattform Moodle die Möglichkeit, sich alle Diskussionsbeiträge per E-Mail zusenden zu lassen – dadurch können Lernende die Diskussionen verfolgen, reflektieren und in die eigene Lehre transferieren, ohne die Plattform zu besuchen. Aus den bisherigen Erfahrungen kann also zusammengefasst werden, dass das investierte Zeitausmaß nicht unbedingt mit der Anzahl an verfassten Beiträgen korreliert.

Trotzdem waren die E-Moderatorinnen aufgerufen, nach den Erfahrungen mit der HDW im ersten Jahr (2010/2011) die erwarteten Online-Leistungen genauer zu definieren. Sie legten fest, dass für den erfolgreichen Abschluss der HDW 60 % der Online-Aufgaben erfüllt werden müssten, wobei die Verfassung von drei sinnvollen Beiträgen pro E-tivity einer 100 %igen Online-Teilnahme entspricht. Diese quantitative Kontrolle wird im ersten Semester der HDW strikt durchgeführt, um die Formierung der Gruppe auch im virtuellen Raum sicherzustellen. Im zweiten bzw. dritten Semester zählen die E-Moderatorinnen immer mehr auf die Eigenverantwortung der TeilnehmerInnen und fordern keine exakte Anzahl von Beiträgen mehr ein.

1.4 Kategorien von Online-Beiträgen

Für den Artikel wurde das Kommunikationsverhalten von TeilnehmerInnen der HDW untersucht. Dazu war es nötig, die Online-Beiträge zu kategorisieren. Die E-Moderatorinnen verwendeten für die Kategorisierung ein Modell zur Beurteilung sinnvoller, schriftlicher Beiträge, das von Garrison eingeführt und von Pelz weiterentwickelt wurde (Garrison et al. 2000; Pelz 2004/2010). Pelz wandte die Kategorien *Soziale Präsenz*, *Kognitive Präsenz* und *Lehrpräsenz* auf Beiträge in asynchronen Online-Diskussionen an, wobei er zwischen *moderierenden* und *instruierenden* Beiträgen der Lehrpräsenz unterschied.

Zur Analyse von Online-Beiträgen verwendeten die Autorinnen die vier Kategorien Soziale Präsenz (SP), Kognitive Präsenz (KP), Lehrpräsenz Moderation (LP-M) und Lehrpräsenz Instruktion (LP-I) und setzten sie in Bezug zu Gilly Salmon's 5-Phasenmodell.

a. TeilnehmerInnen zeigen *Soziale Präsenz*, indem sie ihre Gefühle und Stimmungen beschreiben (*affektive Äußerungen*), indem sie sichtbar machen, dass sie Beiträge von KollegInnen gelesen, verstanden und darüber nachgedacht haben (Förderung der Interaktion) und indem sie die Gruppe zusammenhalten durch Beiträge, die Zusammengehörigkeit, Gruppenverbindlichkeit und gemeinsame Ziele ausdrücken.
   Komponenten, die auf die Gestaltung sozialer Interaktion fokussieren, stehen bei diesen Beiträgen im Vordergrund. In der Phase der „Online-Sozialisierung" nach Salmon werden durch Moderationstätigkeit möglichst vielfältige Beiträge der Sozialen Präsenz angestoßen.
b. *Kognitive Präsenz* findet sich in fachlichen, konzeptuellen und theoretischen Beiträgen wieder, in denen sich die TeilnehmerInnen um korrekte, präzise, genau zitierte, klare, auch themenübergreifende und inhaltsreiche Formulierungen bemühen.

Eine sachliche Beschreibung des Wissens oder des Denkweges steht bei diesen Beiträgen im Vordergrund, die typisch für die Phase „Wissensaustausch" nach Salmon sind.

c. Die *Lehrpräsenz Moderation* wird in Beiträgen sichtbar, die die Gruppendiskussion unterstützen und fördern. Die TeilnehmerInnen geben Hinweise auf Meinungsübereinstimmung, bei Meinungsverschiedenheit bemühen sie sich um Konsens. Sie unterstützen die Gruppe durch Zusammenfassung von Diskussionssträngen. Sie animieren andere, aktiv beizutragen, sie fördern das Lernklima und den Diskussionsprozess. Sie evaluieren die Qualität des Lernprozesses – wobei die gesamte Gruppe im Fokus steht.

Durch diese Beiträge wird die Diskussion vorangetrieben und der Aufbau eines arbeitsfähigen Gruppenklimas unterstützt.

d. TeilnehmerInnen zeigen *die Lehrpräsenz Instruktion*, indem sie inhaltliche Beiträge für die ganze Gruppe verfassen sowie weiterführende Fragen zu inhaltlichen Themen stellen. Sie richten die Aufmerksamkeit auf interessante Diskussionsthemen, bestätigen, dass ein Beitrag verstanden wird, bzw. weisen auf Missverständnisse hin. Sie bringen Wissen von unterschiedlichen Quellen zusammen und reagieren bei technischen Schwierigkeiten.

Bei der Lehrpräsenz Instruktion stehen richtungslenkende und inhaltliche Beiträge im Vordergrund, die sich an die Gruppe richten.

Beiträge der Kategorien *Lehrpräsenz Moderation* und *Lehrpräsenz Instruktion* sind den Phasen „Gemeinsame Wissenskonstruktion" und „Weiterentwicklung" zuzuordnen.

Diese Kriterien wurden am Anfang des Gruppenbildungsprozesses der HDW-Gruppen, also während des ersten Präsenz-Workshops des ersten Semesters, eingeführt und in der Gruppe diskutiert, um die Grundbedingungen der Online-Teilnahme und die Erwartungen rund um die Online-Präsenz abzuklären. Während des Semesters wurden die Beiträge von der Moderatorin in einer Tabelle notiert, um den Überblick zu bewahren und die TeilnehmerInnen individuell in ihren Lernprozessen zu unterstützen.

2   Vorgehensweise bei der Untersuchung

2.1   Auswahl bei der Erhebung der Daten

Bei der Erhebung wird nicht die Generalisierbarkeit der Ergebnisse angestrebt, sondern der Fokus liegt auf der Interpretation der vorhandenen Daten. Zunächst

werden die drei Gruppen der Hochschuldidaktischen Weiterbildung näher beschrieben, die für die Analyse herangezogen wurden. Es handelt sich dabei um
die Gruppe HDW03 (Start im Sommersemester 2012), die Gruppe HDW04 (Start
Wintersemester 2012/2013) und die Gruppe HDW05 (Start im Sommersemester
2013).

13 Lehrende (zehn Männer und drei Frauen) bildeten die Gruppe HDW03,
deren zweites Semester, und zwar von Anfang September 2012 bis Ende Februar
2013 für die Analyse herangezogen wurde. Fünf Personen waren in ihrem ersten
Jahr an der FH JOANNEUM, drei Personen bereits zwei bis vier Jahre als Lehrende
tätig, weitere fünf Personen fünf Jahre oder mehr an der Hochschule.

Die Gruppe HDW04 bestand aus 13 Personen, (sieben Männer und sechs Frau-
en). Zur Analyse wurde das erste Semester, und zwar der Zeitraum von Mitte
September 2012 bis Ende Februar 2013 herangezogen. In der Gruppe befanden
sich in diesem Zeitraum zwei StudiengangsleiterInnen. Drei Personen waren im
ersten Jahr an der FH JOANNEUM beschäftigt, drei bereits zwei bis vier Jahre,
sieben Personen waren mehr als fünf Jahre an der Hochschule tätig.

Die Gruppe HDW05 bestand aus 12 Personen (acht Männer und vier Frauen)
und begann im März 2013 das erste Semester der Weiterbildung. Für die Analyse
wurden die Monate von Anfang März 2013 bis Ende Juli 2013 herangezogen. Nach
einem Dropout bestand die Gruppe aus den verbleibenden 11 Lernenden, wobei
eine Person einen Studiengang leitete. Vier Personen von der anfänglichen Gruppe
waren im ersten Jahr an der FH JOANNEUM tätig, vier Personen zwei bis vier
Jahre, eine Person circa sechs Jahre und drei Personen bereits zehn oder mehr als
zehn Jahre.

Zur Analyse wurden bei der Datenerfassung alle relevanten Beiträge der Gruppen herangezogen, das waren Beiträge der Gruppe HDW03 aus dem zweiten
Semester, der HDW04 aus dem ersten Semester und der HDW05 ebenfalls aus
dem ersten Semester.

In dem analysierten Zeitraum verfassten die TeilnehmerInnen der HDW03 *332
Beiträge,* von denen 319 einer Kategorie zugeordnet werden können. 13 Beiträge
wurden ausgesondert, da sie entweder doppelt vorhanden sind oder keinen Text
außer einem „Liebe Grüße" enthalten, was manchmal bei der Abgabe eines Doku-
ments der Fall war. Die aktivste Person in der Gruppe schrieb in den sechs Monaten
des zweiten Semesters 41 Beiträge, die am wenigsten aktive Person acht Beiträge
(bei beiden Personen wurde ein Beitrag nicht gezählt, da er keinen Inhalt enthielt).

Im Zeitraum der Analyse, dem ersten Semester, verfassten die 13 TeilnehmerInnen der HDW04 *501 Beiträge,* von denen 493 einer Kategorie zugeordnet
werden können. Acht Beiträge wurden ausgesondert. Die aktivste Person schrieb
57 Beiträge, die am wenigsten aktive Person 17 Beiträge.

Zur Analyse wurde das erste Semester der HDW05 herangezogen. 12 Personen verfassten *410 Beiträge*. Die aktivste Person der Gruppe schrieb 67 Beiträge, die am wenigsten aktive Person nur zwei Beiträge. Diese Person schied aus dem Kurs aus. Es können daher 408 Beiträge von 11 TeilnehmerInnen ausgewertet werden.

2.2 Methode

In der HDW ist das Datenmaterial der Beiträge bereits vorhanden und muss nicht erst durch eine Erhebung geschaffen werden. Die Beiträge können ausgehend von einem qualitativen Design systematisch analysiert werden.

Das angewandte methodische Vorgehen ist gekennzeichnet durch eine Kombination qualitativer und quantitativer Analyseverfahren. „Der erste Schritt besteht aus qualitativen Analysen, der zweite Schritt aus quantitativen Prozeduren, die dann in einem dritten Schritt wieder (qualitativ) interpretiert werden müssen." (Mayring 2000, 2001). In der kategoriengeleiteten qualitativ orientieren Textanalyse geht es in einem ersten Schritt darum, die verfassten Beiträge systematisch einzuordnen, um herauszufinden, welche Beiträge es überhaupt im virtuellen Raum der HDW gibt. Danach werden sie quantifiziert und schlussendlich interpretiert.

Durch das vorab formulierte theoretische Konzept und dessen Weiterentwicklung stehen die Kategorien in einer beschreibenden Form bereits fest. Um die Beiträge systematisch einordnen zu können, braucht es allerdings eine transparente Kategorisierungsmöglichkeit. In Anlehnung an die deduktive Kategorienanwendung (vgl. Mayring 2001) als Technik qualitativer Inhaltsanalyse erfolgt daher zunächst eine Einzelbetrachtung pro Person, wobei die im Vorfeld festgelegten Auswertungskriterien an die Fülle der Beiträge herangetragen werden. Die Zuordnung der Beiträge zu einer Kategorie ist mitunter nicht immer eindeutig durchzuführen, da Beiträge Komponenten mehrerer Kategorien enthalten können. Daher ist eine Festlegung von inhaltsanalytischen Zuordnungsregeln sowie Ankerbeispielen essenziell. Durch die Überarbeitung bzw. Schärfung der Kategorien und der Zuordnungskriterien wird die Annäherung an ein gemeinsames Verständnis gesucht. Der Prozess der Analyse wird iterativ geschärft.

> Der qualitative Analyseschritt besteht dabei darin, deduktiv gewonnene Kategorien zu Textstellen methodisch abgesichert zuzuordnen. (Mayring 2000, [13])

Nachdem die Zuordnungsphase abgeschlossen ist, folgt eine quantitative Datenanalyse (siehe Abb. 2). Die Daten werden zunächst aufbereitet, um damit eine Basis für weitere Analyseschritte zu legen. „Wenn derart systematisch mit Kategorien gearbeitet wird, bietet es sich an, diese Zuordnungen als „Daten" aufzufassen und

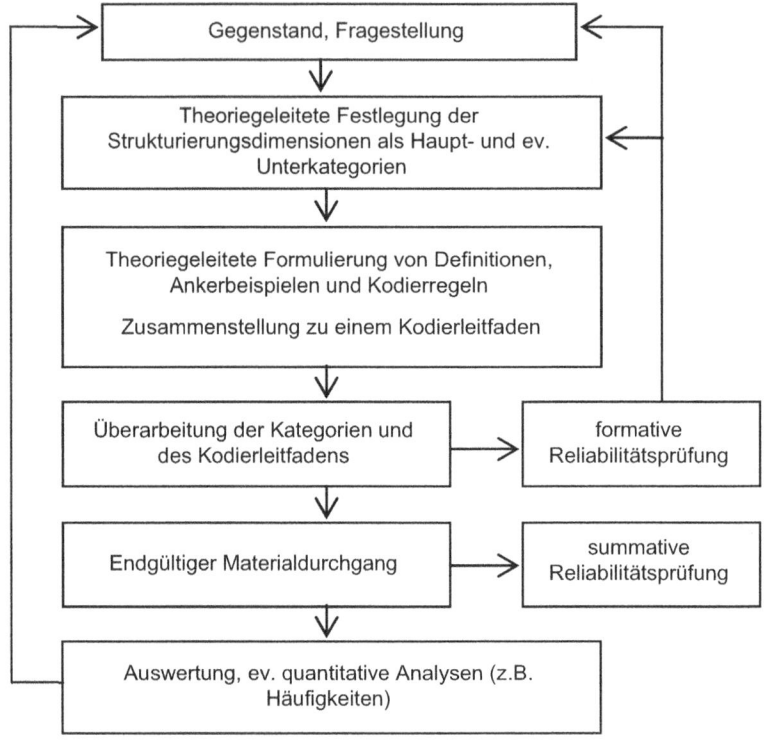

Abb. 2 Deduktive Kategorienanwendung (Mayring 2000)

in einem zweiten Analyseschritt quantitativ weiterzuverarbeiten." (Mayring 2001, [16]).

Die Kategorien werden nach der Häufigkeit ihres Auftauchens festgehalten und Prozentangaben werden berechnet (relative Häufigkeit). Die Anzahl der Beiträge in den Kategorien sowie die prozentuale Verteilung auf die vier unterschiedlichen Kategorien werden pro TeilnehmerIn innerhalb einer Gruppe dargestellt. Das Resultat wird visualisiert. Die Gesamtergebnisse der einzelnen Gruppen werden in einem weiteren Schritt zusammengefasst.

Auf Basis des dadurch gewonnenen Erkenntnisstandes wird versucht, die Ergebnisse zu analysieren und auszuwerten. Das Verhalten der unterschiedlichen Gruppen sowie ausgewählter TeilnehmerInnen werden miteinander verglichen und von den Moderatorinnen interpretiert.

Danke XX, Der Link ist wirklich hilfreich, vor allem die Tipps von Berkley sind als Grundkonzept für die Unterrichtsplanung äußerst handlich! LG XX

Abb. 3 Beispiel für SP, HDW03

> *Liebe XX,*
> *danke f. Dein hervorragend informatives u. übersichtl. Protokoll!*
> *LG Dein X*

Abb. 4 Beispiel für SP, HDW03

Like!!
(kicher kicher)

Abb. 5 Beispiel für SP, HDW03

---

3 Analyse

In Anlehnung an die deduktive Kategorienanwendung (vgl. Mayring 2001) ordnen die Autorinnen die Beiträge der einen Kategorie zu, die für sie im Vordergrund steht bzw. die sie als wesentlich in Bezug auf den gemeinsamen Lernprozess wahrnehmen. Diese Vorgangsweise ist ein subjektiver Prozess und hängt zu einem großen Teil von den Erfahrungen der jeweiligen E-Moderatorin ab. Des Weiteren fließen auch die Charakteristika der jeweiligen HDW-Gruppe sowie die Wahrnehmung der E-Moderatorinnen von Einzelpersonen in die Bewertung ein.

Um diese subjektive Sichtweise vergleichbarer zu machen, diskutierten die Autorinnen in mehreren Sitzungen ihre Strategie der Zuordnung, wählten einzelne Beiträge als Ankerbeispiele aus und reflektierten ihre persönliche Wahrnehmung.

3.1 Soziale Präsenz (SP)

Die Antwort an eine andere Person oder an die Gruppe, bei der die Anerkennung des Geschriebenen, die Wertschätzung von Handlungen (vgl. Abb. 3) oder die eigene Unsicherheit eher im Mittelpunkt steht als fachliche Inhalte, wird als soziale Präsenz gewertet (vgl. Abb. 8). Dasselbe gilt auch für einen im Forum für alle sichtbaren Austausch mit der E-Moderatorin (Abb. 4) oder dem Fachexperten/ der Fachexpertin sowie Beiträge zur Terminbestätigung bzw. Unterstützung bei Fragen zur Technik. Des Weiteren stehen bei Beiträgen der sozialen Präsenz oft Emotionen im Vordergrund (Abb. 5), es werden Gefühle beschrieben und mit der ganzen Gruppe geteilt (vgl. Abb. 7) oder der Wunsch nach Feedback und damit eine indirekte Wertschätzung der anderen kundgetan (vgl. Abb. 6).

...
Ihr findet mein zweites Lehrportfolio und ich möchte euch wieder um angeregte Feedbacks bitten, da es immer wieder interessant ist, wie unterschiedlich die Dinge gesehen werden.
...

Abb. 6 Beispiel für SP, HDW04

Liebe XX, liebe XX, lieber XX!
Die Dynamik, die durch Moodle entsteht, gefällt mir sehr gut. Ich glaube, dass wir dadurch sehr zusammenwachsen werden.
Liebe Grüße, XX!

Abb. 7 Beispiel für SP, HDW05

Liebe KollegInnen,
... Ich habe mich wohlgefühlt, fand die Kommentare von Euch spannend, reflektiert, offen und wertschätzend – hatte also nie das Gefühl, das kann ich jetzt nicht sagen oder fragen ...!
Lieben Gruß und schöne Woche XX

Abb. 8 Beispiel für SP, HDW05

Hallo XX,
bzgl. formative Lerndiagnosen kann ich einen kurzen Erfahrungsbericht geben.
Ich habe in diesem Semester begonnen ...
Aus der bisherigen Erfahrung kann ich folgende Schlüsse ziehen: ...
Bisheriges Fazit: ...

Abb. 9 Beispiel für KP, HDW03

3.2 Kognitive Präsenz (KP)

In diese Kategorie werden Beiträge eingeordnet, in denen fachliche Inhalte, ausgehend von einem Beitrag einer anderen Teilnehmerin oder eines anderen Teilnehmers, zur Verfügung gestellt werden. Dabei liegt der Fokus des oder der Schreibenden eher auf einer Person als auf der ganzen Gruppe. Auch Beiträge, die verfasst werden, um eigenes Wissen mit anderen MitlernerInnen zu teilen, Wissen „darzustellen", fallen in diese Kategorie. Es findet keine Anbindung zu anderen Beiträgen von KollegInnen statt, sondern eine inhaltliche Beschreibung eines Themas auf konkrete Weise. Ein kognitiver Beitrag kann alleine stehen und benötigt nicht unbedingt Interaktion durch KollegInnen. (vgl. Abb. 11). Erfahrungsberichte (vgl. Abb. 9), fachliche Beiträge, Zitate (vgl. Abb. 12) oder Literaturhinweise (Abb. 10) sowie Wissen mit anderen zu teilen steht bei kognitiver Präsenz im Vordergrund.

Liebe Kolleg/innen,
da ich zuletzt izm der LV-Anerkennung mehrfach befragt wurde, darf ich folgende Publikationen dazu empfehlen ...
Beide Bücher sind in der Reihe ... erschienen.
LGEuer X

Abb. 10 Beispiel für KP, HDW03

... Das bedeutet, dass man z..B. ein Stoffgebiet zunächst lernen muss (= Kennen), danach übt man die Anwendung (= Erkennen), und wenn man so fit im Thema ist, dass es automatisch angewendet wird, dann spricht man vom Können. Wenn ich diesen Ansatz auf die Lehre umlege, so kann ich bis zum „Erkennen" kommen, das „Können" kann dann nur in der Praxis erworben werden. ...

Abb. 11 Beispiel für KP, HDW04

Lieber XX,
ich finde Deine Frage 4 besonders gut und wichtig. Ich erlebe das auch mit Statistik. ... Derzeit versuche ich meine Didaktik durch die Lektüre des folgenden Buches zu verbessern: http://www......
LG XX

Abb. 12 Beispiel für KP, HDW04

 ... nette Bilder in diesem stream.
Ich kann euch da nur zustimmen. Der Tag ist ganz anders gekommen als gedacht, für mich. ... Also validieren wir...
Was habt euch denn ihr noch so alles mitnehmen können?
Herzlich,XXX

Abb. 13 Beispiel für LP-M, HDW03

Liebe KollegInnen!
Anscheinend geht es uns allen ähnlich. ...
Was ich spannend finde, ist dein Coaching-Ansatz ...

Abb. 14 Beispiel für LP-M, HDW04

3.3 Lehrpräsenz Moderation (LP-M)

Beiträge der Kategorie Lehrpräsenz Moderation fordern andere auf beizutragen, weisen auf Meinungsübereinstimmung hin, fördern das Lernklima oder formulieren Fragen zum Thema (vgl. Abb. 13). Die Lehrpräsenz Moderation unterstützt und fördert Diskussionen. Beiträge aus anderen Themenbereichen werden aufgegriffen und „verwoben" (vgl. Abb. 15 und 16). Beiträge von KollegInnen werden bestätigt und andere werden animiert beizutragen. Eine eigene Position wird eingenommen oder Feedback zu Beiträgen von KollegInnen wird abgegeben (vgl. Abb. 14).

Liebe XX!
Ich habe mir soeben den Artikel durchgelesen. ... Die Perspektive der Studierenden scheint mir auch noch
sehr nah, ... Wie ergeht es dir in der eigenen LV?
LG XX
P.S: Ich habe den Link nochmals neu eingefügt, nachdem scheinbar ein Mittelstrich/Underslash vertauscht
wurden. ...

Abb. 15 Beispiel für LP-M, HDW05

Liebe Alle,
ich hoffe, es wird nicht als unhöflich verstanden, wenn ich einfach "Alle" schreibe. Es verstecken sich in allen
Beiträgen interessante Aussagen, auf die ich mich beziehen möchte.
Wie ... sagt, mir kommt auch vor, dass ... Mein Eindruck ist auch, ...
Ich bin mir dessen bewusst, dass wir deshalb ... Allerdings bin ich dagegen. Wie ... geschrieben hat, ...
liebe Grüße, XX

Abb. 16 Beispiel für LP-M, HDW05

Hallo zusammen,
nach Reflexion des ersten Praesenztermins moechte ich gerne folgendes Postulat aufstellen: Unterricht ist
1) ... 2) ... Für Interessierte:http://...
Als Indiz fuer die Korrektheit meines Postulats ziehe ich ...heran. ...
Ich hoffe, dass dieses Posting kontroversiell gesehen wird und eine spannende leidenschaftliche Diskussion
auslöst.
LG, XX

Abb. 17 Beispiel für LP-I, HDW03

3.4 Lehrpräsenz Instruktion (LP-I)

Hier werden Beiträge zu inhaltlichen Themen verfasst, die Aufmerksamkeit richtet
sich auf Diskussionsthemen und auf die Gruppe (vgl. Abb. 17). Das Verständnis anderer wird bestätigt, man weist einander auf Missverständnisse hin, bringt
Wissen aus unterschiedlichen Quellen zusammen. Man unterstützt einander bei
technischen Schwierigkeiten und hilft sich beim gemeinsamen Lernen, wobei der
fachliche Aspekt eine größere Wichtigkeit hat als in der Lehrpräsenz Moderation.
Beiträge dieser Art animieren die Gruppe, dazu beizutragen bzw. ihre Aufmerksamkeit auf etwas zu richten (vgl. Abb. 19). Ein vorangegangener Beitrag wird
aufgegriffen, Feedback wird abgeben, dann werden die Inhalte weiterentwickelt,
meistens schließt der Beitrag mit einer Frage oder der Einladung an die anderen
weiterzudiskutieren (vgl. Abb. 18).

Liebe KollegInnen!
...Generell habe ich die Fragestellungen interessant gefunden und ... Für mich immer eine spannende Frage ist, ... Dementsprechend würde es mich interessieren wie es euch bei der Anwendung unterschiedlicher Methoden geht. ... Ich bin schon sehr gespannt auf eure ... und eine rege Diskussion!

Abb. 18 Beispiel für LP-M, HDW04

Liebe Kolleginnen und Kollegen,
ich möchte gerne diese Aufgabe auch dazu nützen, Euch eine Frage zu stellen, die mich schon lange beschäftigt und auf die ich aber noch keine ganz befriedigende Antwort gefunden habe. 😊
Diese Frage betrifft ... Wir machen das am Institut derzeit so, dass ... Es zählt aber primär ... Wie seht ihr das? Wie wird das an Euren Instituten gehandhabt?
LG XX

Abb. 19 Beispiel für LP-M, HDW05

4 Ergebnisdarstellung und Interpretation

4.1 Darstellung und Interpretation der Gruppenergebnisse

Nachdem die Beiträge mittels vorne beschriebenem qualitativen Verfahren eingeordnet wurden, wird die Verteilung der Kategorien nach der Häufigkeit ihres Auftauchens im Datenmaterial mit den relativen Häufigkeiten in einer Tab. (vgl. Tab. 1) pro Gruppe zusammengefasst dargestellt.

Aus diesen Zahlen ergibt sich das folgende Diagramm (vgl. Abb. 20), das die zugeordneten Beiträge zu den Kategorien Soziale Präsenz (SP), Kognitive Präsenz (KP), Lehrpräsenz Moderation (LP-M) und Lehrpräsenz Instruktion (LP-I) zeigt.

Soziale Präsenz Im Vergleich zu den beiden anderen Gruppen ist die HDW03 mit 67 % durch eine sehr hohe Anzahl an Beiträgen der SP geprägt. In der HDW05 zeigt sich, dass auch hier am häufigsten Beiträge der SP (41 %) verfasst wurden. Die HDW04 ist im Vergleich zu den beiden anderen Gruppen durch eine eher niedrige SP (24 %) gekennzeichnet. Beiträge, die SP zugeordnet wurden, kamen bei der HDW03 2,8-mal öfter als bei der HDW04 und 1,6-mal öfter als bei der HDW05 vor.

Kognitive Präsenz Die kognitive Präsenz ist mit 19 % in der HDW03, 25 % in der HDW04 und 22 % in der HDW05 bei allen Gruppen ähnlich ausgeprägt, sie ist in allen Gruppen die zweithäufigste Beitragskategorie. In der HDW03 und HDW05

Tab. 1 Ergebnisse alle Gruppen

	Soziale Präsenz		Kognitive Präsenz		Lehrpräsenz: Moderation		Lehrpräsenz: Instruktion		Summe (Beiträge, Prozent)	
HDW03	213	67 %	62	19 %	16	5 %	28	9 %	319	100 %
HDW04	122	24 %	121	25 %	132	27 %	118	24 %	493	100 %
HDW05	168	41 %	88	22 %	79	19 %	73	18 %	408	100 %

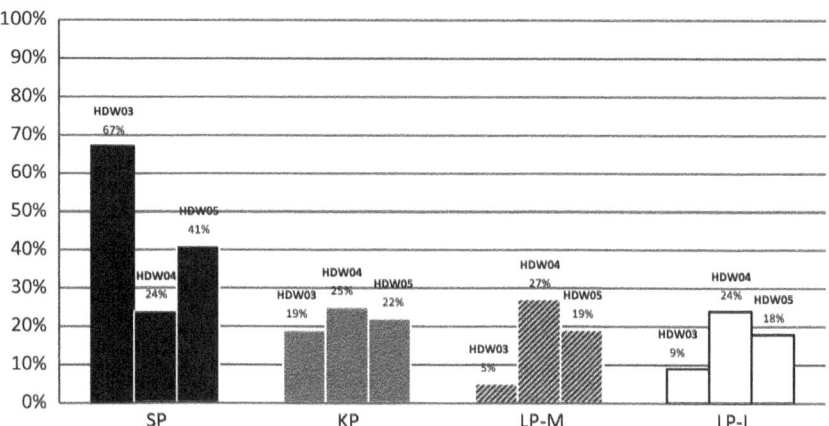

Abb. 20 Vergleich der Gruppenergebnisse

ist sie die zweithäufigste Kategorie nach der SP, in der HDW04 die zweithäufigste nach LP-M.

Lehrpräsenz Moderation und Lehrpräsenz Instruktion Hinsichtlich der Häufigkeit von LP-M, aber auch LP-I ist zu erkennen, dass in der HDW03 im Vergleich zu HDW04 und HDW05 am wenigsten Moderationsbeiträge sowie Instruktionsbeiträge verfasst wurden. LP-M ist mit 27 % bei der HDW04 am höchsten, mit 19 % bei der HDW05 ein weniger niedriger, jedoch mit 5 % bei der HDW03 deutlich geringer. In der HDW04 ist die LP-M 5,4-mal höher als in der HDW03, in der HDW05 3,8-mal höher als in der HDW03.

Auch die LP-I ist mit 24 % am stärksten in der HDW04 vertreten, wobei wiederum die HDW05 mit 18 % folgt. Die LP-I ist mit 9 % in der HDW03 gering. So ist die LP-I der stärksten Gruppe (HDW04) 2,7-mal höher als bei der HDW03 und 1,4-mal höher als bei der HDW05.

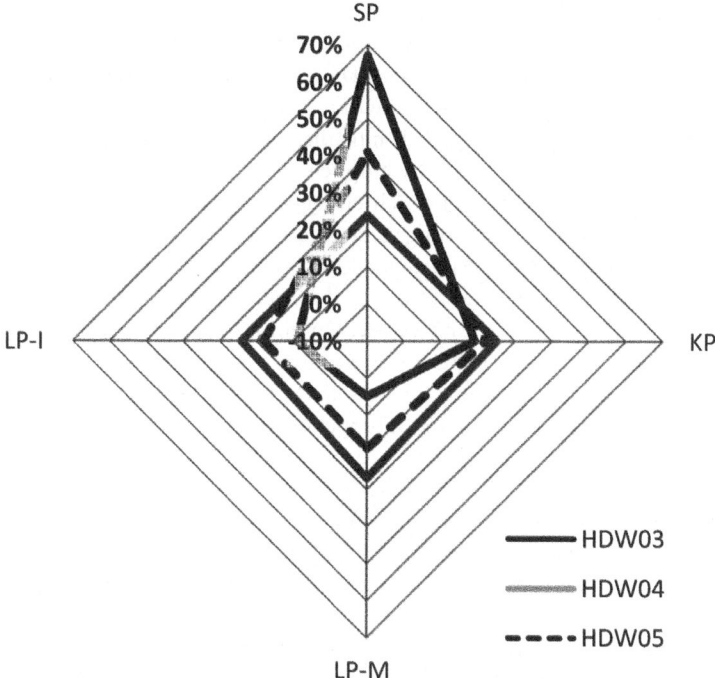

Abb. 21 Ausprägungen der Gruppen

Das Netzdiagramm in Abb. 21 zeigt die Unterschiede in den Gruppen nochmals auf eine andere Art dargestellt.

Die Gruppe HDW03 erweist sich in dieser Auswertung als *fast ausschließlich sozial geprägt.* Als einzige der hier vorgestellten Gruppen befand sich die HDW03 zum Zeitpunkt der Analyse bereits im zweiten Semester, d. h. die Gruppe hatte bereits ein Semester Zeit zu reifen. Nach dem Modell von Gilly Salmon sollten die GruppenteilnehmerInnen bereits Beiträge des gemeinsamen Wissensaufbaus und der Gruppenmoderation verfassen, was jedoch nicht oft eingetreten ist.

Dies hängt vermutlich mit dem Umfeld dieses zweiten Semesters der HDW03 zusammen, in dem zwei bedauerliche Vorfälle auftraten. Die E-Moderatorin der Gruppe, eine Vertrauensperson, die diese Gruppe durch das erste Semester der Online-Sozialisierung geführt hatte, gab die Moderation ab und die neue E-Moderatorin musste sich erst einarbeiten. Aufgrund einer nicht ausreichenden bzw. gescheiterten Abstimmung der Fachexperten des 1. und 2. Semesters, nahmen die TeilnehmerInnen Redundanzen und Überlappungen der Themen wahr und reagierten ablehnend und frustriert. Diese Stimmung der Gruppe wirkte sich auf den Online-Austausch aus und bewirkte, dass die GruppenteilnehmerInnen während des Semesters nur zögerlich inhaltliche Diskussionen führten und eher wenig in die Rolle einer Lehrperson schlüpften.

Bei der Gruppe HDW04 ergibt sich ein eher ausgeglichenes Gesamtbild, die durch keine spezielle Orientierung gekennzeichnet ist, die Gruppe kann als *ausgewogen in Bezug auf die verwendeten Kategorien* bezeichnet werden.

Obwohl erst im ersten Semester hatten die TeilnehmerInnen den Lernprozess der ganzen Gruppe im Auge und versuchten ein positives, motivierendes Lernklima zu etablieren. Die Gruppe besaß ein hohes kommunikatives Niveau. Die TeilnehmerInnen bemühten sich, einander wertschätzend zu begegnen und zu zeigen, dass sie Arbeiten der anderen GruppenteilnehmerInnen wahrnehmen und wertschätzen.

Die Zusammenarbeit zwischen E-Moderatorin und Gruppe gelang auf Anhieb gut, was wahrscheinlich darauf zurückzuführen ist, dass die meisten GruppenteilnehmerInnen Erfahrungen mit virtuellen Räumen aufwiesen, aber auch dadurch, dass die E-Moderatorin auf Erfahrungen aus einer Vorgruppe zurückgreifen konnte.

Die Gruppe HDW05 hat *tendenziell eine soziale Ausprägung, die Beiträge aus den anderen drei Kategorien sind ziemlich ausgewogen verteilt.*

Die Ergebnisse unterstreichen die positive Haltung der Gruppe gegenüber der HDW und spiegeln die Wertschätzung der Kolleginnen und Kollegen wieder. Die Auseinandersetzung mit Inhalten unterstreicht die fachliche Neugier der Gruppe. Aus den Ausprägungen der Moderation und Instruktion kann ein verstärktes Lernen auf einer Metaebene mit und durch die Gruppe geschlossen werden. Aus diesen Zahlen lässt sich also ableiten, dass die HDW05-Gruppe ein starkes Interesse an inhaltlicher Diskussion und Austausch hat, aber die Gruppe es auch schafft, die Auseinandersetzung mit Personen einzubringen.

4.2   Darstellung und Interpretation der Detailergebnisse

Es erschien interessant, die drei so unterschiedlichen Gruppen im Detail zu analysieren. Im Folgenden wird eine Interpretation ähnlicher Fälle auf Personenebene versucht.

Tab. 2 Detailergebnis HDW03

HDW03	Soziale Präsenz (SP)		Kognitive Präsenz (KP)		Lehrpräsenz: Moderation (LP-M)		Lehrpräsenz: Instruktion (LP-I)		Summe	
Gruppe 1, Tn1	26	90 %	2	7 %	1	3 %	0	0 %	29	100 %
Gruppe 1, Tn2	10	91 %	0	0 %	0	0 %	1	9 %	11	100 %
Gruppe 1, Tn3	21	84 %	3	12 %	0	0 %	1	4 %	25	100 %
Gruppe 2a, Tn1	13	68 %	3	16 %	2	11 %	1	5 %	19	100 %
Gruppe 2a, Tn2	13	65 %	3	15 %	3	15 %	1	5 %	20	100 %
Gruppe 2a, Tn3	24	75 %	4	13 %	0	0 %	4	13 %	32	100 %
Gruppe 2b, Tn1	13	57 %	7	30 %	0	0 %	3	13 %	23	100 %
Gruppe 2b, Tn2	22	63 %	10	29 %	1	3 %	2	6 %	35	100 %
Gruppe 2b, Tn3	21	58 %	11	31 %	0	0 %	4	11 %	36	100 %
Gruppe 3, Tn1	9	47 %	4	21 %	3	16 %	3	16 %	19	100 %
Gruppe 3, Tn2	10	43 %	9	39 %	2	9 %	2	9 %	23	100 %
Gruppe 3, Tn3	28	70 %	4	10 %	4	10 %	4	10 %	40	100 %
Gruppe 4, Tn1	3	43 %	2	29 %	0	0 %	2	29 %	7	100 %
	213	67 %	62	19 %	16	5 %	28	9 %	319	100 %

4.2.1 TeilnehmerInnen der HDW03

Da die Diskussionen in der HDW03 durch Beiträge, die eine hohe soziale Präsenz ausdrückten, bestimmt waren, wurden die TeilnehmerInnen in Tab. 2 gemäß ihrer SP in Gruppen zusammengefasst, um die Diskussion zu erleichtern. Alle TeilnehmerInnen der HDW03 verfassten vor allem Beiträge, die zur SP beitragen.

Gruppe 1 der HDW03 zeichnet sich dadurch aus, dass ihre TeilnehmerInnen in den Diskussionen fast ausschließlich sozial präsent sind (84–91 %). Die TeilnehmerInnen dieser Gruppe schrieben 11–29 Beiträge. (Abb. 22 und 23)

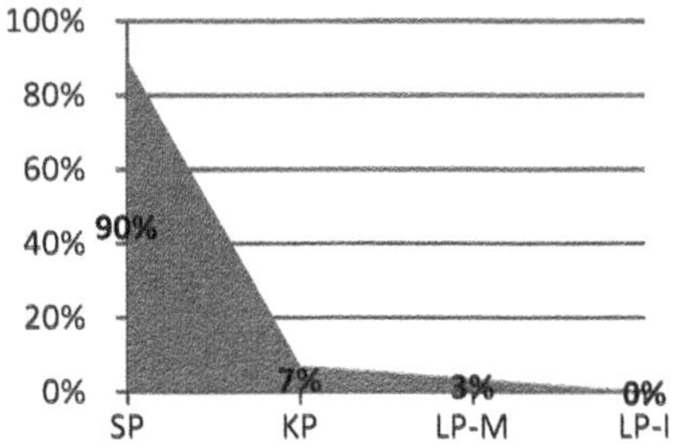

Abb. 22 Profil einer Person aus
HDW03, Gruppe 1

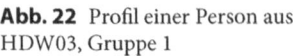

Abb. 23 Profil einer Person aus
HDW03, Gruppe 2a

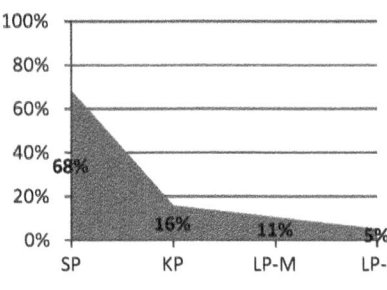

Abb. 24 Profil einer Person aus
HDW03, Gruppe 2b

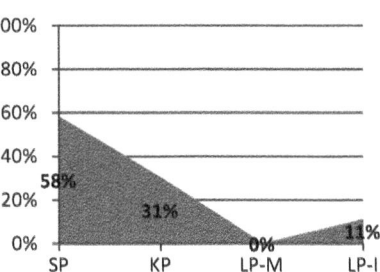

TeilnehmerInnen der Gruppen 2a und 2b zeigten in ihren Beiträgen eine hohe
soziale Präsenz und danach folgend Beiträge der Kognitiven Präsenz. Beiträge, die
eine Lehrpräsenz intendieren sind in geringerem Ausmaß aufzufinden. In Gruppe
2a ist die SP mit 65–75 % vorhanden, die KP um die 15 % und die Lehrpräsenzen
LP-I und LP-M unter 20 %, die TeilnehmerInnen verfassten 19–23 Beiträge. Gruppe
2b zeichnet sich durch die SP zwischen 57–63 %, KP um 30 % und LP-I und LP-M
unter 15 % aus. Es wurden 23–36 Beiträge pro Person verfasst (Abb. 24 und 25).
    Gruppe 3 umfasst Personen, bei denen neben der Sozialen Präsenz auch die
anderen Präsenzen wahrnehmbar vorhanden sind. Insbesondere die Lehrpräsenz

Abb. 25 Profil einer Person aus HDW03, Gruppe 3

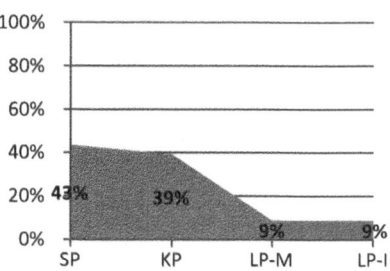

als Summe von LP-M und LP-I ist mit 18–32 % in dieser Gruppe stärker sichtbar als in den Gruppen 1, 2a und 2b. Ein Sonderfall ist TeilnehmerIn3 aus Gruppe 3, diese Person hat im Lauf des analysierten Semesters am meisten Beiträge geschrieben, trotz eines Anteils von 70 % im Bereich SP trug auch sie wahrnehmbar zur Lernpräsenz bei.

Von einer Person (hier in Gruppe 4) wurden nur 7 Beiträge verfasst, daher findet in Bezug auf Gruppe 4 keine nähere Diskussion statt.

Durch die von der E-Moderatorin und den Fachexperten zugefügten Enttäuschungen scheint sich die Gruppe in ein frühes Stadium der Bildung der virtuellen Gruppe zurückgezogen zu haben. Beiträge Sozialer Präsenz sind für alle Phasen virtueller Gruppen wichtig, jedoch in der Phase der „Online-Sozialisierung" besonders ausgeprägt. Durch die Unzufriedenheit mit den „Lehrenden" setzen wenige Gruppenmitglieder Aktivitäten der Lehrpräsenz. Es gelang der E-Moderatorin nur schwer, die Gruppe aus dieser Phase des Rückzugs herauszulocken.

4.2.2 TeilnehmerInnen der HDW04

In der Gruppe HDW04 sind die Ausprägungen auf Personenebene sehr verschieden. Alle Kategorien kommen an erster Stelle vor. Eine Gruppenbildung ist in dem Ausmaß wie bei der HDW03 nicht möglich. Zwar zeigt sich für die HDW04 insgesamt ein ausgeglichenes Bild, wie in Tab. 1. diskutiert wurde, die individuellen TeilnehmerInnen sind allerdings sehr verschieden, was die Zuordnung ihrer erstellten Beiträge zu den entsprechenden Kategorien betrifft.

Abbildung 26 und 27 zeigen etwa zwei Personen, die mit 37 % bzw. 43 % eine sehr hohe Kompetenz im Bereich der Lehr-Präsenz-Moderation aufweisen.

4.2.3 TeilehmerInnen der HDW05

In der HDW05 Gruppe gab es acht Teilnehmerinnen und Teilnehmer, bei denen die soziale Präsenz am höchsten ausgeprägt war. Drei der Gruppenmitglieder verfassten am häufigsten Beiträge der KP und nur eine Person schrieb am meisten LP-I Beiträge.

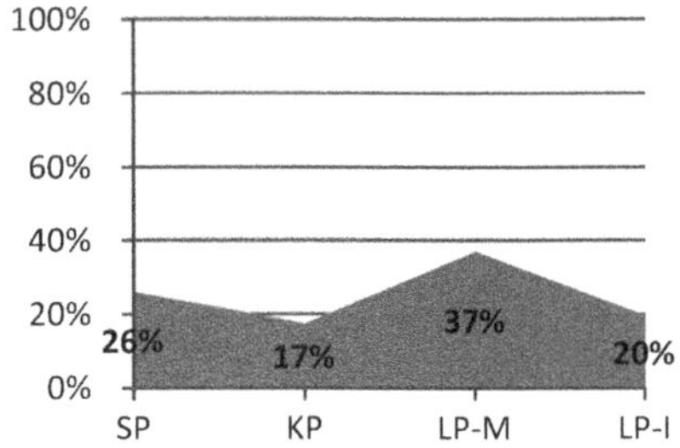

Abb. 26 Profil einer Person aus HDW04, hohe LP-M

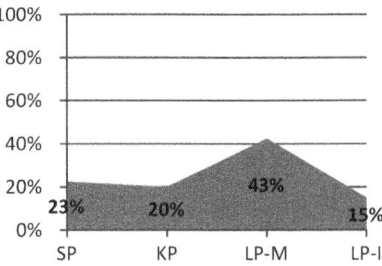

Abb. 27 Profil einer Person aus HDW05, hohe LP-M

Innerhalb der HDW05 fällt auf, dass es die Personen gut schafften, ihre persönlichen Charakteristiken in die Diskussion mit einzubringen. Die soziale Präsenz scheint wichtig zu sein. Es fällt jedoch auf, dass es, sobald diese Ausprägung an erster Stelle steht, zur zweitgereihten Kategorie viel Abstand gibt (siehe die Gruppen 2a, 2b, 3a, 3b in Tab. 3). Wenn allerdings KP oder LP-I bei einer Person an erster Stelle der Personen steht, folgt die SP mit sehr geringem Abstand als zweite Kategorie (siehe die Gruppen 1a, 1b, 4 in Tab. 3), was die Wichtigkeit der SP unterstreicht, die sich bereits im Gesamtgruppenergebnis gezeigt hat. Um diese Ergebnisse auszudifferenzieren, wurden ähnliche Personenprofile in vier Gruppen zusammengefasst und visualisiert.

Drei Personen (Gruppe 1) verfassen am häufigsten kognitive Beiträge, die gefolgt von sozialen Beiträgen in ähnlich hoher Häufigkeit zusammen in etwa zwei Drittel oder mehr aller ihrer Beiträge ausmachen. Diese Personen scheinen geprägt von KP und SP, weniger von LP-M und LP-I (vgl. Abb. 28). Eine Person dieser Gruppe (1b) weicht gering durch eine höhere LP-I ab. Die TeilnehmerInnen, die gruppiert werden konnten, scheinen sich gut mit Inhalten, aber auch mit der Gruppe auseinandersetzen zu können, allerdings verfassen sie eher wenige Beiträge der Lehrpräsenz.

Tab. 3 Detailergebnis HDW05

HDW05	Soziale Präsenz (SP)		Kognitive Präsenz (KP)		Lehrpräsenz: Moderation (LP-M)		Lehrpräsenz: Instruktion (LP-I)		Summe	
Gruppe 1a, Tn1	10	33 %	12	40 %	4	13 %	4	13 %	30	100 %
Gruppe 1a, Tn2	12	36 %	13	39 %	4	12 %	4	12 %	33	100 %
Gruppe 1b, Tn1	10	31 %	11	34 %	3	9 %	8	25 %	32	100 %
Gruppe 2a, Tn1	13	42 %	7	23 %	7	23 %	4	13 %	31	100 %
Gruppe 2a, Tn2	19	42 %	11	24 %	10	22 %	5	11 %	45	100 %
Gruppe 2b, Tn1	13	42 %	7	23 %	5	16 %	6	19 %	31	100 %
Gruppe 2b, Tn2	18	51 %	7	20 %	5	14 %	5	14 %	35	100 %
Gruppe 3a, Tn1	17	47 %	4	11 %	6	17 %	9	25 %	36	100 %
Gruppe 3a, Tn2	15	44 %	5	15 %	7	21 %	7	21 %	34	100 %
Gruppe 3b, Tn1	30	45 %	4	6 %	24	36 %	9	13 %	67	100 %
Gruppe 4, Tn1	11	32 %	7	21 %	4	12 %	12	35 %	34	100 %
	168	41 %	88	22 %	79	19 %	73	18 %	408	100 %

Innerhalb von Gruppe 2 verfassen zwei Personen am häufigsten soziale Beiträge, KP und LP-M sind ähnlich hoch und in der Mitte platziert, Beiträge der LP-I wurden seltener verfasst (vgl. Abb. 29, Gruppe 2a). Diese TeilnehmerInnen können als sozial orientiert, durch ihre geringe LP aber als wenig lenkend gesehen werden. Zwei weitere Personen verfassen am häufigsten soziale Beiträge, aber mit großem Abstand zur zweithäufigsten Kategorie der KP (ca. doppelt so viel SP wie KP) (vgl. Gruppe 2b). Der Abstand von KP zu LP-M und LP-I ist viel geringer, wobei LP-I gleich oder höher als die LP-M ist. Diese Personen sind stark sozial orientiert.

Drei Personen (Gruppe 3) verfassen am meisten soziale Beiträge und am wenigsten kognitive Beiträge. In der Mitte sind Beiträge der LP-M und LP-I zu finden.

Abb. 28 Profil einer Person aus HDW05, Gruppe 1a

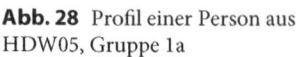

Abb. 29 Profil einer Person aus HDW05, Gruppe 2a

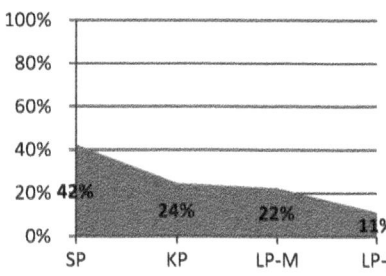

Abb. 30 Profil einer Person aus HDW05, Gruppe 3a

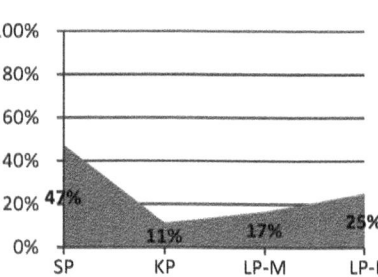

Diese können als sozial und auch inhaltlich an der Gruppe orientiert, aber als weniger kognitiv gesehen werden (vgl. Abb. 30). Bei einer Person (3b) zeigt sich zudem eine sehr stark ausgeprägte LP-M, was die Moderationskompetenz unterstreicht.

Eine Person (Gruppe 4) verfasst am meisten LP-I Beiträge, knapp gefolgt von SP, LP-M ist nicht sehr ausgeprägt (vgl. Abb. 31).

Abb. 31 Profil einer Person aus HDW05, Gruppe 4

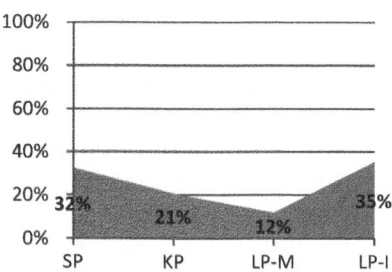

5 Diskussion und Ausblick

Es wurden 1220 Beiträge von 37 Teilnehmerinnen und Teilnehmern aus drei unterschiedlichen Gruppen der Hochschuldidaktischen Weiterbildung untersucht und verglichen. Die Beiträge wurden anhand der im Vorfeld festgelegten Kategorien Soziale Präsenz, Kognitive Präsenz, Lehrpräsenz Moderation und Lehrpräsenz Instruktion gegliedert und danach mit verschiedenen quantitativen Prozeduren ausgewertet.

In allen drei Gruppen gab es sozial orientierte Personen, für die es wichtig war, die Beiträge anderer anzuerkennen und auch schnell einmal ein „Gefällt mir" oder Ähnliches zu schreiben. Die Rolle der kognitiv orientierten Personen war es, Sinn/Bedeutung in der Diskussion zu generieren und die Auseinandersetzung mit den Inhalten zu vertiefen. Personen, die Beiträge der Kategorie LP-M verfassten, moderierten kognitive und soziale Prozesse, um persönliche und dem Lernen dienende Ergebnisse für die Gruppe zu erzielen. Personen, die Beiträge der LP-I verfassten, steuerten die Lernprozesse der Gruppe und unterstützten sie durch passende Inhalte.

Interessant war, wie unterschiedlich sich die drei Gruppen verhielten. Das mag einerseits daran liegen, dass die Beiträge jeder Gruppe nur von einer der Autorinnen zu den Kategorien zugeordnet wurden und dass trotz der Abstimmungsgespräche und Ankerbeispiele die Zuordnung einzelner Beiträge ein äußerst subjektiver Prozess ist. Dennoch kann angenommen werden, dass die Unterschiede der Zuordnung durch Einzelpersonen nicht ausschließlich die Unterschiede in der Beurteilung bewirken.

Es zeigte sich in der Untersuchung, dass kleine Gruppen von 11 bis 13 Personen, die online miteinander lernen, sehr abhängig von unterschiedlichen Einflussfaktoren sind. Die Gruppenzusammensetzung spielt dabei eine wichtige Rolle, ein gemeinsames Lernen von Lehrenden und StudiengangsleiterInnen verändert die Online-Kommunikation. Beiträge der Sozialen Präsenz waren in der Gruppe ohne StudiengangsleiterInnen sehr häufig vertreten, Beiträge der Lehrpräsenz in den beiden Gruppen mit StudiengangsleiterInnen. Andererseits beeinflussen Faktoren wie das Verhalten von E-ModeratorInnen und FachexpertInnen den Gruppenprozess. Die Online-Kommunikation entsteht auch in der Wechselwirkung zwischen E-Moderatorinnen und ihren Gruppen.

Die Untersuchung sollte beleuchten, wie weit die drei Gruppen der HDW auf ihrem Weg zum selbstständigen Lernen sind. Das Ergebnis, dass die beiden Gruppen im ersten Semester (HDW04 und HDW05) in Bezug auf das 5-Phasenmodell nach Gilly Salmon eigentlich weiter fortgeschritten waren als die Gruppe im zweiten Semester (HDW03), war überraschend, bestätigte jedoch die Wahrnehmung der E-Moderatorin.

Das Modell der vier Kategorien erwies sich als sehr brauchbar in der Analyse der Online-Auseinandersetzung im Rahmen der Hochschuldidaktischen Weiterbildung. Die vertiefte Auseinandersetzung mit den einzelnen Beiträgen bestätigte den subjektiven Eindruck der E-Moderatorinnen von dem Online-Kommunikationsverhalten einzelner TeilnehmerInnen und schärfte den Blick der E-Moderatorinnen auf die Online-Diskussion. Die E-Moderatorinnen planen bei den nächsten HDW-Gruppen die Beiträge nach den vier Kategorien zu analysieren und die Qualität einzelner Beiträge intensiver mit den TeilnehmerInnen zu diskutieren, um auf das unterschiedliche Potenzial von Sozialer und Kognitiver Präsenz sowie von Lehrpräsenz Moderation und Instruktion hinzuweisen.

Eine umfassende Analyse sollte alle Semester der HDW umfassen, wobei die Beiträge von allen Moderatorinnen kategorisiert werden sollten.

Literatur

Felbinger, Andrea. 2011. Hochschuldidaktische Weiterbildung an der Fachhochschule Joanneum: Einblicke in ein erfolgreiches Modell zur pädagogischen Professionalisierung von Lehrenden. In *Lernwelt Universität. Entwicklung von Lehrkompetenz in der Hochschullehre*, Hrsg. Rudolf Egger, und Marianne Merkt, 209–224. Lernweltforschung Bd. 9. Wiesbaden: Springer.
Garrison, D. Randy, Terry Anderson, und Walter Archer. 2000. Critical inquiry in a text-based environment: Computer conferencing in higher education. *The Internet and Higher Education* 2 (2–3): 87–105. http://communitiesofinquiry.com/sites/communityofinquiry. com/files/Critical_Inquiry_model.pdf. Zugegriffen: 10. Sept 2013.

Mayring, Philipp. 2000. Qualitative Inhaltsanalyse [28 Absätze]. *Forum Qualitative Sozialforschung/Forum: Qualitative Social Research* 1(2), Art. 20. http://nbn-resolving.de/urn:nbn:de:0114-fqs0002204. Zugegriffen: 1. Juli 2013.

Mayring, Philipp. 2001. Kombination und Integration qualitativer und quantitativer Analyse [31 Absätze]. *Forum Qualitative Sozialforschung/Forum Qualitative Social Research* 2(1), Art. 6. http://nbn-resolving.de/urn:nbn:de:0114-fqs010162. Zugegriffen: 1. Juli 2013.

Pauschenwein Jutta, und Regina Lind. 2011. Welche Rolle spielt die virtuelle Lernwelt in der Hochschuldidaktischen Weiterbildung? In *Lernwelt Universität. Entwicklung von Lehrkompetenz in der Hochschullehre*, Hrsg. Rudolf Egger und Marianne Merkt, 225–242. Lernweltforschung Bd. 9. Wiesbaden: Springer.

Pelz, Bill. 2010. (My) Three principles of effective online pedagogy. *Journal of Asynchronous Learning Networks* 14(1) [Reprinted from 8(3)]: 103–116. http://sloanconsortium.org/jaln/v14n1/my-three-principles-effective-online-pedagogy. Zugegriffen: 1 Juli 2013.

Salmon, Gilly. 2002. *E-tivities. Der Schlüssel zu aktivem Online-Lernen*. Zürich: Orell Füssli.

Salmon, Gilly. 2004. E-Moderating: The key to teaching and learning online. London: Taylor & Francis.

Taylor, James C. 2002. Teaching and learning online: The workers, the lurkers, and the shirkers. Keynote address presented at the 2nd Conference on Research in Distance & Adult Learning in Asia: CIRDALA, Hong Kong, 5–7 June. http://www.ouhk.edu.hk/CRIDAL/cridala2002/speeches/taylor.pdf.

Bitte austauschen!

Kollegiale Kommunikation als wichtiger Lernfaktor der HDW

Christine Braunersreuther

Zusammenfassung

Die hochschuldidaktischen Kurse an der FH sind als Weiterbildung deklariert und definiert. Erst seit kurzer Zeit sind sie für neu eingestellte Lehrende verpflichtend zu absolvieren, ein Großteil der TeilnehmerInnen verfügt über zum Teil langjährige Lehrerfahrung. Bei diesen erfahrenen und dennoch an didaktischer Weiterbildung interessierten MitarbeiterInnen – die Teilnahme ist freiwillig – anzusetzen, ist ebenso mutig wie fruchtbar. Denn die Erfahrungen aus der Gruppe tragen zu einem großen Teil zur Weiterbildung bei. Offene Diskussionen an den Präsenztagen und die Online-Phasen der HDW unterstützen dies sehr gut, wie einige Beispiele aus der HDW-Gruppe, die im Oktober 2012 begonnen hat, zeigen.

„Irgendwie sind wir alle Experten." Dieser Satz, mit dem sich das aufgrund der Häufung von Expertenmeinungen in den Medien als „Zeitalter des Expertentums" bezeichnete vergangene Jahrzehnt kurz beschreiben lässt, trifft im übertragenen Sinne auch auf die HDW zu. Darin waren sich alle TeilnehmerInnen der Gruppe bereits am ersten Präsenztag einig. Denn ohne Ausnahme hatten alle, auch jene, die neu an der FH JOANNEUM waren, bereits Lehrerfahrung. Einige davon schon viele Jahre lang. Didaktisches Fachwissen haben wir, mit wenigen Ausnahmen, jedoch nicht – zumindest kein in Kursen oder auf Universitäten erlerntes. Damit sind wir alle ExpertInnen in dem Sinne, wie der Kommunikationswissenschaftler

C. Braunersreuther (✉)
Institut für Design und Kommunikation, FH JOANNEUM,
Alte Poststraße 152, 8020 Graz, Österreich
E-Mail: Christine.Braunersreuther@fh-joanneum.at

R. Egger et al. (Hrsg.), *Hochschuldidaktische Weiterbildung
an Fachhochschulen*, Lernweltforschung 12,
DOI 10.1007/978-3-658-01497-1_11, © Springer Fachmedien Wiesbaden 2014

Daniel Nölleke (online) sie beschreibt: „Verschiedene Experten haben einschlägige Erfahrungen gesammelt, wie Oliver Kahn, oder sie waren schon immer da, wie Peter Scholl-Latour."

Dann bin ich also wie Oliver Kahn, aha – naja, solange es nur um das Expertentum geht...

Besser trifft da (hoffentlich) zu, was Nölleke weiter sagt: „Wichtig ist, dass sie Dinge auf den Punkt bringen können, klare und korrekte Aussagen treffen – und am besten immer erreichbar sind." Das, so haben wir es in der HDW gelernt und auch vielfach durch das Feedback von Studierenden erfahren, entspricht tatsächlich deren Definition von guter Lehre. Darüber hinaus ist jedoch noch etwas erforderlich, was die Definition der Brüder Dreyfus (Dreyfus und Dreyfus 2000) am besten zum Ausdruck bringt. In ihrem Standardwerk „Mind over Machine" zu künstlicher Intelligenz bzw. darüber, was den Geist des Menschen von der Maschine abhebt, beschreiben sie den Weg zum Expertentum in fünf Stufen: 1. Neuling oder Anfänger (novice), 2. fortgeschrittene Stufe (advanced beginner), in der schon Erfahrungen gesammelt wurden, 3. Kompetenz (competence), in der bereits hierarchisch geordnete Entscheidungskompetenzen angewendet werden können, 4. Gewandtheit (proficiency) mit ganzheitlichem Verständnis der Wirklichkeit und 5. Expertentum (expertise), wenn der Mensch über ein „geübtes Verständnis" verfügt, das ihm/ihr sagt, was er/sie zu tun hat. Über falsch oder richtig muss hier nicht mehr nachgedacht werden, bevor man handelt.

Letztere Stufe zu erreichen ist natürlich das Ziel. Generell ist das schwer, aber vor allen Dingen, wenn man im beruflichen Alltag mit Studierenden konfrontiert ist, die man selbst zum kritischen Hinterfragen erzogen hat. Die HDW kann auch genau dafür ein gutes Übungsfeld darstellen. Denn spätestens am ersten Präsenztag von Teil B, dessen Moderator uns (unfreiwilligerweise) zeigte, wie schlechte Didaktik und Motivation aussehen, wenn sie auf die Spitze getrieben werden, stellte sich heraus, dass sich die TeilnehmerInnen schlussendlich doch verhalten wie eine Gruppe von Studierenden, auch wenn sie zunächst vielleicht ein wenig mehr Willen und Durchhaltevermögen an den Tag legen: Sie reagieren mit starker Ablehnung und Ausweichhandlungen wie Tratschen, Facebooken oder dem Lesen in einem Buch.

Eine Diskussion während der HDW hat daher immer Elemente von beidem: Zum einen sind wir Studierende – als solche werden wir auch in der Verwaltung unseres Moodle-Kurses geführt – zum anderen bringen wir alle Erfahrungen aus der Lehre mit. Nicht immer sind es positive Erfahrungen, über die wir uns austauschen. Aber auch das ist gut so. Denn von schwierigen Gruppen, wenig optimierten Lehrplänen und negativem Feedback erzählt zu bekommen ist immer noch besser, als dies alles selbst zu erleben, und trägt trotzdem wesentlich zum Lernerfolg bei. Denn aus Fehlern zu lernen mag zwar sehr eindrücklich sein, schön und motivierend ist es aber nicht.

Wie gut, dass die meisten Erfahrungsberichte positiv sind – oder zumindest so, dass sie unter Einbindung konstruktiver Kritik und eventuellen Einschränkungen, wie etwa der Gruppengröße, die Machbarkeit didaktischer Methoden demonstrieren. Ganz abgesehen von den vielen Ideen zur Vermittlung, die hier ausgetauscht werden und die sich in keinem Lehrbuch finden lassen. Allem voran jedoch machen sie Mut, die eigene Lehre tatsächlich etwas von der eigenen Vorstellung, möglichst viele Inhalte transportieren zu müssen, zu entfesseln. Denn: Was nützten die Inhalte, wenn ich sie nicht gut vermitteln könnte?

Eine große Bereicherung hierfür ist die fachbereichsübergreifende Zusammensetzung der Gruppe. Das, so hörte ich von KollegInnen, die vor oder nach mir die HDW begonnen haben, wird wohl von allen TeilnehmerInnen sehr geschätzt. Denn so bekommt man nicht allein Einblick in den Alltag in anderen Studiengängen, die inhaltlich wie zum Teil räumlich (Kapfenberg, Bad Gleichenberg) weit entfernt vom eigenen Tun sind. Man bekommt auch Einblick in verschiedene Lehr- und Lernformen und -kulturen und was darin geleistet wird. „Hut ab" hier ganz besonders vor den KollegInnen, die an berufsbegleitenden Studiengängen unterrichten – und auch vor den AbsolventInnen. Denn so motiviert die TeilnehmerInnen auch sein mögen, 100 %ige Aufmerksamkeit kann bei Menschen, die neben ihrer beruflichen Tätigkeit abends und am Wochenende in Kursen sitzen (zum Teil real, zum Teil online), nicht erwartet werden. Hier als Lehrender entsprechend zu motivieren ist wirklich eine Leistung! Aber auch im normalen Studienbetrieb gibt es zwischen den Bereichen und Standorten enorme Unterschiede, die zu erfahren jedoch keineswegs Zeitverschwendung, sondern vielmehr wertvolle Bereicherung ist. Denn nur wenige von uns sind an verschiedenen Studiengängen tätig, um solche Unterschiede wirklich zu erleben.

So wird das zumindest in „unserer" Gruppe wahrgenommen, die, das wird von allen Seiten immer wieder bestätigt, eine „gute" Gruppe ist: motiviert und diskussionsfreudig und nicht zuletzt recht humorvoll. Das liegt aber sicherlich nicht daran, dass den Teilnehmenden im Alltag des Studienbetriebs langweilig wäre und sie sich auf die HDW als willkommene Abwechslung freuten. Letzteres ist vielleicht durchaus der Fall, liegt aber vielmehr an dem gewachsenen Bewusstsein dafür, hier in einem doch recht angenehmen Umfeld etwas für die Lehre und das eigene Weiterkommen Sinnvolles zu tun und der daraus folgenden Bereitschaft, einen Teil der ohnehin knapp bemessenen Zeit – letztens erzählte mir etwa ein Kollege, dass er mittlerweile 21 Stunden unterrichte und in drei Forschungsprojekte integriert sei – gerne dafür zu verwenden. Dass die Zahl der Anwesenden an den Präsenztagen, die von uns allen als sehr wichtig eingestuft werden, sehr hoch ist, liegt daher sicherlich nicht allein an der Verpflichtung dazu. Auch die Präsenz im virtuellen Raum lässt nicht zu wünschen übrig. Das war jedoch nicht immer so. In der bereits erwähnten Flaute in Teil B, bedingt durch mangelhaften Input und dann letztendlich recht schnellen Austausch des Lehrenden, war der virtuelle Raum wie ausgestorben. Aber was auch tun, wenn die Aufgabenstellung und deren Ziele völlig unklar sind? Da ging es uns nicht anders als Studierenden, wenn sie sich alleingelassen fühlen.

Derzeit, wo es um den Austausch von Methoden bzw. deren Anwendbarkeit in der Praxis geht, wurlt es dagegen im virtuellen Raum wie in einem Bienenstock. Ganz so, als hätten wir alle genau auf das gewartet – und das haben wir tatsächlich. Denn auch, wenn Teil A von uns allen ganz positiv aufgenommen wurde, so überwog dabei doch die Reflexion zu Curricula, an denen wir persönlich zumindest kurzfristig wenig ändern können, und theoretisches Wissen zum Lehren und Lernen. Ebenso wie in Teil B, der sich letztendlich dann doch noch gut entwickelte, eher Theoretisches zum Studierendenverhalten vermittelt bzw. die Überleitung zu den Methoden geschaffen wurde. Und diese Methoden sind es, auf die wir uns nun stürzen. Da sind wir alle wie die Kinder, die ihre Geschenke aufreißen und sofort damit spielen wollen. Denn diese Methoden sind genau das, was den meisten von uns in ihrer Ausbildung nicht mitgegeben wurde, das wir aber sofort umsetzen können.

Dabei ist es nicht so, dass uns das seit Beginn unserer Lehrtätigkeit bereits bewusst wäre. Ganz im Gegenteil waren die eine oder der andere von uns vielleicht sogar etwas skeptisch diesen „Spielereien" gegenüber. „Placemat", „Kugellager", „Fishbowl", „ABC-Listen", „Lebende Statistik" oder gar „World Café" – das klingt auch alles etwas seltsam, beinahe esoterisch, und das schließt alle negativen Assoziationen zu diesem Begriff bewusst mit ein. Im Hinterkopf schwebt natürlich immer die Angst mit, als Lehrender zu wenig zu tun, wenn man etwa die Studierenden mit einer der Methoden einen Text selbst reflektieren lässt, anstatt ihn für sie aufzuarbeiten und zu präsentieren. Und natürlich die Sorge, dass damit zu viel Zeit vertan wird, in der man eigentlich so viel mehr Stoff hätte vermitteln können. Wer selbst viel über ein Thema weiß – und das sollte bei Lehrenden ja eigentlich immer der Fall sein – wird immer in der Situation sein, dieses Wissen auf das wesentlich Wichtige für die Studierenden herunterzubrechen, die sich ja schließlich noch mit anderen Fächern auseinandersetzen müssen und gerade an der FH eben nicht zu „Fachidioten" in einem Spezialgebiet trainiert werden sollen. Allein schon dafür, dass einem selbst dies immer wieder bewusst (gemacht) wird, plus das stetige Erinnern daran, dass Präsentieren von Information noch lange nicht Vermitteln von Wissen bedeutet, zahlt sich die HDW aus.

Die Scheu vor der Anwendung von Methoden würde sie den Einzelnen trotzdem nicht nehmen. Das vermögen wirklich besser die KollegInnen, die das eine oder andere vielleicht schon einmal ausprobiert und damit vielleicht ganz gute Erfahrungen gemacht haben. Ganz besonders haben mich jene TeilnehmerInnen überzeugt, die dem Vorurteil des Esoterischen völlig widersprechen: die TechnikerInnen. Denn es scheint so, dass, je härter die zu vermittelnde Kost und je trockener der Stoff ist, desto mehr Gedanken sich Lehrende darüber machen, wie sie trotzdem ihre Studierenden bei der Stange halten können.

So berichtet etwa ein Kollege, dass er seine Programmiervorlesung mit der WIIFM-Methode einleitet. „WIIFM" = Whats In It For Me? Man stellt bewusst die Frage nach den Erwartungshaltungen der LehrveranstaltungsteilnehmerInnen. Bereits, als er davon erzählte beschloss ich, diese Idee aufzugreifen und, nachdem wir an diesem Präsenztag erfolgreich die „Placemats" getestet hatten, diese Fragestellung zum Auftakt von „Theorien und Methoden des wissenschaftlichen Arbeitens" mit den Studierenden zu erarbeiten. Denn ich hatte ohnehin die erste Einheit dafür reserviert, einen Überblick darüber zu geben, was die Studierenden erwartet, und die meist brennenden Fragen zu ihren Bachelorarbeiten, die im darauffolgenden Semester zu erstellen sind und auf die die Lehrveranstaltung vorbereiten soll, zu beantworten. Warum also nicht die Erwartungshaltungen und eventuellen Unsicherheiten gleich zu Beginn abfragen?

Ich stellte also die Frage: „Was verstehen Sie unter wissenschaftlichem Arbeiten?" Die Antworten darauf waren so unterschiedlich, wie sie nur sein können. Doch zunächst zur Umsetzung: Damit, das Blatt, wie von mir erwünscht, mit Strichen in ungefähr gleich Teile aufzuteilen, hatte keine Gruppe Probleme. Im Unterschied zu den ArchitekturstudentInnen, mit denen ein Kollege diese Methode anwandte und wo allein diese Aufgabe zu Diskussionen führte, wurde bei mir die Anforderung konsequent ignoriert. Trotzdem fanden alle Platz, um ihre Gedanken aufzuschreiben – und diese reichten von salopp „sauviel Arbeit" bis hin zur verkürzten Wiedergabe der Semesterübersicht, die ich zuvor ausgeteilt hatte. Ein gemeinsamer Konsens wurde nicht immer gefunden. Aber das war im Grunde genommen egal, da ich ohnehin jeden Punkt aufgriff und kommentierte. Und ohne Ausnahme schaffte ich es, anhand der drei bis vier Mats in allen vier Gruppen, alles das an- und auszuführen, was ich auch ohne Mats hätte erzählen wollen. Nur war der Unterricht damit viel lebendiger, die Studierenden waren sichtlich motiviert Fragen zu stellen, und nicht zuletzt war es für mich angenehmer, so an das Thema heranzugehen, anstatt viermal hintereinander dieselben Inhalte herunterzuleiern.

Ohne die positiven Beispiele von KollegInnen hätte ich mich jedoch vermutlich nicht an diese und an weitere Methoden herangewagt. Und generell wäre es vermutlich schwer den Grundsätzen „unseres" Buches aus der HDW „Viel Stoff – wenig Zeit" zu folgen, welches als positives Beispiel für die Reduktion die Qualitätsstandards der Fachhochschule Zentralschweiz zitiert. Darin heißt es unter anderem:

„Die Lehrpersonen … reduzieren die Inhalte zugunsten von Anwenden, Üben, Experimentieren, Problemlösen und Entwickeln …" (Lehner 2006, S. 19 f.) Dies wird sogar im Buch sofort mit den Worten kommentiert: „Die Aufforderung, Inhalte zugunsten von Lerntätigkeiten zu reduzieren, mutet fast revolutionär an – jedenfalls für den hochschulischen Bereich." (Lehner 2006, S. 20) Dieser nämlich, so Lehner, sollte idealerweise möglichst weitgehend hinter der veränderten didaktischen Ausrichtung stehen, um den einzelnen Lehrenden nicht mit dem Willen, ihre Lehrpraxis weitgehend zu verändern, alleinzulassen: „Zur *Veränderung von handlungssteuernden Strukturen* braucht es mehr als Teilnehmer, die die ‚happiness sheets' des Seminarveranstalters wohlwollend ausfüllen." (Lehner 2006, S. 20) Nun haben wir in der HDW von Hochschulen gehört, an denen etwa grundsätzlich nach dem didaktischen Ansatz des „Problem Based Learning" unterrichtet wird und die sich sogar räumlich komplett auf dieses Modell eingestellt haben. Das sind natürlich Bedingungen, von denen unsere Studiengänge weit entfernt sind. Doch solche Extrembedingungen sind für die sinnvolle Umsetzung didaktischer Ansätze auch gar nicht nötig.

Lehner selbst empfiehlt „*Hochschuldidaktik ‚von unten'*" und beschreibt dies als Teil der „*Personalentwicklung ‚von unten'*" (Lehner 2006, S. 20; Fredersdorf und Lehner 2004, S. 128 f.). Denn noch ist es bei vielen Lehrenden Eigeninitiative, wenn auch meist von der Studiengangsleitung unterstützte, sich zur HDW anzumelden. Zumindest in „unserer" Gruppe besucht nur der geringste Teil der TeilnehmerInnen das Seminar, weil dies mit den neuen Dienstverträgen zur Verpflichtung geworden ist. In meinem Fall trifft noch ein weiterer Aspekt dieser Form zu: nämlich, dass die Idee einer „*Hochschuldidaktik ‚von unten'*" stark auf kleine, selbst organisierte hochschuldidaktische Zirkel setzt.

Ein solcher Zirkel existiert an unserem Institut für Design und Kommunikation der FH JOANNEUM bereits seit einiger Zeit. Es sind nur leicht formalisierte, regelmäßige Treffen, zu denen sich längst nicht nur HDW-TeilnehmerInnen einfinden. Denn hier werden konkret Probleme aus den Studiengängen besprochen und versucht, zeitnah und pragmatisch Lösungen zu finden. Von der Studiengangsleitung wird diese Initiative gutgeheißen. Denn es sind ja nicht zuletzt die Evaluierungen durch die Studierenden, mittels derer ein Urteil über die Qualität eines Studiengangs gefällt wird – und die entsteht eben nicht allein durch Inhalte, sondern maßgeblich über die Qualität der Lehre. Wobei wir wieder bei der Didaktik und ihren Methoden sind.

Das Ergebnis des Placemat-Tests während des Präsenztages aus unserer Kleingruppe zur Frage „Was sollen Methoden eurer Meinung nach können?" war übrigens die Zeichnung eines Schweizer Taschenmessers. Auch wenn wir bei unserer Präsentation darüber belehrt wurden, dass Methoden eben Methoden und keine Tools, sprich Werkzeuge, seien, so habe ich das Gefühl, dass das Wissen aus der HDW so etwas wie ein Schweizer Taschenmesser für mich sein könnte, das ich immer bei mir trage (wie mein echtes auch): Obwohl ich weiß, dass im Ernstfall immer das genau passende Werkzeug (der Kreuzschraubenzieher!) fehlt, bin ich doch im Vergleich zu anderen Menschen in allen Situationen relativ gut gerüstet. Und bisher hat mit meinem Taschenmesser alles auch ohne Kreuzschraubenzieher irgendwie zu einem Ergebnis geführt.

Literatur

Dreyfus, Hubert L., und Stuart E. Dreyfus. 2000. *Mind over machine*. New York: Free Press.
Fredersdorf, Frederic, und Martin Lehner. 2004. *Hochschuldidaktik und Lerntransfer. Bildungscontrolling von FH-Studiengängen*. Bielefeld: W. Bertelsmann.
Lehner, Martin. 2006. *Viel Stoff – wenig Zeit. Wege aus der Vollständigkeitsfalle*. Bern: Haupt.
Nölleke, Daniel. 2012. Expertentum. *Die Kompetenz der Kompetenz*, Gespräch auf DRadio Wissen. http://www.dradiowissen.de/expertentum-die-kompetenz-der-kompetenz.36.de.html?dram:article_id=16089. Zugegriffen: 1. Okt 2013.

Bedeutung der Hospitationen im Rahmen der Hochschuldidaktischen Weiterbildung für die Reflexion der eigenen Lehrkompetenz

Harald Burgsteiner

Zusammenfassung

In dem Artikel wird ein zentrales Element der Hochschuldidaktischen Weiterbildung diskutiert: die Hospitation. Dieses gegenseitige Besuchen von Lehrenden in deren Lehrveranstaltungen wird auf den ersten Blick von vielen Kollegen und Kolleginnen als „absurd" oder „nutzlos" abgetan, entpuppt sich aber, nachdem die erste Scheu vor dem Auftreten vor anderen Lehrenden überwunden ist, als sehr hilfreiches Mittel, um die eigene Lehre weiter zu verbessern und die eigenen Kompetenzen auszubauen. In diesem Artikel wird beschrieben, was im Allgemeinen unter eine Hospitation verstanden wird und wie diese konkret umgesetzt werden kann. Des Weiteren wird darauf eingegangen, wie eine Hospitation strukturiert dazu verwendet werden kann, um Feedback für die eigene Lehre zu gewinnen und wie diese in den Lehralltag eingebunden werden kann. Zum Abschluss werden noch Rückmeldungen und Meinungen diskutiert, die während der Hospitationen an der FH JOANNEUM im Rahmen der Hochschuldidaktischen Weiterbildung entstanden sind.

1 Einleitung: Selbstbild – Fremdbild

Jeder Mensch hat im täglichen Leben eine Vorstellung davon, wie er oder sie auf das Gegenüber in einem Gespräch oder auch in einer Menschenmenge wirkt. Dies gilt natürlich auch für Lehrende, insbesondere in Unterrichtssituationen. Diese eige-

H. Burgsteiner (✉)
eHealth, FH JOANNEUM, Eggenberger Allee 11, 8020 Graz, Österreich
E-Mail: Harald.Burgsteiner@fh-joanneum.at

R. Egger et al. (Hrsg.), *Hochschuldidaktische Weiterbildung an Fachhochschulen*, Lernweltforschung 12, DOI 10.1007/978-3-658-01497-1_12, © Springer Fachmedien Wiesbaden 2014

ne Vorstellung, das „Selbstbild", muss jedoch nicht notwendigerweise vollständig sein, da so viele verschiedene Wahrnehmungen bezüglich Auftreten, Körpersprache, Stimme, Sprache, Mimik, Gestik, Aussehen, Lehrmethoden usw. existieren, wie es Beobachter und Beobachterinnen gibt. Speziell für Lehrende ist es von großer Bedeutung, diese „Fremdbilder" in Einklang mit dem „Selbstbild" zu bringen, weil es dadurch möglich wird, sich etwaiger Unsicherheiten, aber auch eigener Stärken bewusst zu werden, im besten Fall bestätigt zu bekommen, was man bisher schon wusste oder vermutete. Diese Art der Reflexion des „Selbstbildes" wird auch benötigt, um den aktuellen Stand der eigenen Vermittlungskompetenz zu hinterfragen. Dazu gibt es natürlich eine Vielzahl an Methoden und Möglichkeiten, die jedoch qualitativ und quantitativ unterschiedliche Ergebnisse liefern, da sie auch unterschiedliche Daten abfragen.

Der mittlerweile an den meisten Hochschulen etablierte Standard wird durch die Lehrveranstaltungsevaluation gebildet, bei der in vielen Fällen auch die Fragen zur Lehrkompetenz des oder der Vortragenden in den Fragenkatalog integriert sind. Dieser ist oft zusätzlich durch eigene Fragen erweiterbar. Man erhält zwar ein direktes, anonymes Feedback der Studierenden, leider jedoch meist nur in Form von „Schulnoten" ohne weitere verbale Mitteilungen. Für hochwertigere Studierendenrückmeldungen kann man eigene Kurzevaluierungen in der eigenen Lehrveranstaltung durchführen.

Für Teile der Lehrkompetenz, wie z. B. Rhetorik, Kommunikation, Präsentationstechnik usw. werden auch spezialisierte Fortbildungsseminare angeboten, in denen konkret mit Feedbackrunden und Videoanalysen gearbeitet wird, um Fremdbilder vermittelt zu bekommen bzw. um selbst einmal eine Betrachtung von außen machen zu können. Diese Seminare sind jedoch selten auf Lehrende spezialisiert, sowohl was die anderen Teilnehmer und Teilnehmerinnen als auch was den Fokus betrifft, und vermitteln daher nur begrenzt aussagekräftige Handlungsanweisungen in Bezug auf die eigene Lehre. Außerdem sind diese Seminare meist schwierig in den Alltag zu integrieren, da sie sowohl örtlich als auch zeitlich einen Schnitt im Tagesablauf bedeuten.

2   Kollegiale Hospitationen

Eine Alternative dazu bieten sogenannte kollegiale Hospitationen (Universität Zürich 2011), die zwar qualitativ ein anderes Feedback ergeben als professionell betreute Seminare, aber durch die Art der Organisation und Durchführung wesentlich besser in den eigenen Lehralltag eingebunden werden können. Auch leisten sie einen großen Beitrag in sozial-kollegialer Hinsicht, auf den später noch genauer eingegangen wird. Unter kollegialer Hospitation versteht man im Allgemeinen das Einbinden eines Kollegen oder einer Kollegin in den Unterricht, um ein persönliches Feedback zur eigenen Lehre über das der Studierenden hinaus zu erhalten (Kempen und Rohr 2009).

Hospitationen sind keine spontanen oder gar überraschenden Besuche in einer Lehrveranstaltung. Auch dürfen sie nicht mit einer Kontrolle durch einen Dienstvorgesetzten oder eine Dienstvorgesetzte verwechselt werden. Typischerweise handelt es sich um einen geplanten Ablauf, in den man andere Lehrende des Vertrauens einbindet. Dies muss nicht zwangsweise jemand mit identischem Fachgebiet sein, insbesondere, da sich innerhalb eines Faches typische Lehrmethoden etablieren und Lehrende sogenannte „blinde Flecken" in Bezug auf ihre Methoden entwickeln können. Je nach gewünschtem Feedback kann es daher auch ratsam sein, eine inhaltlich vollkommen fachfremde Person als Hospitierende/n einzuladen.

Wichtig ist auch ein strukturiertes Vorgehen bei der Hospitation. Hat die gewünschte Person eingewilligt, die Lehrveranstaltung zu hospitieren (wobei man am besten gleich einen Gegenbesuch vereinbart), so ist es wichtig zuvor gemeinsam die (besonders) zu beobachtenden Punkte zu vereinbaren. Man kann durchaus den Fokus auf spezielle Elemente der eigenen Lehre legen und nicht ein allgemeines Feedback einfordern. Solche speziellen Themen könnten z. B. der Umgang mit den verschiedenen Geschlechtern, Diversität, Methodik oder auch Rhetorik sein. Bindet man den oder die Hospitierende in die Planung der Lehrveranstaltung mit ein bzw. erklärt man zumindest zuvor die Motivation für bestimmte Inhalte oder Methoden, so kann man ein ausführlicheres Feedback zu den Ideen erhalten. Üblicherweise wird der Besuch für eine Lehreinheit vereinbart. Es ist aber durchaus denkbar, dass größere Teile oder auch die gesamte Lehrveranstaltung hospitiert werden.

Bei der Durchführung der Hospitation kann es wichtig sein, auch die Studierenden auf diese Situation hinzuweisen und vor allem die Rolle der zusätzlich anwesenden Person zu klären. Andernfalls könnte es zur Irritation der Studierenden kommen, wenn der Verdacht aufkäme, dass eigentlich sie beobachtet werden könnten. Es sollten die Ziele und die Hintergründe der Hospitation offen dargelegt und erklärt werden, dass es sich nicht um eine Art von „Bestrafung" oder Kontrolle für einen der beiden Lehrenden handelt.

Während der Lehrveranstaltung spielt die oder der Hospitierende keine Rolle im eigentlichen Unterricht, sondern beobachtet lediglich die zuvor vereinbarten oder sonstige nennenswerte Punkte. Dazu wird am besten ein Protokoll geführt, das vor allem als Grundlage für das spätere Feedbackgespräch dient und nicht – außer auf ausdrücklichen Wunsch der beiden Lehrenden – für weitere Personen

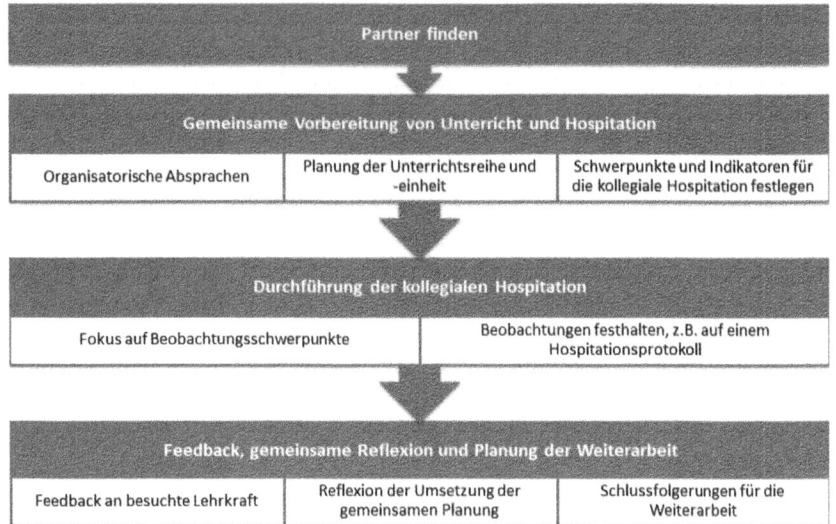

Abb. 1 Die typischen 4 Phasen einer kollegialen Hospitation, wie sie auch im Rahmen der Hochschuldidaktischen Weiterbildung an der FH JOANNEUM stattgefunden hat. (TU Dortmund 2013)

einsehbar sein oder anderweitig verwendet werden darf. Auf die möglichen Inhalte solcher Protokolle wird im nächsten Abschnitt noch genauer eingegangen.

Nach der Hospitation muss ein Feedbackgespräch unter vier Augen geführt werden. Ein bloßes Aushändigen des Protokolls ist nicht zielführend. Insofern ist es wichtig, nicht nur den Termin des Besuchs der Lehrveranstaltung zu vereinbaren, sondern auch gleich einen zeitlichen Rahmen für diese Nachbesprechung festzulegen. Am besten findet sie gleich im Anschluss an die hospitierte Lehrveranstaltungseinheit statt. Eine grafische Übersicht über einen möglichen Ablauf einer Hospitation zeigt Abb. 1.

3   Protokollierung einer Hospitation

Das Protokoll, das der oder die Hospitierende während des Besuchs der Lehrveranstaltung verfasst, bildet die Grundlage für das anschließende Feedbackgespräch. Daher ist es wichtig, sich vorher – am besten gemeinsam – genau zu überlegen, was beobachtet und wie detailliert dokumentiert werden soll. Man findet in der Literatur viele Vorlagen für Protokolle, die natürlich den eigenen Bedürfnissen angepasst werden können (Wirtschaftsschule KV Winterthur 2013).

Die Ausführlichkeit der Protokolle (oder auch der Beobachtungsbögen, aus denen im Anschluss ein Protokoll verfasst werden kann) unterscheidet sich je nach Quelle. Alle umfassen einen allgemeinen Teil, meist mit Feldern für Lehrveranstaltungsleiter/-leiterin, Beobachter/Beobachterin, Titel der Lehrveranstaltung, Besuchstermin, Anzahl der Studierenden und der Art der Lehrveranstaltung. Ergänzt werden sollten die Informationen gleich um Felder für Terminvereinbarungen zum vor- und nachbereitenden Gespräch. Die Bandbreite der spezifischen Erweiterungen reicht von einem neutralen Raster (TU Dortmund 2013), in dem tabellarisch Ereignisse gegliedert nach Indikatoren, Beobachtungen („Was sehe ich/was geschieht?") und Kommentar („Meine Überlegungen, Fragen, Ideen") eingetragen werden, bis hin zu sehr ausführlichen Vorgaben (Fattinger 2011). Diese umfangreichen Vorlagen können vor allem Lehrenden, die gerade beginnen, sich mit dem Thema der kollegialen Hospitationen auseinanderzusetzen, helfen, zu lernen, worauf man überhaupt achten könnte. Anregungen für mögliche Bereiche der Reflexion und Beobachtung sind laut Fattinger (2011) unter anderem:

- **Unterrichtseinstieg**: Wie beginnt die Lehrveranstaltung?
- **Arbeits- und Sozialformen**: Welche Arbeits- und Sozialformen dominieren? Welche Unterschiede fallen mir bei den einzelnen Arbeitsformen auf? Gibt es Abwechslung?
- **Aufbau des Unterrichts**: Wie ist die Lehrveranstaltung gegliedert? Gibt es eine erkennbare Dramaturgie? Wie sind die inhaltlichen Teile miteinander verbunden? Gibt es einen roten Faden, der sich durch die Lehrveranstaltungs-Einheit zieht? Sind die Zielsetzungen transparent?
- **Arbeitsaufträge**: Wie sind Arbeitsaufträge formuliert? Wie werden verschiedene Sozialformen verändert?
- **Medien**: Welche Mittel unterstützen den Lernprozess? Wie ist die Qualität der Medien?
- **Besondere bzw. unerwartete Situationen oder Störungen**: Welche Situationen haben Sie beobachtet? Wie geht der Leiter oder die Leiterin in dieser Situation vor?
- **Abschluss**: Wie endet die Lehrveranstaltung? Sind die Ziele der Lehrveranstaltung erreicht worden?
- **Besonderheiten**: Welche sonstigen Beobachtungen halten Sie für wichtig?
- **Individuelles**: Worauf soll man auf Wunsch des Lehrveranstaltungsleiters oder der Leiterin besonders achten?

Die genannten Bereiche und Fragen zielen auch bewusst darauf ab, den Beobach-
tungshorizont zu erweitern. „Gute Lehre" besteht nicht (nur) aus Rhetorik und
bunten PowerPoint-Präsentationen, sondern aus einem Gesamtkonzept, das auch
Aufbau, Methodenwahl, Dialog mit Studierenden und das Miteinbeziehen der
Gruppendynamik berücksichtigt. Andere Beobachtungsvorlagen mit quantitativer
Ausrichtung gehen auch noch gezielt auf andere Bereiche ein. (Wirtschaftsschule
KV Winterthur 2013) geben als Möglichkeiten dafür z. B. noch Fragen zur För-
derung des selbstständigen Lernens der Studierenden oder zum Umgang mit
Störungen während des Unterrichts an.

Eine andere und eher selten genutzte Dimension der Reflexion kann sich für
Lehrende vor allem in Studienrichtungen öffnen, die eine traditionell stark „ge-
schlechtertypische" Ausrichtung haben, wie z. B. technische Studien. Hier kann
gezielt reflektiert werden, wie das Verhalten von Lehrpersonen im Umgang mit
männlichen und weiblichen Lernenden variiert. Wie ändert sich das Verhalten
bezüglich Lob, Ermutigung, Bestätigung, Tadel, Trost, Hilfestellung, Korrektur,
Zurechtweisung oder Ähnlichem, je nachdem, ob man mit einzelnen männlichen
oder weiblichen Studierenden agiert?

4   Diskussion

Beim Gespräch mit Kollegen und Kolleginnen zum Thema Hospitation stellt sich
immer wieder heraus, dass es oft eine große Hemmschwelle gibt, andere Lehrende
in die eigene Lehrveranstaltung einzuladen und sich beim Unterricht beobachten zu lassen, um im Anschluss das Erlebte gemeinsam zu reflektieren. Ausreden
und dahintersteckende Ängste reichen von „bringt ja nichts", „habe ich nicht notwendig" über „nicht wollen, dass mich ein Kollege/eine Kollegin beobachtet" oder
„wer weiß, wem das alles erzählt wird" bis hin zu „und was ist, wenn ich wirklich schlecht unterrichte". Eine grundlegende didaktische Aus- oder Weiterbildung
kann die Voraussetzungen für einen angstfreien und offenen Zugang zu derartigen
Reflexionsmethoden schaffen. Der zeitliche und organisatorische Rahmen dafür
muss von der jeweiligen Hochschule aber erst geschaffen werden, bevor Lehrende
dazu animiert werden können.

Fragen, die vor Hospitationen gestellt werden, beziehen sich oft auf die Ver-
fälschung und die Auswirkungen auf die Lehrveranstaltungssituation durch die
Anwesenheit von anderen Lehrenden – sowohl auf den Vortragenden oder die
Vortragende selbst als auch auf die Art und Weise, wie Studierende in der Lehrveranstaltung agieren. Eine konkrete Befragung von Studierenden ergab keine

Hinweise darauf, dass sie sich anders als sonst verhalten hätten. Die Anwesenheit eines oder einer weiteren Lehrenden wurde sehr schnell vergessen und wenige Minuten nach Beginn der Lehrveranstaltung nicht mehr wahrgenommen. Ebenso erging es den meisten Lehrenden, die hospitiert wurden.

So unsicher und kritisch viele Lehrende in die Besprechung und Vorbereitung der Hospitation gehen, so euphorisch und wertschätzend kommen die meisten am Ende wieder aus dem Prozess heraus. Diverse Rückmeldungen der Kollegen und Kolleginnen lassen darauf schließen, dass es insgesamt ein überaus positives Feedback zur eigenen Lehre gegeben hat und – zumindest wenn die Feedback-Regeln eingehalten wurden – auch positive Kritik wohlwollend aufgenommen werden konnte. Es wurde immer wieder davon berichtet, dass die Hospitierten einerseits Bestätigung für bestimmte Methoden oder Stile, aber natürlich auch Verbesserungsvorschläge bekommen haben.

Kollegiale Hospitationen bringen jedoch nicht nur Feedback für den Unterrichtenden oder die Unterrichtende, auch für die Hospitierenden lässt sich ein deutlicher Mehrwert ausmachen. Sehr häufig wurde auch vonseiten der Besucher oder Besucherinnen eine Erweiterung des eigenen Lehrhorizonts erlebt, z. B. auf dem Gebiet der Methodenvielfalt, des Einsatzes von Hilfsmitteln oder Medien oder anderen Elementen der Lehre. Diese entdeckten „Neuheiten" waren vielfältiger und zahlreicher, wenn der Kollege oder die Kollegin nicht aus dem gleichen oder sehr ähnlichen Fachgebiet stammt wie der oder die Hospitierte, werden doch auch Unterrichtsmethoden aus der Schulzeit und dem Hochschulstudium sehr oft in die eigene Lehre tradiert.

Gut geplante und durchgeführte kollegiale Hospitationen können sich bei Lehrenden durchaus zu einem gewissen „Suchtfaktor" entwickeln. Darauf weisen etliche Forumsbeiträge der Teilnehmer und Teilnehmerinnen der Hochschuldidaktischen Weiterbildung an der FH JOANNEUM hin. Einmal kennengelernt, wissen viele Lehrende den Wert eines kollegialen Feedbacks zu schätzen, aber auch die Vielfältigkeit der Lehrmöglichkeiten, die bei anderen beobachtet werden kann. Dazu kommt noch ein für die gesamte Hochschule nicht zu unterschätzender sozialer Faktor, da sich vor allem bei fachgebietsübergreifenden Hospitationen Lehrende kennenlernen können und dabei nicht nur Methoden der bislang unbekannten Fachgebiete erleben, sondern sich eventuell auch Möglichkeiten zu einer zukünftigen inhaltlichen Zusammenarbeit ergeben.

Größtes Hindernis einer etablierten und in den Lehralltag integrierten kollegialen Hospitation ist und bleibt aber vor allem der Faktor Zeit. Diesen Rahmen zu schaffen und motivierten Lehrenden den dafür nötigen Raum zu geben, ist Aufgabe jeder Hochschule, die den Wert einer sich ständig qualitativ evaluierenden und weiterentwickelnden Lehre schätzt.

Literatur

Fattinger, E. 2011. Hospitationen. Hochschuldidaktische Weiterbildung an der FH Joanneum. Teil C. Interne Präsentationsfolien.

Kempen, D., und D. Rohr. 2009. From peer to peer: Kollegiale Hospitationen in der Hochschule. In *Neues Handbuch Hochschullehre: Lehren und Lernen effektiv gestalten*, Hrsg. B. Berendt, P. Tremp, H.-P. Voss, und J. Wildt, 1–31. Bonn: Raabe.

TU Dortmund. 2013. Hospitation und Feedback. http://www.pikas.tu-dortmund.de/material-as/feedback-und-evaluation/. Zugegriffen: 28. Okt 2013.

Universität Zürich. 2011. Kollegiale Hospitation. http://www.hochschuldidaktik.uzh.ch/hochschuldidaktikaz/Dossier-Kollegiale-Hospitation-07-2011.pdf. Zugegriffen: 28. Okt 2013.

Wirtschaftsschule KV Winterthur. 2013. Kollegiales Feedback. Durchführung einer Hospitation. http://www.zh.ch/dam/bildungsdirektion/mba/internet/dienstleistungen_kommunkation/qualitaetsentwicklung/anleitungen_literatur/materialien/kollegiales_fb_anleitungen.doc.spooler.download.1324396605345.doc/kollegiales_fb_anleitungen.doc. Zugegriffen: 28. Okt 2013.

Den Blick auf sich selbst richten – Instrumente zur Selbstreflexion für Studierende

Anton Prettenhofer

Zusammenfassung

Als Social Skills, Soft Skills oder soziale Kompetenzen werden häufig die wesentlichen Schlüsselqualifikationen in der Arbeitswelt beschrieben, die oft stärker als fachspezifische Fertigkeiten den individuellen Erfolg auf dem Arbeitsmarkt bedingen. Social Skills finden sich zurzeit im gesamten Schul- und Bildungssystem als Zusatzqualifizierungsstrang bzw. als tragendes Element. Nebenbei ist es interessant, dass trotz hoher Popularität die Mechanismen der sozialen Kompetenzen theoretisch und empirisch nur wenig aufgearbeitet sind.

Es verwundert daher nicht, dass Trainingsansätze von Social Skills an der Oberfläche didaktischer Vermittlungsversuche, Einstellungen und Verhalten in die gewünschte Richtung zu ändern, hängen bleiben. Dabei wird oft vergessen, dass die elementare Basis einer guten Entwicklung von sozialen Kompetenzen die Klarheit über das eigene Selbst, also die Selbsterkenntnis oder Selbstreflexion ist. Jeder Kommunikationsprozess zum Beispiel ist ein Dialog zwischen AkteurInnen, jedes Agieren der einzelnen Beteiligten prägt den gesamten Prozess. Werden dabei die eigenen Motive und Ausprägungen der Kommunikation auch von den AkteurInnen in Form einer Metaebene selbst reflektiert, hinterfragt und zumindest im Ansatz erklärt, kann die Kommunikation kontrollierter, zielgerichteter, authentischer, effektiver und effizienter erfolgen.

A. Prettenhofer (✉)
Energie-, Verkehrs- und Umweltmanagement, FH JOANNEUM,
Werk-VI-Straße 46, 8605 Kapfenberg, Österreich
E-Mail: anton.prettenhofer@pluswert.at

R. Egger et al. (Hrsg.), *Hochschuldidaktische Weiterbildung an Fachhochschulen*, Lernweltforschung 12, DOI 10.1007/978-3-658-01497-1_13, © Springer Fachmedien Wiesbaden 2014

Der Beitrag beginnt mit einer Klärung des begrifflichen Terrains der Selbstreflexion und widmet sich dann der Darstellung und Diskussion von Instrumenten und Methoden, Selbstreflexion bei Studierenden zu ermöglichen und zu fördern.

1 Einleitung und Ziel

Ziel dieser Arbeit ist es, die Wichtigkeit von Selbstreflexion als Basis erfolgreichen Lernens herauszustellen, und durch die Darstellung einzelner didaktischer Methoden praxisbezogene Inputs für die Steigerung der Selbstreflexion bei Studierenden zu geben.

2 Definition und Abgrenzung des Begriffs Selbstreflexion

Das Thema Reflexion oder Selbstreflexion beschäftigt die Philosophie schon seit ihren Kindertagen im alten Griechenland und hinterlässt einen roten Faden, der bei Platon beginnt und durch Locke, Rousseau, Kant bis Heidegger und Luhmann weitergeknüpft wird. Aber auch in der Psychologie, Pädagogik und modernen Managementliteratur hat der Begriff (Selbst-)Reflexion seine Spur gezogen. Was bedeutet nun Selbstreflexion?

Das Wort Reflexion hat seinen Ursprung im Lateinischen und bedeutet zurückbeugen, drehen bzw. wenden. Der Mensch dreht sich also bildhaft gesprochen zurück und betrachtet aus einer Metaperspektive die zu betrachtenden Objekte, im Fall der Selbstreflexion sich selbst, sein Tun und Handeln, sein Kommunizieren und seine Interaktionen.

Bandura (vgl. Jonas und Brömer 2002, S. 278) verbindet mit Selbstreflexion Begriffe wie *Selbstregulation,* d. h. Steuerung von Motivation, Emotion und Handeln, und *Selbstwirksamkeit,* also die Überzeugung des Menschen, ein bestimmtes Verhalten ausüben zu können. Den Begriff Selbstreflexion definiert Bandura als Fähigkeit, über die Realitätsangemessenheit der eigenen Gedanken und das Ausmaß der Kontrolle über das eigene Verhalten nachdenken zu können. Schult erklärt Selbstreflexion als *Fähigkeit des Über-Sich-Selbst-Nachdenkens* (Schult 1991, S. 355) und Korthagen definiert (Selbst-)Reflexion als den mentalen Prozess der Strukturierung oder Restrukturierung einer Erfahrung, eines Problems oder bereits existierenden Wissens oder bestehender Erkenntnisse (Korthagen 1999, S. 193).

Einhellig wird Selbstreflexion als bewusster Prozess beschrieben, der in mehreren Schritten abläuft, wobei die Basis konkrete Handlungen bzw. Situationen darstellen, die mit eigenen Erfahrungen und Emotionen in Verbindung gebracht werden, um schließlich erfolgreiche Handlungsalternativen entwickeln zu können. Selbstreflexion ist also ein aktiver Vorgang, in dem sich der Mensch mit den eigenen Handlungen sowie kognitiven und emotionalen Prozessen auseinandersetzt. Er erkennt in dieser Auseinandersetzung seine eigenen Stärken und Schwächen und baut damit eine Basis zur Selbststeuerung und Eigenverantwortung für sein Denken und Handeln auf.

In der Entwicklungspsychologie und Bildungsforschung hat sich in den 1970er-Jahren neben Selbstreflexion auch der Begriff *Metakognition* (sprich „über dem Wissen/der Erkenntnis stehend") etabliert. In weiterer Folge wurde der Begriff Metakognition präzisiert und in drei Bereiche unterteilt (Guldimann 1996, S. 144):

- *deklaratives metakognitives Wissen* = inhaltliches Wissen über das Wissen bzw. Vorwissen
- *prozedurales metakognitives Wissen* = Wissen über die Strategien zum Wissenserwerb bzw. Problemlösungsstrategien
- *metakognitive Bewusstheit* = Fertigkeit zur Selbstkontrolle und Selbstbeobachtung (Selbstreflexion)

Hilzensauer formuliert in Anlehnung an das Modell von Guldimann ebenfalls drei Ebenen bzw. Betrachtungsgegenstände der Reflexion, nämlich *Lerngegenstand*, *Lernhandlung* und *Lernvermögen*, wobei Letzteres die Selbstreflexion, also die Person selbst als Betrachtungsobjekt im Fokus hat (Hilzensauer 2008, S. 9).

Die Begriffe Selbstreflexion und Metakognition werden in der Literatur etwas verschwommen verwendet, wobei Guldimann mit seinem Begriff der metakognitiven Bewusstheit Selbstreflexion als Teil der Metakognition formuliert.

Einigkeit finden aber alle Begriffsdefinitionen, wenn sie bei Selbstreflexion oder Metakognition von einer *Fertigkeit* (bzw. etwas unklarer: Fähigkeit), also einer erlernbaren Kompetenz sprechen. Dies bedeutet für die Anwendungsfelder der Selbstreflexion die Möglichkeit, durch Methoden, Trainings und andere Interventionen die Selbstreflexion von Menschen steigern zu können.

In den letzten Jahren hat sich der Begriff Selbstreflexion bzw. Metakognition stark in der Lehr-, Lern- bzw. Bildungsforschung breitgemacht. Durch das bewusste Nachdenken über das eigene Denken und Handeln bzw. Lernen im Sinne einer Selbstüberwachung und –kontrolle wird die Lernkompetenz gesteigert. Aber auch im Bereich der Leadership-Forschung wird Selbstreflexion als Basis erfolgreicher Führung bezeichnet. Das eigene Kommunikationsverhalten, die eigenen

Motive und Instrumente der Kommunikation sind im Führungsverhalten entscheidend und müssen daher Thema kontinuierlicher Selbstbeobachtung sein (Seliger 2010, S. 41). Selbstreflexion hat in weiterer Folge bei Schulungen von sozialen Kompetenzen (Social Skills), insbesondere bei Kommunikations-Trainings Einzug gefunden. Soziale Kompetenzen können nur dann effektiv trainiert werden, wenn den TeilnehmerInnen der Trainings ihre eigene individuelle Basis bewusst gemacht wird.

3   Funktion und Nutzen von Selbstreflexion

Durch Selbstreflexion erweitern Menschen kontextabhängig ihr Verhaltensrepertoire und optimieren damit ihre Auseinandersetzung mit der Umwelt. Sie befähigen sich durch bewusste Analyse und Planung in Verbindung mit bereits gewonnenen Erfahrungen und den Informationen aus der Umwelt zur situationsadäquateren Steuerung und Kontrolle ihrer Verhaltensweisen. Wesentliche Funktionen der Selbstreflexion sind:

- Mehr Kontrolle über das eigene Verhalten
- Steigerung der Eigenverantwortung für das eigene Denken und Handeln
- Optimierung der Effizienz von Verhaltensweisen

Werden dabei die eigenen Motive und Ausprägungen des Verhaltens von den Akteuren in Form einer Metaebene selbst reflektiert, hinterfragt und zumindest im Ansatz erklärt, kann das Verhalten kontrollierter, zielgerichteter, authentischer, effektiver und effizienter erfolgen.

4   Selbstreflexion bei Lernprozessen

Während Selbstreflexion in allen Situationen, in denen Handlungen bewusst gesetzt werden, hilft, diese nachvollziehbar, überdacht, kontextabhängig und zielgerichtet zu entscheiden, geht es im pädagogischen Bereich um eine verbesserte *Selbststeuerung des Lernens*. Selbstreflexion unterstützt das planmäßige Vorgehen beim Lernen und reduziert dadurch den Aufwand, der durch Versuch-Irrtums-Vorgehen entsteht. Das Herausgehen aus seiner eigenen Perspektive, um wie ein Beobachter bzw.

eine Beobachterin auf den eigenen Lernerfolg und die damit verbundenen Aktivitäten blicken zu können, erhöht die Wahrscheinlichkeit, das richtige Verhalten zu setzen, um den geplanten Lernerfolg zu erzielen.

Die wesentlichen Funktionen der Selbstreflexion im Handlungsprozess können wie folgt zusammengefasst werden:

- Verlangsamung
- Analyse
- Planung
- Kontrolle

Selbstreflexion verlangsamt die Handlungen durch das eigene (simultane) Hinterfragen der Handlungen. Die Akteure zerlegen die Handlungen in Einzelteile und verbinden diese mit eigenen Erfahrungen und Handlungsalternativen. Durch diese Analyse werden kausale Zusammenhänge zwischen Kontext, eigenem Handeln und eigenen Zielvorstellungen transparent. Erst diese Klarheit hilft den Menschen, ihr Verhalten besser zu planen und proaktiv zu steuern. Die laufende Kontrolle des (Miss-)Erfolges der eigenen Handlungen gibt wieder im Sinne eines Kreislaufs Input für die Analyse, Planung und Ausführung.

5 Einbeziehung einer Fremdperspektive

Alle Prozesse der Selbstreflexion bedürfen grundsätzlich einer Art Selbstdisziplin, den Fokus der Aufmerksamkeit auf sein eigenes Tun, Handeln, Fühlen und Denken zu richten, sich selbst infrage zu stellen und selbstkritisch mit seiner eigenen Person umzugehen. In selbstreflexiven Selbstgesprächen oder kognitiven Prozessen werden die eigenen Erfahrungen, aktuellen Herausforderungen, Pläne und Ziele und deren Abweichungen analysiert und verarbeitet. Auch wenn die Selbstreflexion verschriftlicht wird, so verbleibt die Auseinandersetzung mit der eigenen Person doch in der Verantwortung der Person selbst. Der vertiefenden Analyse und Reflexion steht aber oft der eigene Selbstschutz im Wege, sich offen und schrankenlos den eigenen Unzulänglichkeiten und Schwächen zu widmen. Darüber hinaus gibt es Aspekte der eigenen Person, die ihr nicht bekannt oder bewusst sind.

Eine Öffnung des selbstschützenden Mechanismus und Reduktion dieses „blinden Flecks" könnte durch das Hineinnehmen anderer Perspektiven erfolgen. Die zusätzlich vorhandene Fremdperspektive zwingt – sofern sie konstruktiv und annehmbar dargebracht wird – zur aktiven Auseinandersetzung mit der eigenen

Person. Ein weiterer positiver Aspekt durch das Zusammenfügen von Fremd- und Selbstbild ist die Ergänzung und Erweiterung des eigenen Bildes um andere Sichtweisen. Durch eine aktive Einbeziehung anderer Perspektiven in die selbstreflexive Arbeit erfolgt eine Dynamisierung, die den Vorteil der Intensivierung, andererseits aber auch die Gefahr der Selbstbeschädigung des Selbstwertes zur Folge haben kann.

6 Instrumente der Selbstreflexion in der Lehre

Selbstreflexion kann nicht ausschließlich fremdbestimmt erfolgen. Neben der metakognitiven Fähigkeit müssen auch Bereitschaft und Wille zum Lernen und zur Selbstreflexion vorhanden sein (Weinert 1994, S. 196). Die jeweiligen Bildungseinrichtungen können aber für die Verstärkung von Selbstreflexion Rahmenbedingungen und Voraussetzungen schaffen, indem sie Selbstreflexion und deren Nutzen zum Thema machen, Ressourcen zur Selbstreflexion schaffen (Zeit, Abläufe), Methoden zur Selbstreflexion anbieten sowie Anreize zur Selbstreflexion geben.

Die Methoden der Selbstreflexion können unterteilt werden in *selbstevaluierende Methoden*, in denen die Studierenden selbst ihre Eindrücke aus ihrer eigenen Sichtweise reflektieren und *fremdevaluierende Methoden*, in denen mit Hilfe von Fremdperspektiven (KollegInnen, Lehrende, Peers, PartnerInnen etc.) die eigene Perspektive um ein Fremdbild erweitert wird.

6.1 Selbstevaluierende Methoden der Selbstreflexion

Die gängigen Methoden der „autobiografischen" Selbstreflexion sind schriftliche Aufzeichnungen, die von den Studierenden selbst in strukturierter Form bzw. offen verfasst werden. In allen diesen Methoden können die drei Bereiche der Metakognition bzw. Selbstreflexion, nämlich Lerngegenstand, Lernhandlung und Lernvermögen Objekt der Reflexion sein (Hilzensauer 2008, S. 9).

Lerntagebücher/Lernjournale dienen zur Dokumentation der Tätigkeiten, Empfindungen und Eindrücke in schriftlicher Form (Venn 2011, S. 9).

Checklisten mit Fragen zur Person, zu Stärken/Schwächen, Zielen, Ergebnissen dienen zur Selbstanalyse und Standortbestimmung, eventuell generell oder nach einer konkreten Leistung.

Lessons learned sind eine erfolgreiche Methode zur Reflexion des Lernfortschritts insbesondere nach absolvierten Projekten und Aktivitäten. *Portfolios/E-Portfolios* sind eine Sammlung verschiedener Dokumente, die es den Studierenden bzw. anderen Personen erlauben, die Lern-Leistungen, die Fortschritte und den Leistungsstand zu diskutieren und aufzuzeigen. Neben Planungsdokumenten (Ziele, Selbstbestimmung, Rahmenbedingungen) umfassen diese Portfolios üblicherweise auch organisatorische Dokumente und den eigentlichen reflexiven Bereich (Reflexionsfragen, Feedback- und Dialogmöglichkeiten). Portfolios können digital geführt werden und sich als eine Art Skill Management Tool im Sinne der Verwaltung von Kompetenzen verstehen (Häcker 2006, S. 90).

6.2 Fremdevaluierende Methoden der Selbstreflexion

Eine besondere Herausforderung ist es, bei Methoden der Selbstreflexion die Selbstbewertung mit einer Fremdbewertung zu kombinieren. Hier kommt es darauf an, wie die Sichtweisen anderer konstruktiv und wertschätzend formuliert werden, damit sie auch angenommen werden können. Bei diesen Methoden ist gegenseitiges Vertrauen, Offenheit und wertschätzender Umgang miteinander eine unerlässliche Basis.

Fragebogen-Duo ist eine vom Autor selbst entwickelte Methode, in der die Studierenden Persönlichkeits-Fragebogen, wie z. B. den aus der Transaktionsanalyse entwickelten Antreibertest (Weh und Enaux 2008, S. 81) oder andere gängige Tests über Konfliktstile (Thomas und Kilmann 1974, 2007) bzw. Teamrollen (Belbin 2010) ausfüllen und denselben Test einer anderen Person ihres Vertrauens weitergeben, um auch von dieser Person in Art eines Fremdbildes beurteilt zu werden. Beide Tests (Selbst- und Fremdbild) werden ausgewertet, visualisiert, übereinandergelegt und im Rahmen eines Feedbackgesprächs gemeinsam (Studierende und deren bewertende PartnerInnen) interpretiert. Mehrere vorgegebene Fragen können dieses Feedbackgespräch strukturieren:

• Wie ist es mir ergangen, als ich beide Testergebnisse gesehen habe?
• Gibt es Unterschiede? Welche?
• Was bedeuten diese Unterschiede für mich?
• Welchen Veränderungsbedarf lese ich aus diesen Ergebnissen ab?
• Was bedeutet dies für das Studium und meinen Umgang mit meinen KollegInnen?
• Wie hat mein Partner/meine Partnerin auf die Testergebnisse reagiert?

- Kann ich aus den zwei Ergebnissen Selbst- und Fremdbild ein drittes, nämlich ein Soll-Bild formulieren? Was bedeutet das für mich? Was muss ich tun, um dem Soll-Bild zu entsprechen?

Um den Reflexionsprozess für den Lehrenden/die Lehrende nachvollziehbar zu machen, haben die Studierenden einen Reflexionstext zu verfassen, der zumindest eine A4-Seite lang ist, in dem beispielsweise die oben genannten Fragen beantwortet werden. Auf Wunsch der Studierenden gibt der Lehrende/die Lehrende auf diesen Text ein Feedback. Ziel dieser Methode ist es, dass die Person auf Basis eines quantitativen Vergleichs zwischen dem Selbst- und Fremdbild Unterschiede wahrnehmen und damit ihr eigenes Bild relativieren kann. Der interpersonelle Austausch zwischen den beiden Personen dient zur Klärung und Vertiefung, das schriftliche Resümee zur nachträglichen Reflexion dieses Prozesses.

Peer Assessments/Lernpartnerschaften sind fix eingeplante Einheiten der Fremdreflexion, in denen einander die Studierenden-Paare Feedback über das beobachtete Verhalten des Gegenübers geben. Diese Methoden entziehen sich selbstverständlich der Kontrolle durch die Lehrenden.

Fragetechniken, insbesondere offene Fragen, helfen Reflexion auszulösen bzw. zu verstärken. Dabei können *klärende Fragen* nach dem Warum bzw. nach Hintergründen (z. B. Was war für mich wichtig? Wie ist es mir ergangen? Was hat gut, was weniger gut funktioniert?) oder auch *lösungsorientierte Fragen* (z. B. Was hat mir bisher am meisten gebracht? Was muss ich tun, damit ich das Ziel erreiche? Was ist der erste Schritt zum Erfolg?) bzw. *zirkuläre Fragen* (z. B. Woran würden meine Kollegen bemerken, dass ich erfolgreich lerne? Was würde mein Lieblingslehrer aus der Mittelschule denken? Welchen Rat würde meiner Meinung nach der beste Lernberater der Welt geben?) reflexive Prozesse in Gang setzen. Diese Fragen können natürlich auch als Fragelisten zum Selbstausfüllen vorgegeben werden, haben aber deutlich mehr Effekt, wenn sie im Rahmen eines Lern-Coachings von einer anderen Person gestellt werden.

Selbstpräsentationen der Studierenden können in vielen Lehrveranstaltungen eingebaut werden: entweder als Kennenlernübung zum Semesterstart oder als Beispiel von Selbstvermarktung (Marketing), Selbstpräsentation (Kommunikation bzw. alle Social Skills-Lehrveranstaltungen) bzw. Bewerbungspräsentation (Personalmanagement/Management). In diesen Präsentationen sollen die Studierenden ihre persönlichen Kern-Kompetenzen in einem vorgegebenen Rahmen (z. B. A3-Plakat, 30 Sekunden Präsentationszeit etc.) den KollegInnen präsentieren. Ein schriftliches, anonymes Feedback durch die KollegInnen verstärkt den Reflexionseffekt dieser Präsentation. Die Herausforderung dabei ist, über die eigenen einzigartigen Kernkompetenzen nachzudenken, diese zu visualisieren und öffentlich zu präsentieren.

Beim Einsatz von Fremdbildern als Intervention ist sensibel vorzugehen, denn eine coram publico erzwungene Öffnung von Personen kann mehr Schaden als Nutzen bringen. Die Grenzen der einzelnen Studierenden in diesem Zusammenhang sind individuell auszuloten, das Ausmaß und die Tiefe an Reflexion entscheiden immer sie selbst.

Literatur

Belbin, M. 2010. *Management teams: Why they succeed or fail.* 3. Aufl. Oxford: Butterworth Heinemann.

Guldimann, T. 1996. *Eigenständiger Lernen. Durch metakognitive Bewusstheit und Erweiterung des kognitiven und metakognitiven Strategierepertoires.* Bern: Haupt.

Häcker, T. 2006. *Portfolio: ein Entwicklungsinstrument für selbstbestimmtes Lernen.* Baltmannsweiler: Schneider Verlag Hohengehren.

Hilzensauer, W. 2008. Theoretische Zugänge und Methoden zur Reflexion des Lernens. Ein Diskussionsbeitrag. *Bildungsforschung – online* 5(2). http://www.bildungsforschung. org/index.php/bildungsforschung/article/view/77. Zugegriffen: 23. Nov 2013.

Jonas, K., und P. Brömer. 2002. Die sozial-kognitive Theorie von Badura. In *Theorien der Sozialpsychologie. Band II: Gruppen-, Interaktions- und Lerntheorien.* 2. Aufl., Hrsg. D. Frey und M. Irle. Bern: Hans Huber.

Korthagen, F. 1999. Linking reflection and technical competence: The logbook as an instrument in teacher education. *European Journal of Teacher Education* 22 (2/3): 191–207.

Seliger, R. 2010. *Das Dschungelbuch der Führung.* 2. Aufl. Heidelberg: Carl-Auer.

Schult, J. 1991. Physiologische Aspekte kognitiver Prozesse. In *Dimensionen des Selbst. Selbstbewusstsein, Reflexivität und die Bedingungen von Kommunikation,* Hrsg. B. Kienzle und H. Pape. Frankfurt a. M.: Suhrkamp.

Thomas, K. W., und R. H. Kilmann. 1974, 2007. *Thomas-Kilmann Conflict Mode Instrument.* Mountain View: Xicom.

Venn, M. 2011. Lerntagebücher in der Hochschule. *Journal Hochschuldidaktik* 22 (1): 9–12.

Weh, S.-M., und C. Enaux. 2008. *Konflikt-Management.* 4. Aufl. Freiburg: Haufe.

Weinert, F. 1994. Lernen lernen und das eigene Lernen verstehen. In *Leistungsmessungen in Schulen,* Hrsg. K. Reusser und M. Reusser-Weyeneth, 17–32. Weinheim: Beltz.

Lehren lernen – Ein Erfahrungsbericht

Ulrike Zankel-Pichler

Zusammenfassung

In den ersten Jahren meiner Lehrtätigkeit standen die Fragen der Erarbeitung der Lehrveranstaltungsinhalte und ihre Anpassung an die Lehrziele der Studiengänge im Zentrum meiner Planungen und Überlegungen. Ich konzentrierte mich auf die zu vermittelnden Inhalte, für ihre didaktische Aufbereitung stand wenig Zeit zur Verfügung und es fehlte auch der Zugang zu entsprechendem Fachwissen. Den Start der Hochschuldidaktischen Weiterbildung habe ich daher mit großem Interesse wahrgenommen, und es wurde mir ermöglicht, den ersten Lehrgang zu belegen. Im ersten Semester dieser dreisemestrigen Fortbildung wurden die strukturierte Planung von Lehrveranstaltungen und die Formulierung der Lehrveranstaltungsziele, im zweiten Semester die Auseinandersetzung mit der Arbeitsbelastung Studierender und die Frage der möglichen Gestaltung von Prüfungen behandelt. Wichtig dabei war, dass die vermittelten Informationen auch in die laufenden Lehrveranstaltungen eingebaut wurden. Das dritte Semester schließlich bot die Möglichkeit, verschiedene didaktische Methoden kennenzulernen, was zu einer enormen Bereicherung des eigenen Unterrichts führte. Meine Auseinandersetzung mit den Inhalten der Hochschuldidaktischen Weiterbildung und meine Erfahrungen bei der Umsetzung von für mich neuen didaktischen Methoden im Unterricht an der FH JOANNEUM werden in diesem Beitrag beschrieben.

U. Zankel-Pichler (✉)
Energie-, Verkehrs- und Umweltmanagement, FH JOANNEUM,
Werk-VI-Straße 46, 8605 Kapfenberg, Österreich
E-Mail: Ulrike.ZankelPichler@fh-joanneum.at

R. Egger et al. (Hrsg.), *Hochschuldidaktische Weiterbildung an Fachhochschulen*, Lernweltforschung 12,
DOI 10.1007/978-3-658-01497-1_14, © Springer Fachmedien Wiesbaden 2014

1 Einleitung

In diesem Artikel über die drei Semester dauernde Hochschuldidaktische Weiterbildung an der FH JOANNEUM sollen die wichtigsten Lernerfahrungen aus diesen
drei Semestern beschrieben werden.

2 Ausgangssituation

Zu Beginn meiner Tätigkeit als Lehrende an der FH JOANNEUM vor einigen
Jahren standen die Inhalte der einzelnen Vorlesungen im Mittelpunkt der Überlegungen und Vorbereitungen. Für Fragen der Aufbereitung, der Art und Weise,
wie diese Inhalte vermittelt werden können, und nicht zuletzt für Überlegungen
zur Nachhaltigkeit meiner Lehre gab es wenig Raum und Zeit. Hier kam auch eine
häufige Haltung zur Lehre zutage: dass man dies als Expertin in einem Fachgebiet
ohnehin könne, man hat sich ja jahrelang mit den Inhalten beschäftigt. (Lehner
2009, S. 25). Dies ist mit ein Grund dafür, dass didaktische Fragestellungen im
Hintergrund blieben.

Was soll ich in den Vorlesungen unterrichten? Die Herangehensweise an diese
Fragestellung und die notwendigen Arbeitsschritte sind mittlerweile zur Routine
geworden. Dies liegt einerseits an meiner Kenntnis der Ausrichtung der Studiengänge und andererseits an Erfahrungen und Abstimmungsgesprächen, die zu einem
inhaltlichen Grundgerüst in den verschiedenen Lehrveranstaltungen führten, auch
wenn dieses natürlich einer ständigen Reflexion der Inhalte und der Beobachtung
neuer Themen und Erkenntnisse bedarf.

Nach Jahren intensiver Auseinandersetzung mit den Inhalten rückten didaktische Fragestellungen immer mehr in das Zentrum meines Interesses. Viele Fragen
ergaben sich aus neuen Entwicklungen wie der Bologna-Reform, die zu einer neu-
en Strukturierung der Studiengänge führte. Auch neue technische Entwicklungen
im Bereich des E-Learnings und andere technische Möglichkeiten, die sowohl
Studierenden als auch Lehrenden zur Verfügung stehen, waren von Interesse. Darüber hinaus taten sich Fragen zur Gestaltung von Lehrveranstaltungen in sehr
großen/sehr kleinen Gruppen und zur Beurteilung immer wieder auf. Was ich
brauchte, war eine Einführung in das Fachgebiet, um mir in der Folge selbst didaktische Inhalte und Konzepte mithilfe von Fachliteratur erschließen zu können.
Nicht zuletzt gab es auch den Wunsch nach einem griffbereiten Repertoire von Methoden für unterschiedliche Phasen einer Lehrveranstaltung. Gerade hier fehlten

der Mut und die Unterstützung von außen, Neues auszuprobieren und Erfahrungen über verschiedene Methoden auszutauschen.

Mit großem Interesse habe ich daher den Beginn der Hochschuldidaktischen Weiterbildung wahrgenommen.

3 Planung von Lehrveranstaltungen: Grob- und Feinziele, erste Anreize für Methodenvielfalt

Im ersten Semester der Hochschuldidaktischen Weiterbildung standen die Planung von Lehrveranstaltungen und die Formulierung von Zielen, die in Lehrveranstaltungen erreicht werden sollen, im Mittelpunkt. Auch wurden in diesem Teil schon einige didaktische Methoden vorgestellt mit dem Hinweis, dass das dritte Semester der Fortbildung darauf ausgerichtet sei, viele didaktische Methoden kennenzulernen.

Ein guter Einstieg in eine Lehrveranstaltung, die Wichtigkeit der Planung der ersten Lehrveranstaltungseinheit, wurde den TeilnehmerInnen der Weiterbildung vor Augen geführt. Nicht nur eine genaue Kenntnis von Terminen, Inhalten, Zielen und Prüfungsmodalitäten, sondern auch, dass man nach Möglichkeit die Studierenden mit Namen kennt, ist für eine gute Arbeitsatmosphäre wichtig. Dies lässt sich natürlich nur bei kleineren Studierendengruppen umsetzen.

Die Planung von Grob- und Feinzielen und die Einbettung von Lehrveranstaltungen in die Curricula der verschiedenen Studiengänge wurden erarbeitet und reflektiert. Jede Teilnehmerin/jeder Teilnehmer hatte auch die Aufgabe, die neuen Erkenntnisse bei der Planung einer Lehrveranstaltung, die von ihr/ihm im laufenden Semester gestaltet wurde, umzusetzen. Damit war eine ständige Auseinandersetzung mit dem Lehrbetrieb möglich, was verhinderte, dass die Weiterbildung als zusätzliche Belastung gesehen wurde. Sie bereicherte vielmehr den laufenden Betrieb und bot auch die Möglichkeit, auftretende Probleme zu formulieren und zu diskutieren. So fand ein ständiger Reflexionsprozess der eigenen Lehre statt, der von der Gruppe tatkräftig unterstützt wurde.

Eine große Neuigkeit im Rahmen der Fortbildung war die Integration einer E-Learning-Plattform in den Unterricht. Diese Verschränkung von Präsenzphasen und Online-Phasen fand von Anfang an statt. Zwischen den Präsenzphasen wurden Diskussionsforen genützt, um Probleme zu diskutieren und verschiedene Aufgaben zu erfüllen, die immer auch zur Unterstützung des Lehrbetriebes, der gerade stattfand, dienten. So lernten wir auch den Wert einer E-Learning-Plattform aus

Sicht Studierender kennen und die wichtige Aufgabe der motivierenden Moderation schätzen. Gerade der ständige Austausch auf der E-Learning-Plattform führte zu einem Zusammenwachsen der Gruppe, zu einem intensiven Erfahrungsaustausch und zum Lernen voneinander, dass von der gesamten Gruppe als sehr konstruktiv gesehen wurde.

4 Auseinandersetzung mit der Lebenswelt Studierender, Betreuung und Beurteilung

Die Lebenswelt Studierender und ihrer Arbeitsbelastung durch das Studium stellt sich sehr uneinheitlich dar. Dieses Bild zeigt sich auch nach der Auseinandersetzung mit diesem Thema im zweiten Semester der Hochschuldidaktischen Weiterbildung.

In „Erschöpft vom Bummeln" (Dworschak 2010) wird eine Untersuchung zur Auslastung Bachelorstudierender unterschiedlicher Studienzweige in Deutschland dargestellt, die in Bezug auf die Auslastung Studierender zu einem ernüchternden Ergebnis kommt. Laut dieser Studie fühlen sich die Studierenden zwar stark gestresst und unter Zeitdruck, nach genauer Dokumentation ihrer Wochenarbeitsbelastung ergibt sich aber das Bild eines geringen Zeitaufwandes für das Studium. Bei genauerer Betrachtung der Studienergebnisse zeigt sich, dass eine Verbesserung des Workload unter anderem durch eine Modifikation in der Lehrorganisation und Unterrichtsmethodik, wie z. B. durch Blockunterricht und durch Variation der Prüfungsmethoden, zu erzielen wäre. Dies wurde in einer Studie von Metzger und Schulmeister (2010) ausführlich untersucht.

Auf der anderen Seite stellt die Umstellung der Studiengänge in Bachelor und Master eine große Herausforderung für Studierende und Lehrende dar, die oft mit der Schwierigkeit verbunden ist, große Stoffmengen in vergleichsweise geringer Zeit zu vermitteln bzw. aufzunehmen.

Ein sehr interessanter Teil der Präsenzphase war das direkte Gespräch mit Studierenden, das von den Vortragenden organisiert wurde. In der nachfolgenden Online-Phase wurden einige Kernaussagen der Studierenden auf der Lernplattform intensiv diskutiert: etwa der Wunsch nach Strukturierung in der Lehrveranstaltung, ansprechender Gestaltung der Unterlagen und laufendem Dialog zwischen Lernenden und Lehrenden, nach mehr Coaching, weniger Frontalunterricht und laufender Abstimmung innerhalb eines Studienganges. Die Auswertung dieser Gespräche kann nur als Momentaufnahme gelten, trotzdem ergeben sich daraus viele Impulse, die in Zukunft auch in meine Lehre einfließen werden.

Der Frage der Beurteilung Studierender wurde in diesem Semester sowohl in den Präsenzphasen als auch in den Online-Phasen großer Raum gegeben. Verschiedene Möglichkeiten der Bewertung wurden diskutiert. Im Laufe des Semesters wurde von jeder Teilnehmerin/jedem Teilnehmer ein Konzept zur Beurteilung in einer laufenden Lehrveranstaltung entwickelt, diese Konzepte wurden auf der E-Learning-Plattform vorgestellt und diskutiert. Auch hier fand wieder ein reger Austausch statt und es wurden verschiedene Beurteilungskonzepte diskutiert.

5 Mit Spannung erwartet: die Hospitationen und der Ausbau der Methodenvielfalt

Im Mittelpunkt des dritten Semesters der Hochschuldidaktischen Weiterbildung standen die Durchführung von Hospitationen bei KollegInnen und das Kennenlernen von verschiedenen Methoden für den Unterricht. Der Gedanke, von KollegInnen in einer Lehrveranstaltung beobachtet zu werden, war zuerst sehr ungewohnt. Schnell wurde aber klar, welch großer Zugewinn für die eigene Lehre daraus gewonnen werden kann. Nachdem die erste Hürde der Öffnung der Hörsaaltüren für BeobachterInnen überwunden war, taten sich in beiden Rollen neue Lernmöglichkeiten auf:

In der Rolle der Beobachterin anderer Lehrveranstaltungen wurden viele Erkenntnisse gewonnen, die in eigenen Lehrveranstaltungen umgesetzt werden können. Ein interessanter Aspekt in der Beobachterrolle ergibt sich aus dem nicht vorhandenen Fachwissen in der Lehrveranstaltung, die beobachtet wird. Damit ist es möglich, sich auf den Aufbau der Lehrveranstaltung, die Methoden und die Erklärungen zu konzentrieren und die Inhalte im Hintergrund zu lassen. Der vorgefertigte Beobachtungsbogen regte dazu an, zahlreiche Gesichtspunkte zu beachten. Mit seiner Hilfe wurden sie festgehalten und konnten im danach stattfindenden Reflexionsgespräch diskutiert werden. Von diesen Reflexionsgesprächen profitierten in allen Fällen beide TeilnehmerInnen, sowohl die/der Lehrende als auch die Beobachterin/der Beobachter, da verschiedene Aspekte genau besprochen wurden.

In der Rolle der Lehrenden war man gefordert, viele Aspekte des eigenen Unterrichts zu reflektieren und konstruktive Kritik anzunehmen. Das hat mir ermöglicht, bisher unbeleuchtete Details zu verbessern und auch bei bisher ungelösten Fragen auf die Hilfe und Meinung der KollegInnen zu zählen.

Auch die Hospitationsberichte aller TeilnehmerInnen wurden anschließend auf der Plattform diskutiert.

Im zweiten Teil dieses Semesters wurden in den Präsenzphasen verschiedene Methoden der Unterrichtsgestaltung vorgestellt, besprochen und zum Teil auch ausprobiert. Ziel der E-Learning-Phasen war es, einige dieser Methoden im eigenen Unterricht einzubauen und darüber zu reflektieren. Der Zugewinn bestand nicht nur in der Verwendung neuer Methoden, sondern auch in der Diskussion der Methoden mit allen KollegInnen auf der Plattform, was sich zu einem regen Informationsaustausch entfaltete. Im Laufe dieses Semesters entwickelte sich so auf der Plattform ein Pool mit reflektierten Methoden, mit dem Vorteil, dass auch jederzeit die/der Lehrende, die/der die jeweilige Methode bereits ausprobiert hatte, für Fragen zu erreichen war. Hier entstand auch die Idee, diesen Austausch auch in Zukunft nach Ablauf der Fortbildung weiter zu betreiben, diesen Pool auszubauen und die Diskussion um verschiedene Unterrichtsmethoden aufrechtzuerhalten. Denn die Variation verschiedener Methoden gibt nicht nur den Studierenden die Möglichkeit, die Inhalte in unterschiedlicher Form aufzunehmen und zu begreifen, sondern wirkt auch auf Lehrende aktivierend. Durch eine Verbesserung der Lernatmosphäre wird Methodenvielfalt meist sehr gewinnbringend erfahren.

Wichtig in diesem Semester waren auch die zahlreichen Literaturhinweise auf bestehende Methodenpools im Internet. Viele Hochschulen stellen auf ihren Homepages umfangreiche didaktische Materialien zur Verfügung. Die Nutzung dieser Ressourcen ist für mich durch die Teilnahme an der Hochschuldidaktischen Weiterbildung erst richtig möglich geworden.

6 Fazit aus den drei Semestern der Hochschuldidaktischen Weiterbildung

Jedes der drei Semester der Hochschuldidaktischen Weiterbildung brachte neue Aspekte für meine Lehre. Neben dem erstmaligen Beschäftigen mit didaktischen Inhalten wurden im ersten Semester der Aufbau und die Formulierung von Zielen einer Lehrveranstaltung thematisiert. Die Lebenswelt Studierender und die Planung von Prüfungen standen im zweiten Semester im Zentrum der Überlegungen. Mit großer Spannung wurden die Hospitationen im dritten Semester erwartet und durch die vorliegende Lernsituation als sehr bereichernd erfahren. Letztendlich bot der Lehrgang auch die Möglichkeit, viele neue Methoden, die in der Lehre eingesetzt werden können, kennenzulernen und zum Teil auszuprobieren.

Wichtig war auch, den Zugang zu Methoden des E-Learnings bzw. des Blended Learnings zu finden. Die Erfahrung, als Studierende eine Lernplattform zu nutzen, war sehr hilfreich beim Implementieren von Lernplattformen in die eigenen

Lehrveranstaltungen. Zusätzliche Kurse, die den technischen Umgang mit diesen Plattformen erklärten, führten dazu, dass die Nutzung dieser Plattformen zum selbstverständlichen Werkzeug des Unterrichts geworden ist.

Natürlich konnten durch die Teilnahme an der Fortbildung nicht alle Probleme und Fragen, die mich als Hochschullehrerin begleiten, gelöst werden, aber es wurde ein Prozess in Gang gesetzt, der meine Offenheit für didaktische Fragestellungen förderte und mir Mut für die Umsetzung neuer Ideen und Konzepte machte. Ein großes Plus für mich war in dieser Zeit auch die interdisziplinäre Auseinandersetzung mit KollegInnen aus anderen Fachbereichen der FH JOANNEUM, die vielen Diskussionen, die einerseits online auf der bereitgestellten Plattform stattfanden und denen andererseits auch in den Präsenzphasen Raum gegeben wurde.

Literatur

Dworschak, M. 2010. Erschöpft vom Bummeln, Spiegel Online, 20.9.2010. http://www. spiegel.de/spiegel/0,158,druck-718885,00.html. Zugegriffen: 27. Aug 2013.

Lehner, M. 2009. *Viel Stoff – wenig Zeit. Wege aus der Vollständigkeitsfalle.* 2. Aufl. Bern: Haupt.

Metzger, C., und R. Schulmeister. 2010. *Projekt Zeitlast*, Hamburg, Mai 2010. http://www. uni-kassel.de/incher/gfhf/workload/metzger.pdf. Zugegriffen: 3. Sept 2013.

Lehren lernen. Tipps für die Praxis

Ursula Lagger

Zusammenfassung

Unterricht ist eine komplexe Interaktion. Das Geschehen wird durch eine Vielzahl von Faktoren beeinflusst – von der Unterrichtsplanung der Lehrenden über die allgemeinen und fachlichen Lernvoraussetzungen der Studierenden bis hin zur kommunikativen Situation. Die Gewichtung dieser Faktoren lässt sich im Vorhinein nicht immer genau bestimmen.

Lehrportfolios ermöglichen es, die Organisation der eigenen Lehre, Lehrinhalte und Vermittlungstätigkeiten festzuhalten, diese zu reflektieren und zu evaluieren, und dadurch Entwicklungspotenzial zu erkennen und kontinuierlich an einer Optimierung der Lehre zu arbeiten.

Die Lernzielbestimmung und die damit einhergehende Einteilung in Richt-, Grob- und Feinziele stellt eine wesentliche Basis für die eigene Lehrplanung dar, um darauf das eigene didaktische Handeln abzustimmen. Durch einen auf die zu vermittelnden Lehrinhalte abgestimmten Einsatz verschiedener Unterrichtsmethoden wird der Wissenstransfer effizient gestaltet und darüber hinaus der Erwerb von Kompetenzen ermöglicht. Die Voraussetzung für einen all diese Facetten berücksichtigenden Unterricht ist eine präzise Unterrichtsplanung. Wie und unter welchen Aspekten diese erfolgen kann, soll im Folgenden erläutert werden.

Wer nicht genau weiß, wo er hin will, darf sich nicht
wundern, wenn er ganz woanders ankommt.
(Mager 1974, Deckblatt zit. nach Dummann et al. 2007, S. 12)

U. Lagger (✉)
Austellungsdesign, FH JOANNEUM, Alte Poststraße 152, 8020 Graz, Österreich
E-Mail: Ursula.Lagger@fh-joanneum.at

R. Egger et al. (Hrsg.), *Hochschuldidaktische Weiterbildung*
an Fachhochschulen, Lernweltforschung 12,
DOI 10.1007/978-3-658-01497-1_15, © Springer Fachmedien Wiesbaden 2014

1 Einleitung

Eine Reise kann man auf unterschiedliche Art und Weise antreten. Man kann eine Fahrt ins Blaue machen und dabei alles auf sich zukommen lassen, was sicherlich reizvoll ist, oder aber man plant jede Etappe bis zum Ziel.

Auch die Vorbereitung auf die Lehre kann wie die Planung einer Urlaubsreise erfolgen. So wie man bei einer Reise zunächst um die Klimazone weiß, in die man reisen möchte – heiß, kalt oder gemäßigt –, kennt man bei der lernzielorientierten Didaktik das Richtziel: Dieses ist durch das Curriculum des jeweiligen Studiengangs vorgegeben.

Den Ländern bei einer Reise entsprechen die Grobziele beim Studium: Es sind dies die in den einzelnen Modulen und Lehrveranstaltungen eines Semesters zu erwerbenden Fähigkeiten und Kenntnisse.

Die angepeilten Zielorte entsprechen den Feinzielen, den in den einzelnen Lehreinheiten zu vermittelnden konkreten Kenntnissen und Kompetenzen.

Die Lernzielbestimmung[1] und die damit einhergehende Einteilung in Richt-, Grob- und Feinziele stellt eine wesentliche Basis für die eigene Lehrplanung dar, um darauf das eigene didaktische Handeln abzustimmen. Durch einen auf die zu vermittelnden Lehrinhalte abgestimmten Einsatz verschiedener Unterrichtsmethoden kann der Wissenstransfer effizient gestaltet und darüber hinaus der Erwerb von Kompetenzen ermöglicht werden. Wesentlich ist dabei die jeweilige präzise Zielformulierung (vgl. Dummann et al. 2007, S. 12 und Macke et al. 2008, S. 76.).

Durch die Formulierung von Lernzielen sind die Lehr-Lernfragen vom zu erreichenden Ziel her zu behandeln, denn man folgt „outcome-orientierten" Studienordnungen, wie sie im Rahmen des Bologna-Prozesses nach und nach an den

---

[1] Nach der lernzielorientierten Didaktik der 1960er Jahre werden kognitive, affektive und psychomotorische Lernziele unterschieden, die nach ihrem Abstraktionsgrad in Richt-, Grob- und Feinziele unterteilt werden. Heute ist auch die Unterscheidung zwischen fachlichen und allgemeinen Lehr-Lern-Zielen wichtig geworden. Siehe dazu Flender 2005, S. 185. Bei den kognitiven Lernzielen geht „es um Wissen und intellektuelle Fertigkeiten und Fähigkeiten im Umgang mit Wissen [. . .] (Verstehen, Denken, Problemlösen, Begriffsbilden usw.)", bei den affektiven Lernzielen geht es um „verhaltensmäßige, emotionale oder erlebnismäßige Beziehungen [. . .], die ein Lernender zu den Bezugspunkten seines Handelns (Inhalten, Gegenständen, Personen) entwickeln kann – also um Interessen, Einstellungen, Vorlieben, Werte und Wertschätzungen. Lernziele des psychomotorischen Bereichs beziehen sich auf motorische Fertigkeiten." (Macke et al. 2008, S. 77). Dollinger (2003, S. 64) unterscheidet bei den Lernzielen vier verschiedene Kompetenzgrade: Level I: Faktenwissen und einfaches Know-how, Level II: Verständnis und Anwendungskompetenz, Level III: Überzeugungen und Werte, Level IV: Lerntransfer und Innovation.

europäischen Universitäten implementiert werden.[2] Die damit korrespondierende Didaktik wird als „lernzielorientiert" bzw. „curricular" bezeichnet. (Vgl. dazu Dummann et al. 2007, S. 11).

Die Lernziele sind dabei nicht starr vom Curriculum vorgegeben, sondern sie werden von den Lehrenden unter Berücksichtigung des Curriculums fein definiert[3].

Durch die Formulierung der Lernziele wird eine einseitig am Inhalt orientierte Didaktik und Wissensvermittlung vermieden. Neben dem Wissenstransfer[4] geht es zusätzlich um die Vermittlung von Kompetenzen (vgl. dazu beispielsweise Macke et al. 2008, S. 76 f.). Beispielsweise kann und soll durch den Einsatz mehrkanaligen Lernens[5] als auch von Übungssequenzen, in denen es zu einer aktiven Auseinandersetzung mit den Inhalten kommt und Studierende lernen, vom Konkreten auf das Allgemeine und vice versa zu schließen, der Output gesteigert werden. (Vgl. Becker 2006, S. 160–162) Die Feinziele werden dabei sortiert, hierarchisiert und einzelnen Lehrveranstaltungsstunden zugeordnet (vgl. Dummann et al. 2007, S. 12 f., 15–18)[6]. Was heißt das für die konkrete Lehrveranstaltungsvorbereitung?

2   Lernziele und Lehrveranstaltungsvorbereitung

Die Lernziele entscheiden über die Auswahl der Inhalte und der Methoden, die auf die Erreichung der Ziele abgestimmt sind und die ihrerseits durch Lernzielkontrollen beispielsweise in Form von Prüfungen, Unterrichtsgesprächen, Frage-

---

[2] Vgl. dazu die Informationen, die das Bundesministerium für Wissenschaft und Forschung unter http://www.bmwf.gv.at/startseite/studierende/studieren_im_europaeischen_hochschulraum/bologna_prozess/ (Zugegriffen: 23. Okt 2013) bereitstellt.

[3] Flender (2005, S. 185) betont, dass es „in der aktuellen didaktischen Diskussion [...] umstritten [ist], wie detailliert Lehr-Lern-Ziele von Lehrenden festgelegt werden sollten."

[4] „Fachwissen ist als Grundlage für und zur Gestaltung von Lehr-Lern-Prozessen unstrittig erforderlich." (Heckt 2009, S. 59)

[5] Der Behaltensgrad betrage 10 % von dem, was man liest, 20 % von dem, was man hört, 30 % von dem, was man sieht, 50 % von dem, was man sieht und hört, 70 % von dem, über das man selbst spricht, 90 % von dem, was man eigenständig bearbeitet, sodass der bearbeitete Inhalt eine individuelle Bedeutung erhält. Siehe dazu beispielsweise Kneip et al. (1998, S. 41).

[6] Zum Ordnen von Lernzielen im kognitiven Bereich wird die Bloom'sche Taxonomie herangezogen. (Vgl. dazu Macke et al. 2008, S. 78 ff. mit Abbildungen) Allerdings geben Macke et al. (2008, S. 80) zu bedenken, dass „[z]weidimensionale Lernzielformulierungen und eine Taxonomie von Lernzielen im kognitiven Bereich [...] zwar als unverzichtbare, aber durchaus ergänzungsbedürftige Hilfsmittel angesehen werden [können], fachliche Lernziele so zu formulieren, dass didaktisches Handeln auf Ziele ausgerichtet und entsprechend der Ziele methodisch auf Lernzielerreichung hin strukturiert werden kann."

und Diskussionsrunden zu Beginn oder am Ende einer Lehrveranstaltungseinheit oder in Form von Evaluationen überprüft werden (vgl. Flender 2005, S. 189 f.; Dummann et al. 2007, S. 13). „Zum Repertoire von Beurteilungsformen gehören auch Verfahren, die eine realistische Selbstbeurteilung [der Studierenden] unterstützen. Das Ziel der Selbstbeurteilung lässt sich nur schrittweise erreichen. Mit Fragestellungen, die zu Beginn von der Lehrperson eingebracht werden, überdenken die Lernenden am Schluss einer Lernsequenz ihre Lern- und Arbeitsprozesse." (Obrist und Städeli 2003, S. 9) Der Einsatz des One Minute Papers beispielsweise stellt dabei nicht nur eine Möglichkeit zur Selbstkontrolle für die Studierenden über ihre Merkfähigkeit und ihren Lernfortschritt dar, sondern kann zudem dazu anregen, die studentische Kritik- und Reflexionsfähigkeit zu schärfen. Der Lehrperson wiederum dienen die Ergebnisse als Feedback über die Verarbeitung der Stoffmenge. Um den Lernprozess positiv zu beeinflussen, ist es wichtig eine angenehme Lehr- und Lernumgebung zu schaffen, in der Studierende angeregt werden, ihr Reflexionsniveau zu erhöhen, eigene Einstellung zu überdenken, Fertigkeiten und Fähigkeiten zu vertiefen bzw. neue zu erwerben. D. h. neben dem quantitativen Lerninhalt (Vermehrung des Wissens, Reproduktion, Anwendung), ist auch dem qualitativen Lernprozess Raum zu geben. Kreative Prozesse können beispielsweise durch den gezielten Einsatz von bestimmten Methoden wie etwa Brainstorming oder Mind-Mapping gefördert bzw. in Gang gesetzt und vernetztes Lernen kann unterstützt werden (vgl. Macke et al. 2008, S. 161 f., 202 ff.; Noack 2008). So können in kürzester Zeit die Vielfalt von Ideen, Zusammenhänge und Lösungsmöglichkeiten sichtbar gemacht werden und die Komplexität des Themenbereichs deutlich vor Augen treten, andererseits können die Studierenden Vertrauen in die eigenen Kompetenzen aufbauen, Vorwissen aktivieren und in einen neu zu erarbeitenden Themenbereich strukturiert einsteigen, indem zuvor idealerweise bereits Interesse geweckt wurde.

3   Lehrveranstaltungsplanung in vertikaler und horizontaler Richtung

Die Lehrperson ist gefordert, den Methoden- und Medieneinsatz gezielt auf den Inhalt und das Lernziel abzustimmen und den Zeitpunkt und Umfang der Lernzielkontrollen so zu planen, dass studentische Rückmeldungen Berücksichtigung finden können. Die Planung der einzelnen Lehreinheiten kann dabei in einer sehr strukturierten und kleinteiligen Planung sowohl in *vertikaler* als auch *horizontaler*

Richtung erfolgen (vgl. Dummann et al. 2007, S. 60 ff. mit Tab. 3 und 4.; Macke et al. 2008, S. 101 Abb. 31).

Unter *vertikaler* Einteilung versteht man einen zeitlichen Raster, der dem didaktischen Dreischritt folgt, dabei gilt als Faustregel: 10 % Einstieg (ermitteln, aktivieren, orientieren, legitimieren, motivieren), 80 % Arbeitsphase (anregen, unterstützen, fördern, lenken), 10 % Abschluss (abschließen, überprüfen, rückmelden, sichern, bewerten, öffnen, zurückblicken, zusammenfassen) (vgl. Macke et al. 2008, S. 80 f. mit Abb. 26).

Unter *horizontaler* Einteilung versteht man einerseits die Sozialformen – wie Frontalunterricht, Gruppenarbeit[7], Einzel- oder Paararbeit – und andererseits die Handlungsmuster, zu denen Textarbeit, Tafelbild, Unterrichtsgespräch etc., oder Handlungssituationen (Fragen stellen, Antwort gegeben, Arbeitsaufträge formulieren, Impulse geben) gezählt werden. Empirische Studien konnten keinen Vorteil einer Sozialform gegenüber einer anderen feststellen (vgl. Dummann et al. 2007, S. 66). So ist z. B. Frontalunterricht nicht per se abzulehnen (vgl. Flender 2005, S. 188); wird allerdings nur ausschließlich eine Sozialform angewandt, kann dies zu einer Minderung der Lehrqualität führen. Methodenvielfalt und der Wechsel zwischen Frontalsequenzen und Übungs- oder Diskussionsphasen, vorzugsweise nach 20 Minuten, kann dem entgegenwirken. Auch wenn unterschiedliche Lerntypen bisher nicht valid wissenschaftlich nachgewiesen werden konnten[8], sollten durch einen gezielten Methodenmix[9] möglichst allen Studierenden die gleichen Chancen eröffnet werden, um die Lernziele zu erreichen, diese zu festigen und auch in einer Überprüfung bestehen zu können.

---

[7] Flender (2005, S. 188 f.) macht darauf aufmerksam, dass Gruppenarbeiten einer sorgfältigen Vorbereitung bedürfen. Scheuermann (2012, S. 33) betont im Bezug auf die Lehr-Lernsituation das Übergewicht der Gruppenarbeit.

[8] Ob es tatsächlich Lerntypen gibt, ist ebenso wie das lerntypische Lernen umstritten. (Siehe dazu Bergedick et al. 2011, S. 16 ff. mit weiterführender Literatur, und auch Looß 2001.) Kritisch zu den Lerntypen und den damit einhergehenden Schlussfolgerungen auch Stangl (2005). Zu den Lernstilen nach Kolb siehe Stangl: Lernstile nach Kolb, online.

[9] Bei der Methodenreflexion sollten folgende Kriterien nach Macke et al. (2008, S. 100) bedacht werden: „Welche Einsatzmöglichkeiten bestehen für die Methode? Welchen Beitrag leistet die Methode zur Aktivierung der Lernenden? Welche Lernvoraussetzungen müssen erfüllt sein? Welche Lernziele können mit der Methode angestrebt werden? Welche Reichweite und welche Grenzen hat die Methode?" Zudem soll man sich Gedanken machen über: „Welche Vor- und Nachteile hat diese Methode? Welche Varianten/Modifikationen bieten sich an? Welche Alternativen sind vorstellbar? Welche Kombinationen mit anderen Methoden denkbar?"

4   Merken und Vergessen

Bei der Lehrveranstaltungsdetailplanung sind die Merkfähigkeit und die Vergessenskurve mit zu berücksichtigen (vgl. Lehner 2009, S. 81, 90). Bereits 1885 hat
Hermann Ebbinghaus nachgewiesen, dass die Vergessensrate direkt nach dem Erlernen am Größten ist und mit der Zeit langsam abnimmt. Im Durchschnitt werden
nach einer Stunde 50 % des Gelernten vergessen, innerhalb von neun Stunden
60 % und innerhalb von einem Monat 80 %. Erst nach drei bis zehn Wiederholungen geht eine Information ins Langzeitgedächtnis über. (Vgl. Ebbinghaus 1971
und Stangl: Die Vergessenskurve, online) Der hohe Bedarf an Wiederholungen
kann durch interessant gestaltete und gut platzierte Wiederholungsphasen reduziert werden. Der größte Erfolg kann bei einer Wiederholung unmittelbar nach
der Wissensvermittlung erzielt werden (vgl. Dollinger 2003, S. 184, zu einzelnen
Wiederholungsmethoden siehe ebda, S. 185–190).

Um selbst gesteuertes Lernen zu aktivieren, die Lernleistung zu steigern und
eine Nachhaltigkeit in der Merkfähigkeit zu erzielen, sollen exemplarisch einige
Methoden vorgestellt werden, die ich im Laufe der letzten Jahre in den Unterricht
integriert habe.

5   Methodeneinsatz – Beispiele aus der Praxis

Sowohl als Einstieg in eine Lehreinheit als auch als aktivierende Übungssequenz
nach einem Theorieinput haben sich das bereits erwähnte One Minute Paper und
die One Point Question bewährt. Ergänzt und erweitert werden kann diese Form
der Selbstkontrolle durch ein Kreuzworträtsel oder einen Lückentext sowie die
Anwendung des theoretischen Stoffes auf ein konkretes Beispiel. Diese Methoden
unterstützen einerseits die Wiederholung und Festigung des Stoffes und erlauben
es andererseits, eine kritische Reflexion in Gang zu setzen. Nach mehrmaligem
Einsatz dieser Methoden ist eine aktive Teilnahme der Studierenden am Unterricht erkennbar (es wird mehr mitgeschrieben, es werden vermehrt Zwischenfragen
gestellt) und die Fragen und Beispiele von Stunde zu Stunde ausführlicher beantwortet. (Provokative) Fragen[10] können ebenfalls zur Aktivierung des Vorwissens

---

[10] Vgl. Macke et al. (2008, S. 81 f.) allgemein zu den Problemen, die bei zu engen Fragen, aber
auch Alternativfragen, Suggestivfragen, Kontrollfragen, rhetorischen Fragen und Fangfragen
auftreten können. Ziel ist es, offene bzw. öffnende und weiterführende Fragen zu stellen, um
möglichst viele Studierende in das Frage-Antwort-Spiel einzubinden und zu aktivieren. Die
Fragen sollten bereits in der Vorbereitungsphase entwickelt werden.

bzw. zum Einstieg in ein neues Thema bei größeren Gruppen angewandt werden, wobei die Beantwortung der Frage(n) direkt in den Theorieinput überleiten kann. Zur Festigung und Anwendung des bereits durchgemachten Stoffes bietet sich auch die Methode der „Antwort-Frage-Übung" an, die sich in dieser Form nicht in der Literatur findet, aber empfehlenswert erscheint. Die Studierenden erhalten auf einem Blatt Papier die Antwort(en) vorgegeben. Die Frage(n) musste(n) von den Studierenden so formuliert werden, dass sie nur durch die vorgegebene(n) Antwort(en) sinnvoll gelöst werden konnte(n) – eine manchmal knifflige und herausfordernde Aufgabe.

In Vorlesungen kann die Frontalsequenz beispielsweise durch kleinere (schriftliche) Einzelarbeitsaufträge unterbrochen werden. Die Ergebnisse werden im Anschluss daran in Zweier- oder Vierer-Murmelgruppen verglichen, besprochen und diskutiert. Nach einem vorgegebenen Zeitrahmen können die in den Gruppen diskutierte(n) Frage(n) im Plenum besprochen und Unklarheiten ausgeräumt werden.

Möchte man die Ergebnisse einer Gruppenarbeit sichern, für die anderen Gruppen sichtbar machen und als Diskussionsgrundlage nutzen, so bietet sich bei kleineren Gruppen auch die Methode der Postersession an (vgl. Macke et al. 2008, S. 213 f.). Dabei wird nicht nur Teamfähigkeit geschult, sondern es geht auch darum, die Arbeitsergebnisse und komplexe Zusammenhänge zu strukturieren, visuell ansprechend darzustellen und mithilfe dieser Darstellungen zu erläutern.

Sollen Studierende verschiedene Aspekte eines Themas erschließen, unterschiedliche Argumente und Standpunkte argumentativ angemessen und differenziert vertreten lernen, ist der Einsatz der Pro- und Kontra Methode (vgl. Knoll 2003, S. 164 f.; Macke et al. 2008, S. 217 f.) in Form einer Diskussionsrunde überlegenswert. In der Diskussionsrunde sind sie angehalten, die ihnen zugewiesenen Standpunkte schlüssig und nachvollziehbar zu vertreten, auf Gegenargumente angemessen und ruhig zu reagieren, eine andere Position anzuerkennen und die eigene Position zu präzisieren. Die Ergebnisse können begleitend von der Lehrperson auf einer Flipchart festgehalten und beispielsweise gemeinsam mit den Studierenden nach der Diskussionsrunde ergänzt sowie als Ausgangspunkt für eine weitere Beschäftigung und Vertiefung des Themenbereichs herangezogen werden. Die Studierenden äußerten nach der Diskussionsrunde in einem Feedbackgespräch ihre Verwunderung darüber, mit welcher Vehemenz sie die jeweilige Position (selbst wenn sie nicht mit der persönlichen Einstellung übereinstimmte) vertreten haben. Die Form des Partnerinterviews (vgl. Macke et al. 2008, S. 207 f.) bietet ebenfalls eine Möglichkeit, Studierende aktiv in die Bearbeitung eines Themengebietes einzubinden, wobei zugleich die Kommunikationsfähigkeit, Ausdrucksfähigkeit und das aktive Zuhören bzw. eine korrekte Weitergabe der Information an Dritte geschult wird.

Eine kritische und reflektierte Auseinandersetzung mit einzelnen Themenbereichen kann von der Lehrperson dadurch gefördert bzw. angeregt werden, dass Studierende dazu angehalten werden, Inhalte eines Fachartikels kritisch zu bearbeiten, Information durch weiterführende Literatur und Recherche zu ergänzen und die Inhalte für die Mitstudierenden in Form eines Referats und Handouts respektive Wiki-Eintrags aufzubereiten. Durch die eingehendere Beschäftigung wird die Fähigkeit zu begründeter und nachvollziehbarer Kritik ebenso geübt wie die konzise und prägnante inhaltliche Darstellung komplexer Sachverhalte. Die Einbindung der Mitstudierenden erfolgt durch die Beantwortung zweier vom Referenten ausgearbeiteter Fragen, die die Grundlage für die Diskussionen im Plenum darstellen (sollen).

Die Erfahrung zeigt, dass die Studierenden durch die Ausarbeitung der Fragen ihnen wichtig Erscheinendes deutlich zum Ausdruck bringen bzw. zum Nachdenken und Widerspruch anregende Fragen aufwerfen. Die Referentinnen und Referenten fordern z. T. sogar sehr nachdrücklich Antworten von den Mitstudierenden ein, wenn diese verhalten reagieren oder die Diskussion nur langsam in Gang kommt.

Mithilfe von Peer-Reviews in unterschiedlichen Varianten werden die Studierenden angehalten, Präsentationen oder schriftlich verfasste Texte gegenseitig zu bewerten. Dabei können die Bewertungskriterien und zu vergebenden Punkte genau vorgegeben werden, aber auch ausführlichere Anmerkungen eingefordert werden. Bewährt hat sich eine Mischform aus mündlichem und schriftlichem Feedback, wodurch die Diskussion im Plenum in Gang gebracht wird. Die Ergebnisse der Feedbacks können anonymisiert, eingescannt und jedem Studierenden per E-Mail zugeschickt werden, was in der Praxis des öfteren zu sehr positiven Reaktionen vonseiten der Studierenden geführt hat.

6 Resümee

Die unterschiedlichen Methoden, insbesondere die Variationen der Einstiegsphasen in den Unterricht, haben sich gut bewährt und eine angenehme Lehr- und Lernumgebung geschaffen. Es wurde dadurch Neugierde geweckt, Vorwissen aktiviert, Fachwissen und Kompetenzen wurden gefestigt und eine Grundlage zur aktiven Lernbereitschaft wurde geschaffen. In diesem Zusammenhang ist nicht zu vernachlässigen, dass „Personen, die ihre eigenen Leistungen annähernd realistisch einschätzen können, [...] über eine solide Basis für weiterführende Lernprozesse" (Obrist und Städeli 2003, S. 12) verfügen.

Lernen ist kein punktuelles Ereignis, sondern ein Prozess, in dem Wissen und Kenntnisse, aber auch Kompetenzen erworben werden sollen. Damit dieser Prozess erfolgreich und unter optimalen Bedingungen für den Lernenden erfolgt, sollen bereits in der Vorbereitungsphase mehrere Parameter berücksichtigt werden. „Die Definition von Unterricht als Organisationsform und Umgebung von didaktisch geplantem und somit auf systematisches Lernen zielendem Lehren impliziert, dass schulisches Lernen *als Folge* von Lehren eintritt. Lehren kann somit als Ermöglichung und bestmögliche Ausgestaltung von Lernen bezeichnet werden. Aus der Perspektive von Unterricht erscheint dies sogar zwingend: Lehren ohne den Zweck des Lernens ist vermutlich nicht sinnvoll, d. h., ohne lernende Schüler gibt es weder Unterricht noch Lehrer." (Arnold 2009, S. 30)

Zur Optimierung einer für die Studierenden förderlichen Lehr-Lernumgebung ist der Einsatz eines Methodenrepertoires, abgestimmt auf die Lernziele einzelner Lehrveranstaltungen, sinnvoll, vor allem wenn der Einsatz auf eine Erhöhung der Merkfähigkeit abzielt, die Vergessenskurve berücksichtigt und gleichzeitig zu einer Erweiterung der Kompetenzen führt.

Ziel der eigenen Lehre und somit Lehrplanung sollte – neben der Schaffung eines angenehmen Lehr-Lernklimas, das gegenseitiges Vertrauen, Respekt und Wertschätzung einschließt – sein, die Ziele der Lehrveranstaltung deutlich zu formulieren und den Studierenden Hilfestellung bei der Erreichung dieser Ziele zu geben. Je detaillierter die Planung ausgeführt ist, desto leichter können Lehrende allen Anforderungen gerecht werden: darstellen, erklären, organisieren, rückmelden, Fragen stellen, Impulse geben, zuhören, Fragen beantworten, moderieren.

Wichtig scheint mir, dass man Anreize für eine Auseinandersetzung mit dem Stoffgebiet schafft, die über ein punktuelles Lernen für Überprüfungen hinausgeht. Ein Interesse in den Studierenden zu wecken, sich mit dem Thema mit allen Sinnen im und auch nach dem Unterricht aktiv auseinanderzusetzen. Wenn es gelingt, die Bedeutung des Durchgenommenen für die Lebenswelt bzw. für die künftige Berufswelt aufzuzeigen, kann dem unweigerlich einsetzenden und nachgewiesenen Wissensabfall ein wenig entgegengewirkt werden.

Stoffwiederholungen können durch gezielten Methodeneinsatz als nützliches Instrument zur Festigung erworbener Kenntnisse und Fähigkeiten dienen und werden damit auch für selbst gesteuertes Lernen nutzbar.

Ob die Lernziele erreicht wurden, steht spätestens am Ende einer Lehrveranstaltung durch Prüfungen, Prüfungsgespräche oder auch Evaluierung fest.

Die Ergebnisse sollten bei einer neuerlichen Vorbereitung als Ausgangspunkt, aber vor allem auch als Anreiz und Anstoß für Optimierungsmaßnahmen herangezogen werden und immer wieder daraufhin überprüft werden, ob mit der Lehrplanung und den formulierten Lernzielen der kognitive, affektive und auch der psychomotorische Bereich angesprochen wurden.

Die Aussage Konfuzius' „Erzähle mir und ich vergesse./Zeige mir und ich erinnere./Lass es mich tun und ich verstehe" sollte bei der Lehrveranstaltungsdetailplanung mit berücksichtigt werden.

Die gezielte Vorbereitung unter Berücksichtigung der angesprochenen Bereiche bleibt eine wesentliche Voraussetzung für eine gelungene Reise zu den angepeilten Lernzielen. Allerdings sollte man darüber nicht vergessen, dass „[d]as begründete Abrücken von einer vorgestellten Lernzielplanung [. . .] eine größere Leistung [ist] als die hundertprozentige Sollerfüllung." (Meyer 1980, S. 161 zit. n. Dummann et al. 2007, S. 19)

Literatur

Arnold, Karl-Heinz. 2009. Lehren und Lernen. In *Handbuch Unterricht*. 2., aktual. Aufl. Hrsg. Karl-Heinz Arnold, Uwe Sandfuchs, und Jürgen Wiechmann, 30–36. Bad Heilbrunn: UTB.

Becker, Nicole. 2006. *Die neurowissenschaftliche Herausforderung der Pädagogik*. Bad Heilbrunn: Klinkhardt (zugl. Humboldt-Univ. Berlin. Diss 2004).

Bergedick, Alexandra, Dirk Rohr, und Anja Wegener. 2011. *Bilden mit Bildern. Visualisieren in der Weiterbildung*. Bielefeld: WBV.

Dollinger, Manuela. 2003. *Wissen wirksam weitergeben. Die wichtigsten Instrumente für Referenten, Trainer, Moderatoren*. Zürich: Orell Füssli.

Dummann, Kathrin, Jung Karsten, Lexa Susanne, und Niekrenz Yvonne. 2007. *Einsteigerhandbuch Hochschullehre. Aus der Praxis für die Praxis*. Darmstadt: WBG.

Ebbinghaus, Hermann. 1971. *Über das Gedächtnis. Untersuchungen zur experimentellen Psychologie*. Darmstadt: WBG (Ndr.d Ausgabe von 1885).

Flender, Jürgen. 2005. Didaktik der Hochschullehre. In *Kompetenzen in der Hochschullehre. Rüstzeug für gutes Lehren und Lernen an Hochschulen*, Hrsg. Thomas Stelzer-Rothe, 170–202. Rinteln: Merkur.

Heckt, Dietlinde Hedwig. 2009. Unterrichtsrelevante Wissensquellen: Didaktische Texte und Unterrichtsmaterialien. In *Handbuch Unterricht*. 2., aktual. Aufl., Hrsg. Karl-Heinz Arnold, Uwe Sandfuchs, und Jürgen Wiechmann, 57–61. Bad Heilbrunn: UTB.

Kneip, Winfried, Dirk, Konnertz, und Sauer, Christiane. 1998. *Lern-Landkarten. Ganzheitliches Lernen*. Mülheim: Verlag an der Ruhr.

Knoll, Jörg. 2003. *Kurs- und Seminarmethoden. Ein Trainingsbuch zur Gestaltung von Kursen und Seminaren, Arbeits- und Gesprächskreisen*. 10., neu ausgestattete Aufl. Weinheim: Beltz.

Lehner, Martin. 2009. *Viel Stoff – wenig Zeit. Wege aus der Vollständigkeitsfalle*. 2., aktual. und erweit. Aufl. Bern: Haupt.

Looß, Maike. 2001. Lerntypen? Ein pädagogisches Konstrukt auf dem Prüfstand. *Die Deutsche Schule* 93 (2): 186–198.

Macke, Gerd, Ulrich Hanke, und Pauline Viehmann. 2008. *Hochschuldidaktik. Lehren, vortragen, prüfen.* Weinheim: Beltz.

Mager, Robert F. 1974. *Lernziele und Unterricht.* Weinheim: Beltz.

Meyer, Hilbert. 1980. *Leitfaden zur Unterrichtsplanung.* Frankfurt: Skriptor.

Noack, Karsten. 2008. *Kreativitätstechniken. Schöpferisches Potential entwickeln und nutzen.* Berlin: Cornelsen.

Obrist, Willy, und Christoph Städeli. 2003. *Wer lehrt, prüft. Aktuelle Prüfungsformen konkret.* 2. Aufl. Bern: High Energy Physics.

Scheuermann, Ulrike. 2012. *Schreibdenken. Schreiben als Denk- und Lernwerkzeug nutzen und vermitteln.* Opladen: Verlag Barbara Budrich.

Stangl, Werner. o. J. Die Vergessenskurve. *Werner Stangls Arbeitsblätter.* http://arbeitsblaetter.stangl-taller.at/GEDAECHTNIS/Vergessen-Ebbinghaus.shtml. Zugegriffen: 24. Okt 2013.

Stangl, Werner. o. J. Lernstile nach Kolb. *Werner Stangls Arbeitsblätter.* http://arbeitsblaetter.stangl-taller.at/LERNEN/LernstileKolb.shtml. Zugegriffen: 24. Okt 2013.

Stangl, Werner. 2005. Lernstile – was ist daran? *Werner Stangls Arbeitsblätter.* http://www.stangl-taller.at/ARBEITSBLAETTER/PUBLIKATIONEN/Lernstile.shtml. Zugegriffen: 24. Okt 2013.

Lehrkompetenz und reflektiertes hochschuldidaktisches Entscheiden

Über den Ertrag und die Grenzen hochschuldidaktischer Weiterbildung

Rudolf Egger

Zusammenfassung

In dieser Zusammenfassung der HDW werden die sich entwickelnden Kompetenzen in der Lehre aus Sicht der TeilnehmerInnen gebündelt und systematisch zusammengeführt. Einerseits geht es um die fachgerechten Hilfestellungen, um Anleitungen und „Tipps und Tricks" für die Lehre, anderseits hat hier aber auch die notwendige hochschuldidaktische Reflexion von Methoden, das professionelle Selbstverständnis von Lehrenden, der Austausch über unterschiedliche Lehr- und Lernsettings u. dgl. einen wesentlichen Platz. Wesentlich war es dabei, die HDW aus ihren prädiktiv bildungstheoretischen oder didaktischen Vorgaben und Wahrnehmungsweisen zu lösen und stärker jene Elemente zu betonen, die aufgabenspezifisch die Systematisierungsleistung der konkreten Arbeit unterstützen können. Die Möglichkeiten und Grenzen derartiger Bemühungen werden dabei stets eingebettet in eine konkrete Organisationsform, die sich in einem andauernden Wandel befindet, strukturiert.

R. Egger (✉)
Institut für Erziehungs- und Bildungswissenschaft,
Universität Graz, Graz, Österreich
E-Mail: rudolf.egger@uni-graz.at

R. Egger et al. (Hrsg.), *Hochschuldidaktische Weiterbildung an Fachhochschulen,* Lernweltforschung 12,
DOI 10.1007/978-3-658-01497-1_16, © Springer Fachmedien Wiesbaden 2014

1 Reichweite hochschuldidaktischer Maßnahmen

Jeder Mensch erfindet sich seine Geschichte, die er dann, oft unter gewaltigen Opfern, für sein Leben hält. (Frisch 1976, S. 263)

Dieses Zitat von Max Frisch auf die Lehre angewandt könnte so lauten: Jede/r Lehrende erfindet sich in den ersten drei Jahren der Lehrtätigkeit einen Mix aus Inhalten, Methoden und Sozialformen, die er/sie dann, oft unter gewaltigen Opfern, für sein/ihr Leben in der Lehre hält. So oder doch sehr ähnlich sieht für den Großteil der DozentInnen im tertiären Bildungssystem ihr Berufseinstieg als forschende LehrerInnen oder lehrende ForscherInnen aus. Es lässt sich in vielen Studien deutlich zeigen, dass es meist die ersten „Lehr-Jahre" sind, die ausschlaggebend für die Entwicklung eines Lehrhabitus sind, der in Folge dann oft nur noch marginal erweitert wird (vgl. dazu exemplarisch Egger 2012). Gerade aber in diesen ersten Jahren sind universitär Arbeitende nahezu ausschließlich mit ihrer Rollenfindung als WissenschafterInnen beschäftigt, weshalb wenig Zeit und Raum für eine qualitativ hochwertige Lehrentwicklung bleibt. An den Ausgangspunkt der eigenen Lehrerfahrungen zurückgehend, beschreiben Lehrende immer wieder ein Gefühl des Hineingeworfenwerdens in eine Arena, die sie zwar grundsätzlich (als Studierende) gekannt haben, deren Normen, Möglichkeiten und Grenzen aber kaum jemals thematisiert wurden. Dort, wo keine grundlegenden didaktischen und organisatorischen Einführungsstrukturen vorhanden sind, bleibt es neuen Lehrenden weitestgehend selbst überlassen, wie sie sich ihre Lehrendenrolle zurechtbasteln. Die institutionelle Unterstützung und die Einbindung in eine Lehrentwicklungsstrategie sind in den Fachbereichen vielfach unterentwickelt und werden von den WissenschafterInnen auch häufig abgelehnt, da es vor allem um das Fach geht und die Lehre ja doch nur ein Vermittlungsproblem sei, das bei ein wenig gutem Willen schon funktionieren sollte. Das Hineinfinden in die hochschulische Lehrstruktur ist demgemäß vielfach ein Sprung ins kalte Wasser, der geprägt ist von geringer didaktischer Unterstützung aus Vorgesetzten- oder Kollegenkreisen. Dazu kommt eine insgesamt meist „mechanistische" Auffassung von Lehre im Sinne des „Stoff-Ablieferns" und eine rudimentäre bis fehlende „Feedback-Kultur", die eigene Lehre betreffend. In einem Interview für eine österreichweite Studie über die Bedingungen des Erwerbs hochschuldidaktischer Kompetenzen fasst von eine Kollegin dieses Bild anschaulich zusammen: *„Ich habe ja heute viele Kolleginnen, mit denen ich mich über die Lehre austausche, aber das Grundmuster ist am Anfang irgendwie überall gleich. Wenn du also nicht in ein Team kommst, wo die Lehre schon eine gewisse Rolle spielt, dann musst du dir das alles ziemlich schnell alleine erarbeiten. Das Problem ist nur, dass du da oft die Haltungen und Methoden lernst, die dir das Überleben sichern und dass du diese dann nicht mehr aufgibst. Ich kenne also viele im universitären Leben, die didaktisch immer noch die Gleichen* *sind wie am Anfang. Nur überheblicher sind sie geworden und noch resistenter gegen Kritik, weil wenn sie geblieben sind, haben sie ja Karriere gemacht"* (Egger 2012, S. 39). Konkrete institutionelle Hilfestellungen ergaben sich zumeist aus spärlichen kollegialen Kontakten, die temporäre Unterstützung anboten, aus besonderen umsetzungsorientierten Teamkonstellationen in den Arbeitsbereichen, aus (meist erst seit einigen Jahren bestehenden) hochschulweiten Didaktikfortbildungen oder aus Eigeninitiative (vor allem im Bereich Rhetorik und Stimme).

Um diese unklaren und unprofessionellen Zustände zu entschärfen, haben die AbsolventInnen der hochschuldidaktischen Weiterbildung (HDW) an der Fachhochschule JOANNEUM viele Möglichkeiten kennengelernt, ihre eigenen Stärken und Schwächen zu benennen und zu bearbeiten. Als übergeordnete „outcomes" wurden dabei vor allem folgende Bereiche genannt:

• Steigerung der individuellen Kompetenzentwicklung und des Wissens über die effektvolle Entwicklung von Lehr- und Lernansätzen und -methoden.
• Entwicklung von grundlegenden Kompetenzen der inter- und transdisziplinären Zusammenarbeit an der FH und eine Erweiterung der eigenen Perspektive „über den Tellerrand" hinaus durch Hospitationen und Begegnungsmöglichkeiten im Kurs.
• Erhöhung der Lehrperformanz und des Selbstbewusstseins in Bezug auf innovative Lehr-Lernkulturen, durch die Möglichkeiten, sich intensiv mit der eigenen Lehre auseinanderzusetzen.

Dabei wurde in den formalisierten Rückmeldungen und auch in den ausgezeichnet genutzten Abschlusspräsentationen immer wieder darauf hingewiesen, wie bedeutend es ist, Umgebungen zu schaffen, in denen eigene Handlungsmuster systematisch überprüft und weiterentwickelt werden können. Dies scheint tatsächlich ein Innovationsmuster für Hochschulen zu sein, indem derartige Umgebungen den Lehrenden methodisch helfen, ihre Erfahrungen mit Menschen, Situationen und Ideen untereinander zu verbinden, miteinander zu vermischen, sich gegenseitig zu erklären, miteinander in Wettbewerb zu treten und daraus abgeleitet (oder zumindest dadurch unterstützt) neue Lehrkonzeptionen zu generieren. Stets wurde hierbei jener Gestus betont, dass kreativer gedacht und gehandelt wird, wenn bislang verschlossene Bereiche innerhalb neuer Umgebungen geöffnet und vernetzt werden. Im Alltag der zu lösenden Aufgaben und Probleme werden die Grenzen der eigenen Obliegenheiten meist recht schnell als die Grenzen der institutionellen Bezüge wahrgenommen. Das beheimatende Institut, das eigene Fach werden so oft als einzige Bezugspunkte für die Ausrichtung der Lehre genommen. In der HDW mit vielen anderen Studiengängen konfrontiert, wird deshalb der Horizont

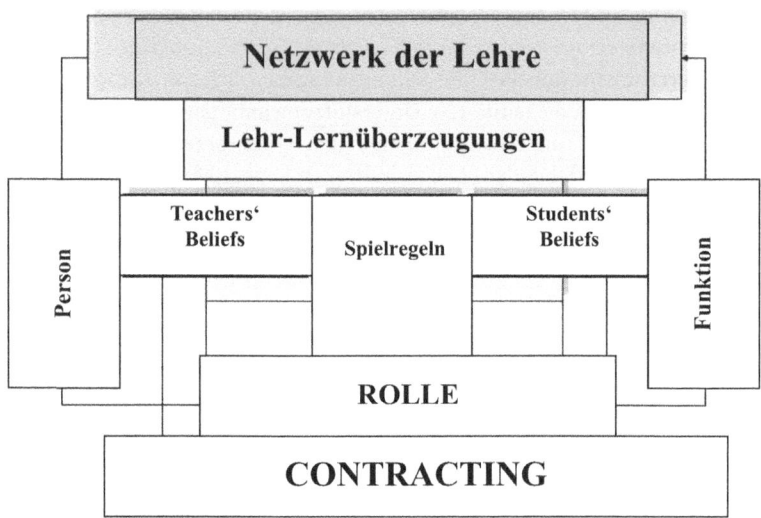

Abb. 1 Contracting von Lehr- und Lernüberzeugungen

bezüglich Problemstellungen, Methoden und auch Lehrhaltungen unweigerlich geöffnet. Dadurch rückt der Fokus der Hochschuldidaktik weg vom reinen Tuning
in Bezug auf Wissensvermittlungsaspekte hin zur Etablierung einer offenen und
dynamischen Lehrkultur. Schon hierdurch geschieht eine Strukturveränderung im
Verhältnis der Wissenschaftszweige zueinander und auch der Begründung und
Fundierung von Lehrprozessen. Gleichzeitig geschieht auf der subjektiven Ebene
ein Reflexions- und Bestimmungsprozess, der die eigenen Lehr- und Lernüberzeugungen grundlegend berührt. Hier werden bislang unhinterfragte „Glaubenssätze"
und Annahmen mit anderen KollegInnen der diskursiven Praxis ausgesetzt. Diese
spiralförmigen Konfigurationen von bereits gemachten Erfahrungen, abgesicherten
Routinen und Wissenssegmenten, deren Infragestellung und Weiterentwicklung
bot vielfach einen Ausweg aus der Identitätsfalle, von der das Eingangszitat von M.
Frisch berichtet. Konkret lassen sich die Rückmeldungen der KollegInnen über die
Auswirkungen der HDW in folgendem Netzwerk der Lehre bündeln.

Abbildung 1 verdeutlicht eine vernetzte Betrachtungsform der Wirkweise von
Hochschuldidaktik. Sie zeigt, wie wesentlich es ist, dass Lehrende ihre Funktion
und ihre organisatorische Verankerung umfassend begreifen lernen, wenn sie ihre
Aufgaben als Lehrpersonen mit ihrem grundsätzlichen professionellen Selbstverständnis in der Hochschule in Einklang bringen wollen. Dabei ist die Abklärung

ihrer strukturellen Verortung innerhalb der Organisation und die daraus folgenden Konsequenzen für die Ausübung ihrer Funktion (für den Teil, für den sie von der Institution angestellt wurden) und die Auswirkungen auf ihre Person (jener Bereich der eigenen Rolle, der der individuellen Ausgestaltung offen ist) unerlässlich. Hier müssen spezifische Unklarheiten in der Ausgestaltung der Aktionsebenen erkannt und reflektiert werden, um die Wirkzusammenhänge erkennen zu können. In diesem Zusammenhang war es beinahe für alle Lehrenden unumgänglich, sich mit den eigenen Lehrüberzeugungen, die die Lernprozesse der Studierenden massiv beeinflussen, auseinanderzusetzen. Als wesentlichste Elemente wurden diesbezüglich folgende zwei Bereiche etikettiert:

• **Subjektive „Educational Beliefs"**: Dabei ging es vor allem um den Einfluss der (meist unbewussten) Lehr- und Lernüberzeugungen von Lehrenden auf das Lehrhandeln und auch auf das Bild der Fachdisziplinen. Zusammengefasst gab es hier zwei Gruppen, wovon die eine sich als eher stoff- und die andere als eher interaktionszentriert definierte. Diese grundsätzlichen Ebenen drückten sich in weiterer Folge in den spezifischen Auffassungen von Lehren und Lernen (speziell z. B. beim Einsatz aktivierender Methoden oder der Bedeutung von Portfolios etc.) aus. Eine Erweiterung der Handlungsmöglichkeiten fand in vielen Weiterbildungskontexten dahin gehend statt, dass nicht nur „neue" Methoden oder Settings in Weiterbildungen vorgestellt wurden, sondern dass es auch darum ging, die eigene grundlegende Lehrhaltung zu erkennen und gegebenenfalls weiterzuentwickeln. Im Konzept der HDW war festgelegt, dass erst dadurch tatsächlich nachhaltige Effekte einer HDW erzielt werden können. Deutlich spürbar wurde dieses Veränderungsmoment im Bereich der kollegialen Hospitationen, weil hier das konkrete eigene und das Handeln von KollegInnen in den vielfältigen dyadischen und gruppenspezifischen Diskussionen stets auch auf das zugrunde liegende Lehrkonzept hin betrachtet wurden. Dabei kamen (je nach Intensität der Beteiligten) beinahe immer die individuellen Überzeugungsstrukturen zur Diskussion, die als handlungsleitende Strategien die Lehre (und damit auch die Lernprozesse der Studierenden) umrahmen. Alle diese Elemente wurden von jenen TeilnehmerInnen, die grundsätzlich bereit waren, sich diesen Aspekten zu öffnen, als überaus befruchtend für die Erweiterung ihrer Lehrauffassung und Lehrorientierung angesehen. Hier liegt in der hochschuldidaktischen Weiterbildung ein wesentliches Element, das weit über die einzelnen fachdidaktischen Bereiche hinausgeht, indem der systematische Zusammenhang von subjektiven Lehr-Lern-Überzeugungen und Lehrkompetenzen von Hochschullehrenden strukturell dargestellt und auch erweitert werden kann. Dafür bieten Bestrebungen wie das in diesem Buch beschriebene Rahmenmodell viele Gelegenheiten. In weiterer Folge wird es hier aber auch darum gehen, die Auseinandersetzung mit Lehr-Lern-Überzeugungen in einem strukturellen Lehrkompetenzmodell zu verorten und durch spezifische kleinräumigere Formate zu unterfüttern.

- **Lehr- und lernspezifische Strategien und Methoden**: Dieser eher „handwerklich" ausgelegte Teil der HDW fragte nach einzelnen konkreten Maßnahmen, die im Sinne von übernehmbaren Anweisungen die Lehre „besser" an die einzelnen Lehrziele anpassen könnten. Dabei ging es um die Bereitstellung eines „Methodenkoffers", der vor allem dazu dienen sollte, konkrete Effizienzsteigerungen in der Vermittlungsfunktion der Lehre zu erreichen. Immer wieder wurde hier nach „Methoden" gefragt, die schon von sich aus in der Lage wären, den „Output" bei den Studierenden zu steigern. Ein derartiges Ansinnen musste im Sinne einer differenzierten didaktischen Betrachtungsweise stets aufs Neue auf die gegenständliche Lehraufgabe und deren Settings zurückverwiesen werden. Erst langsam setzte sich (und auch nicht bei allen TeilnehmerInnen) eine Sichtweise durch, die die reine Vermittlungsproblematik im Sinne der Entfaltung von Lehrkompetenz erweiterte. Ebenfalls essenziell waren hier Fragen nach Möglichkeiten, die Selbständigkeit bei Studierenden zu steigern. Hier wurden aus den verschiedenen Lehr- und Fachkulturen unterschiedliche Möglichkeiten zum Aufbau von Wissensstrukturen durch die Orientierung an lebens- und berufsnahen Problembereichen vorgestellt und auf ihre Tragfähigkeit für die jeweiligen Lehrangebote überprüft. Besonders das Lernen in Gruppen und in Teams wurde dabei professionell weiterentwickelt. Formale Elemente, wie die Lernvoraussetzungen der Studierenden (fachlich und sozial), eine spezifische Lernzieloperationalisierung, materielle und räumliche Voraussetzungen für die Lehre oder auch Wissen über Lerntheorien wurden dabei selten berührt.

Schon aus dieser kurzen Zusammenfassung lässt sich erkennen, dass sich die zu entwickelnden Kompetenzen in der Lehre höchst unterschiedlich aus Sicht der TeilnehmerInnen bündeln lassen. Einerseits ist der Wunsch nach fachgerechten Hilfestellungen, nach Anleitungen und „Tipps und Tricks" für die Lehre bestimmend. Andererseits geht es für einige TeilnehmerInnen (vor allem für die Lehrenden) aber auch um die notwendige hochschuldidaktische Reflexion von Methoden, dem professionellen Selbstverständnis von Lehrenden, den Austausch über unterschiedliche Lehr- und Lernsettings und dgl. Beide Elemente sind im Sinne der AbsolventInnen der HDW die zwei Seiten einer Medaille. In vielen Bereichen hat sich dabei gezeigt, dass Lehrkompetenz sehr oft ohne die dafür notwendige Reflexionskomponente gefordert wird. Ist dies der Fall, wird hochschuldidaktische Weiterbildung nur in beschränktem Ausmaß Bestandteil einer umfassenden hochschuldidaktischen Lehrkompetenzentwicklung sein können. Damit sie diese Aufgabe aber doch in verstärktem Maße erfüllen kann, gilt es, die HDW aus ihren prädiktiv bildungstheoretischen oder didaktischen Vorgaben und Wahrnehmungsweisen zu lösen, und stärker jene Elemente zu betonen, die aufgabenspezifisch die Systematisierungsleistung der konkreten Arbeit unterstützen. Das Ziel ist dabei nicht das Abarbeiten von Modellen und Methodenschritten, sondern die Unterstützungsmaßnahmen müssen sich in den Dienst des Aufbaus einer umfassenden Lehrkompetenz-Biografie stellen. Geschieht dies nicht, bleiben die einzelnen Effekte der HDW auf einer rein instrumentellen Ebene stecken. Dann darf es auch nicht wundern, dass hochschuldidaktische Weiterbildung in der Wahrnehmung noch immer als „Strafarbeit", als „Nachsitzen" bei schlechten Evaluationsergebnissen gesehen wird. Erst wenn der Charakter der diversifizierenden Hilfestellungen bei der Entfaltung, Absicherung und Weiterentwicklung der eigenen Lehrkonzepte, des Lehrverhaltens und auch deren Eingliederung in kompetitive Wissenschaftskarrieren ersichtlich ist, gelingt es, die HDW als Professionalisierungsschritt in akademischen Karriereverläufen zu verankern. Jenseits dieser individuellen/fachlichen Ebene der einzelnen Lehrenden werden durch den Anstoß, den eine solche Ausrichtung geben kann, auch die Ebenen der Teams in den Instituten und Fachbereichen (deren Mitarbeitende und Führungskräfte) davon berührt, da sich die in der HDW gemachten Erfahrungen und Perspektiven unweigerlich hier widerspiegeln. In diesem Sinne erzeugt die HDW durch ihre reine Präsenz im Ablauf der Institution eine Form der Normativität, zu der sich hier arbeitende Menschen „verhalten" müssen (diese bleibt allerdings dort auf tönernen Füßen stehen, wo die Ebene der Organisation, also die Hochschule als Ganzes, insbesondere deren Leitung und deren Policy, hier nicht ebenfalls strategische Unterstützung anbieten will oder kann). Deshalb müssen derartige Ausbildungen stets auch innerhalb institutionalisierter Strukturen begriffen werden. Was sich in den hier beschriebenen Weiterbildungskursen gezeigt hat, ist die Tatsache, dass die Entwicklung von Lehrkompetenz kein einmal festgelegtes Qualifizierungskonstrukt sein kann, das in einigen Kursen „abgehandelt" wird, sondern sich im besten Fall in einem Mix aus informellen, selbst organisierten und formellen, weiterbildungsgestützten Maßnahmen und Anlässen herausbildet. Jede HDW kann ein Anstoß dazu sein, Professionalisierungs-, Selbstreflexions-, Konzeptualisierungs- und Verhaltensprozesse zu beachten und mittels geeigneter weiterführender Maßnahmen zu gestalten. Diese Form der Qualitätsentwicklung ermöglicht eine konstruktive Ausrichtung einer differenzierten Lehr- und Lernkultur, die wiederum eingebettet ist in die Bildungsstruktur der gesamten Institution. Die Relevanz solcher Weiterbildungsprogramme liegt deshalb eindeutig auch in der Gestaltung institutionellen soziales Lernen und daraus sich entfaltender organisationaler Entwicklungsprozesse. Dabei spielen viele Elemente, die in der Fachdidaktik nicht aufgegriffen werden (z. B. die professionsbezogene und soziale Verantwortung von Lehrenden, die Entwicklungsbiografien eines Lehr- und Studier-Habitus, die Kommunikations-, Interaktions-, Reflexions- und Aushandlungszusammenhänge von Lehre und Studium, Diversitätssensibilität, Organisationsentwicklung etc.) eine bedeutende Rolle. Aber erst diese vertiefende Beschäftigung mit den Grundfragen und Werten der jeweiligen fachspezifisch eingefärbten Lehrformen kann jene Möglichkeiten kritisch reflektierenden forschenden Lehrens und Lernens hervorbringen, die die Voraussetzung mündiger Menschen sind. Hochschuldidaktik beinhaltet in diesem Sinne ein mehrfaches Reservoir. Einerseits werden die konkreten Lehr- und Lernformen über die fachdidaktische Lehr-Lernprozessgestaltung auch in solchen Studiengängen zur Debatte gestellt, die sich bislang kaum an diesen übergeordneten lehr- und lerntheoretischen Rahmendiskussionen beteiligt haben. Andererseits machen derartige Bestrebungen auch die tatsächlichen Bedürfnisse von Lehrenden und Studierenden (zumindest partiell) sichtbar, um (normative) Sinnfragen bezüglich der Fachdisziplinen sowie der Institution Fachhochschule im Ganzen zu erörtern. In diesem Sinne kann eine breit aufgestellte HDW auch eine Plattform dafür sein, die eigenen Begründungsstrategien und das eigene Handeln für vielfältige Möglichkeiten des Lehrens und Lernens im Wissenschaftskontext aufzumachen. Hochschuldidaktische Kompetenzen gehen deshalb weit über fachdidaktische Lehrkompetenzen hinaus, da sie eine partizipative und kompetenzorientierte Lehr-Lern-Kultur im Fokus haben und dadurch Teil eines umfassenden Systems der Qualitätsentwicklung der Lehre insgesamt sind. Wird in der Fachdidaktik „nur" der personelle und fachliche Professionsgedanke schlagend, so werden in der HDW zielgerechte Elemente des Aufbaus von hochschuldidaktischer Kompetenz und auch die Entwicklung der Studienqualität institutionell und professionell angestoßen. Was dies konkret bedeutet, kann in den hier gesammelten Beiträgen von Betroffenen, die in der alltäglichen Praxis in der Entwicklung, Organisation und Durchführung von Lehrveranstaltungen tätig sind, nachgelesen werden. Die Klammer dazu, aber auch die vielen offenen Fragen, die sich aus solchen Qualifikationsprogrammen für Lehrende und Organisierende ergeben, bleiben dabei stets eingebettet in eine konkrete Organisationsform, die sich in einem andauernden Wandel befindet. Die vorliegenden Berichte, Reflexionen und theoretischen Rahmungen müssen von den LeserInnen deshalb kritisch auf eine eventuelle Übertragbarkeit und Anwendbarkeit in ihrer hochschuldidaktischen Weiterbildungspraxis überprüft werden. Dass sich dieser Weg lohnt, kann aus der vorliegenden Publikation gesehen werden.

Literatur

Egger, R. 2012. *Lebenslanges Lernen in der Universität. Wie funktioniert gute Hochschullehre und wie lernen Hochschullehrende ihren Beruf.* Lernweltforschung Bd. 8. Wiesbaden: Springer VS.

Frisch, M. 1976. Unsere Gier nach Geschichten. In *Gesammelte Werke.* Bd. 4, 262–264, Frankfurt a. M.: Suhrkamp.

The manufacturer's authorised representative in the EU is Springer
Nature Customer Service Centre GmbH, Europaplatz 3, 69115 Heidelberg,
Germany. If you have any concerns regarding our products, please
contact ProductSafety@springernature.com

Printed and bound by CPI Group (UK) Ltd, Croydon, CR0 4YY
23/04/2026
02095642-0003